S0-EAV-693

N.R.F. *Biographies*

JEAN-PAUL GOUJON

LÉON-PAUL FARGUE

POÈTE ET PIÉTON DE PARIS

GALLIMARD

À Pierrette et Thierry Bodin.

INTRODUCTION

Toute sa vie a été l'entrelacement d'un chagrin secret et d'une apparente joie de vivre.

« Sur un pont de fer cillent des fanaux délicats et tristes... L'énorme fumée d'un train se morcelle dans le crépuscule comme un lâcher de pigeons mauves... » L'homme s'enfonce dans la rue, d'un pas lent. Au fond de ses yeux, le souvenir et le regret de tant de choses, mais aussi des images comme nul n'en avait rêvé depuis Rimbaud, une volonté d'élever la réalité la plus quotidienne à la plus haute poésie, et, toujours jaillissante, une fantaisie débridée fusant en néologismes cocasses et en contrepèteries particulièrement savoureuses.

C'est au cœur de la ville — de sa ville, Paris — qu'il faut saisir cet homme, dont la vie fut en réalité si diverse. Tout le chaos d'une existence humaine, mais ordonné et comme régi par une secrète logique, celle de la poésie même. Voici, par exemple, Fargue chez sa vieille mère, dans l'humble appartement de la rue du Faubourg-Saint-Martin, avec, près de lui, la servante Julienne et le chat Potasson, dans l'odeur des meubles cirés et des objets quotidiens : « Ma mère, je te regardais tourner dans cette chambre, inaltérable et douce, exilée du bonheur, dans la grande lumière qui venait du canal, au milieu des objets familiers dont nous connaissons toutes les petites figures, toutes les manies de petits bonshommes, et tu essayais de chanter. »

Autre vision : Fargue en 1895, rue des Beaux-Arts, venu apporter le manuscrit de son *Tancrède*, d'un graphisme élégant et recherché, à Henri Albert, directeur du supplément français de la revue *Pan*, qu'il trouve entouré de ses collaborateurs Jean de Tinan, Pierre Louÿs et André Lebey. Puis nous le voyons chez son ami Valery Larbaud, à Valbois. Les poètes sont là : Larbaud a fait hisser son pavillon personnel devant *La Thébaïde*. Le soir, Mme Larbaud mère s'étant retirée, ce sont de longues conversations sur Marie Pamelart, Claudel, Charles-Louis Philippe... Un autre instantané nous montre Fargue debout, dans le salon des Calvocoressi (beau nom noir et or comme un paravent de laque), écoutant Ricardo Viñès jouer du Ravel sous l'œil narquois d'Erik Satie. Puis, au *Rat qui n'est pas mort*, Fargue en compagnie du même Satie, qui lui explique posément le fonctionnement de sa dernière invention : une machine à arriver à l'heure. Ou bien, sur un trottoir de Paris, c'est Larbaud qui regarde Fargue, avec « son visage impérial de grand nyctalope » (N. Frank), lui chanter, en battant la mesure et d'une voix terrible :

« Titine, va y avoir du tapage,
T'as refusé un vidangeur
Poil au cœur !
Qui revenait de son ouvrage,
Rapport à sa mauvaise odeur
Poil au cœur !
Comme si l'argent sentait la merde,
Comme si t'avais des roses dans l'cul ;
Sacré nom de dieu de garce,
Fille de putain, langue de poison,
Tu iras ailleurs faire tes farces,
Tu foutras le camp de mon boxon,
Figure-de-con ! »

Nous le retrouvons dans une villa de Bénerville, où Gaston Gallimard, las de son impuissance chronique à écrire, vient de l'enfermer à double tour devant une rame de papier blanc. Lorsque, le soir, l'éditeur revient, Fargue lui tend triomphalement un gros paquet de feuilles, sur lesquelles il a écrit à l'infini la même phrase : « Je suis un capitaine de corvette... » Image plus connue, trop connue, celle de Fargue trônant *Chez Lipp*, sous les céramiques murales exécutées par son père, « le melon de biais, ombrant un soupçon de strabisme chinois, affalé sur la moleskine[1]* ». Le voici au bureau de tabac, choisissant longuement un timbre et finissant par dire au buraliste, en désignant le milieu de la feuille : « Donnez-moi celui-là[2]... » Ou bien au restaurant, humant un délicieux camembert particulièrement à point et murmurant, extasié : « Les pieds du bon Dieu... ! » Dans un autre restaurant, Fargue raconte à Jean Cassou et à Robert Goffin qu'il avait suivi des cours d'équitation à Saumur. Affabulation qui lui permet de se lancer, à grand renfort de termes techniques tels que « chanfrein », « avant-montre » et « étrier », dans un long exposé sur les différences de monte entre les cavaliers de Saumur et ceux de Chantilly. Est-ce le même homme que ce jeune soldat encaserné au fort de Toul et qui écrit aux siens lettre sur lettre pour crier sa détresse, quémander un mandat de quarante sous, un paquet de Bastos ou des chemises en flanelle ? Suit un autre Fargue, celui des dîners en ville chez des célébrités, agapes qui, écrira-t-il, « chantent dans les cuisines de ma mémoire, des pâtés de truite, comme on n'en mangeait pas dans *Les Mousquetaires au couvent,* des civets de saumon frais au Vosne-Romanée, des soupes de rognons de veau à la russe, des langoustes farcies, frottées d'ail, doucement rôties au four sous une neige de Parmesan, et servies dans le soleil du champagne[3] ». Ou bien, à l'aquarium du Musée des Colonies, un Fargue enfantin, qui reste planté durant des heures à observer les cichlides de l'Amazone et le protoptérus, qui « semble enroulé dans un vieux buvard tout imbibé d'encres choisies ». Et tant d'autres images...

Fargue commensal quotidien de Gaston Gallimard, rue Saint-Lazare ; au bord de la Marne, à Carnetin, avec ses amis Michel Yell, Charles-Louis Philippe et Marguerite Audoux ; Fargue adolescent, penché sur des toiles de Bonnard, dans la petite boutique de Le Barc de Boutteville ; à la Maison des

* Toutes les notes sont regroupées en fin de volume.

Amis des Livres, bavardant avec Adrienne Monnier sous le portrait d'Henry J.-M. Levet en uniforme de vice-consul ; Fargue à Versailles, *Villa Romaine*, chez Marguerite Caetani, princesse de Bassiano et mécène de la revue *Commerce*; Fargue vieux, étendu dans son lit de malade aux draps bleus, 1, boulevard du Montparnasse... Mais la plus persistante image n'est-elle pas celle d'un petit enfant fasciné par les trains passant sous le pont de la Chapelle, ébloui par une baraque foraine, un cheval mécanique, ou des papillons exotiques exposés dans une vitrine ? « J'ai rôdé par là, sans être vu, dans des escaliers sans espoir, sur des gouttières interminables, dans des rêveries pleines de tressaillements, bondées et secrètes comme la mer. »

C'est cette rêverie qui fait tout le prix de la poésie de Fargue et constitue sans doute le secret de l'homme. Car Fargue fut avant tout un solitaire, et ses amours, nous le verrons, malheureuses. Souvent incompris des femmes, il le fut également des hommes, de ses confrères, de son temps en général. « On souffre, se plaindra-t-il, de n'être qu'un homme de sensibilité au milieu des modes, des marchés, des lames de fond de la férocité[4]. » Et le « piéton de Paris » qu'était Fargue, n'est-ce pas aussi l'image d'une solitude, au milieu de cette autre solitude qu'est la ville ? Dans les *Poèmes* de 1912, ce sanglot : « Ce qu'on va aimer se sauve tout de suite, à tire-d'aile, du côté de l'ombre... Mais ce qu'on aime finit toujours par se décider à vous quitter... On est seul... On est toujours seul. Tout a pour but la solitude[5]. »

Tel est bien le fond même de Fargue et de sa poésie. On pourrait à cet égard le rapprocher d'un autre poète, qui fut lui aussi victime de sa légende et des anecdotes — d'un poète qui n'oublia jamais lui non plus son enfance : Jean Cocteau. À ceci près que Cocteau, happé par le monde beaucoup plus tôt, fut, bien plus que Fargue, en représentation presque permanente. Mais l'un et l'autre ont subi la même fatalité poétique, et Fargue pourra nous assurer : « J'ai joué ma vie sur le fait poétique. J'étais né pour la poésie. J'en ai reçu les sorcelleries, les traces de rêve, les mouvements de passion pour la matière, les diagnostics divins ou diaboliques[6]. » On soulignera cependant, et avec force, qu'il existe un autre, sinon plusieurs autres Fargue, et d'abord celui de la cocasserie, de la fantaisie, laquelle s'épanouit souvent en visions cosmiques où son ivresse verbale se donne libre cours, comme dans ce passage d'*Épaisseurs* : « Le sperme grossoie, le germe grossit, se pousse du col, champignonne en meneaux roses, en éteignoirs, en chapiteaux, se subdivise en canaux douteux, grandit, rayonne, prend une voix de basse-taille, fait chaudière, se coiffe d'un chapeau haut de forme (voir collection Pinaud et Amour à travers les âges), fume sa pipe, chausse des bottes à éperons, casse des tibias, pousse des vrilles de jarretelles, met son fixe-moustaches, s'accroche la Légion d'honneur à l'extérieur, un scapulaire luisant de crasse centrifuge à l'intérieur, son stylo pour les devoirs, son extraplate et son revolver pour la distance, se boursoufle, s'ambitionne, monte en papes, en maréchaux de France nègres, souffre des courroies, du grand sympathique, se constipe l'oreille, se bouche de sottise, conducteur d'hommes, poètes, ingénieurs loyaux, chefs de cabinets d'aisances, farceuses de palaces, bringues emperlousées, graveuses de musique, pédicures, cheveux de vieilles maîtresses pour violoncelle, vidangeurs, forts de la Halle, figures gothiques et nocturnes, accordeurs de robinets, branleurs de pianos, professeurs de massue, jeunes filles de suicide; saute sur des béquilles, monte un peu dans le ciel, aviateurs, ballonnistes, pas bien loin au-dessus des basses-cours, des bureaux friands de suppositoires, crache sur des timbres-poste, tamponne avec son mouchoir, il faut faire ce qu'on fait du mieux qu'on peut, caviar. »

On s'étonne parfois qu'un tel poète, qui connut de son vivant une célébrité certaine, n'ait pas, de nos jours, la place qu'il mérite. Plusieurs raisons peuvent expliquer la désaffection où est tombé Fargue après sa mort. La première en est, probablement, l'incompréhensible négligence, sinon ignorance, dont fit et continue de faire preuve l'Université envers Fargue. Alors qu'un Blaise Cendrars, par exemple, a depuis une vingtaine d'années été rétabli à sa juste place de poète et de novateur, rien n'a été fait pour Fargue, dont le nom, s'il vient à être prononcé devant eux, rend instantanément sourds certains « spécialistes » de poésie moderne. C'est un fait également que le poète pâtit de ne plus bénéficier d'une de ces Sociétés d'Amis qui assurent vaille que vaille la survie d'un écrivain. Il convient enfin de remarquer que certains des éditeurs de Fargue ne se sont guère souciés, après sa mort, de multiplier les rééditions de ses œuvres. Nul non plus ne semble avoir songé à un volume de « La Pléiade » qui en rassemblerait un choix. Mais cette éclipse a sans doute aussi d'autres causes, moins contingentes.

Ces causes tiennent à Fargue lui-même et à son œuvre. Après *Haute Solitude* (1941), la veine du poète semble finie, ou, si l'on préfère, tarie. Plus de livres, désormais; rien que des recueils d'articles de journaux et de chroniques, où la verbosité ne parvient pas toujours à masquer une certaine indigence. Aussi la courbe de l'œuvre de Fargue est-elle particulièrement déconcertante, et l'on ne saurait dire que cette œuvre gagne en qualité et en densité, de *Refuges* à *Dîners de Lune*... Nino Frank a fort bien résumé cela, en parlant d'« une évolution surprenante et brusquée qui, à partir d'une poésie avare de son inspiration et de ses dits, le [Fargue] mènera à un journalisme des plus éphémères[7] ». À partir de 1938, la signature de Fargue devint si commune dans les gazettes que le public et la critique finirent par se lasser de la voir partout et de ne plus trouver, dans ce torrent alimentaire, que quelques rares pépites. Fargue fut ainsi victime de sa propre facilité, et aussi de ses problèmes d'argent, qui, à partir des années 30, l'obligèrent à multiplier les collaborations aux journaux. Curieux destin, qui transforma le poète rare de *Tancrède* et des *Poèmes*, qui n'arrivait pas à écrire, en un mercenaire du journalisme.

Mais qu'est finalement tout cela auprès du reste de l'œuvre, de ce qui demeure et demeurera? Fargue fut admiré de Gide, de Claudel, de Larbaud, de Rilke, de Mauriac, de Saint-John Perse et de bien d'autres. Max Jacob écrira de lui : « Il nous enseignait à sublimer la vie quotidienne. » « Grand ingénieur du rêve », le qualifiera Jean-Richard Bloch, et Claudel renchérira : « un jet de cocasserie splendide ». « Un prodigieux inventeur de langage, aussi prodigieux que Joyce », s'écriera Ungaretti. Rilke, de son côté, écrivait à la princesse de Bassiano : « Pourquoi Fargue, qui est un de nos plus grands poètes, se soucie-t-il aussi peu de se laisser connaître ? » Et Paul Valéry : « Poète. Constamment poète. » Francis Ponge, lui, verra dans l'œuvre de Fargue « une basilique de Papes logeant un pagure costaud qui la déplace sous nos yeux ». Et Roger Vitrac : « Toute son œuvre est un immense aquarium électrique où brûlent perpétuellement un million de personnages éclatés. »

L'originalité de la poésie de Fargue se trouve parfaitement cernée par Jean Paulhan, qui écrivait : « Fargue, c'est une sorte de tendresse humaine — et presque animale — un besoin de chaleur, une "humanité" humble, insistante. [...] Mais je ne louerais pas seulement Fargue, ajoute-t-il, d'avoir ici et là retrouvé la grande poésie ; je me réjouirais encore qu'il soit parti, pour la retrouver, de si loin : des plus élémentaires balbutiements poétiques, de la poésie à sa source. (Couvrant ainsi le champ entier de la poésie — et, si je peux dire, sa carrière.) Ici, il est franchement inventeur[8]. » Mais le plus bel hommage n'est-il pas, sans doute, l'admirable préface écrite par Saint-John Perse pour les *Poésies* de Fargue :

« ... Entre la masse basaltique d'un Claudel et les pures cristallisations d'un Valéry, il y eut un soir, et à la ville, en lieu fiévreux et féerique, ce déroulement, soudain, comme d'une crosse de fougère ivre ; ce déploiement, soudain, comme d'une aile de névroptère séchant au feu des lampes son fin glacis de gaze verte... Un pur faisceau de nervosisme se nouait là. Et le poète encore fut appelé par son nom. Transparence d'une heure et vibration d'un soir, tant de nuit consumée sur sa cendre odorante, tant de luxe dissipé à la flamme du jour, et cette patience à l'aube renouée, et cette tendresse au soir liée, d'une âme délinquante et fière... Sur la ferronnerie légère et timbrée d'or d'un vieux quartier de ville qui s'éclaire, la poésie encore berçait son frissonnement d'exil, comme "un aigle sur un balcon" de femme et d'étrangère[9]... »

Quant à l'homme Fargue, il a, de son vivant même, fourni le sujet d'innombrables anecdotes, qui témoignent à la fois de son originalité irréductible et de la fascination qu'il exerçait. Presque légendaire est le Fargue noctambule, le Parisien qui arrivait toujours en retard aux dîners mondains, celui qui louait des taxis à la journée et sillonnait la capitale de *Chez Lipp* au canal Saint-Martin. Figure vivante et pittoresque, dont les côtés humains séduisaient et provoquaient la sympathie. Un juge aussi sévère que Paul Léautaud pourra dire de Fargue : « original, gavroche, primesautier, spontané, plein de fantaisie, de couleur, rien de compassé, de grave, d'imité, de bourgeois, en plein dans la vie, et plein de liberté[10] ». Derrière tout cela, il y avait cependant un homme nostalgique et blessé, sevré de tendresse et tâchant de retrouver, dans un monde d'adultes, la féerie déchirante de son enfance perdue. Son œuvre en porte maintes traces, et Pascal Pia pourra écrire non sans pertinence : « Il s'en dégage surtout une mélancolie douce-amère, combattue ou tempérée souvent par des drôleries, des traits de caricature, des mots à l'emporte-pièce ou les excès de vocabulaire d'un nouvel Écolier limousin[11]. »

Cette légende de Fargue, il faut néanmoins l'accepter, car nous aurons l'occasion de voir qu'elle fut souvent forgée délibérément par le poète lui-même. Mais, au seuil de cette évocation biographique, laissons pour un instant le pittoresque de l'homme, les cocasseries du « piéton de Paris », pour mieux marquer encore la grandeur du poète. Quel peintre a jamais peint portrait de femme où éclate le lyrisme étoilé de cette page des *Poèmes* :

« Il va monter l'escalier dans un silence de tentures. On va le prévenir, à mi-voix, d'un pas suspendu. Lui va s'arrêter sur le palier clair où brûle une applique au regard vide. Elle l'attendra dans une vaste salle, debout, toute grande, pâle et belle, comme une jeune nuit pensive, comme la plus jeune nuit du monde, comme la première nuit du premier printemps... Sa chevelure... On dirait qu'un grand oiseau noir s'est posé sur sa tête et la couvre de ses ailes. Un lustre d'or attend là-haut, presque au-dessus d'elle et prêt à descendre, comme une couronne qu'on tient en suspens pour le sacre d'une jeune reine... Une flamme qui s'en détache et brûle un peu plus bas risque sa lumière sur son front mat...

« Mais elle fait pâlir toute lumière, par un éclat limpide et profond de diamant noir. Elle est pure et droite comme un grand vase où veille une flamme sacrée. Elle sort du sol comme un feu sacré dont sa chevelure est la fumée riche... Elle jaillit droite comme un geyser, comme un jet d'amour, comme un grand élan brûlant et sombre, dans une nuit chaude, un peu avant l'aube, et monte et daigne se courber, comme une fusée où monte un regard... Ses yeux font penser à des astres dans un arbre. Parfois il y passe de tels courants qu'on se retourne lentement et comme avec crainte, pour voir ce qu'ils ont reflété... Mais ce sont des lointains furtifs, ce sont des choses d'autrefois... La mer phosphorescente et ses acanthes bleues... De grands insectes fulgurants qui rayent la nuit comme un cri d'appel... Les vagues qui viennent fermer à ses pieds leur bouche argentée, tout bas, une à une... La lumière d'une fête, dans un golfe, avec un cortège, un soir de victoire... Une grande pensée nocturne qui s'amasse à l'horizon, dans un orage...

« Elle sent la branche verte d'un arbre tropical... Lorsqu'elle se penche, il vous semble qu'il va tomber de sa tête une pluie de fleurs ténébreuses, odorantes et vanillées, comme un essaim d'étoiles sombres, il vous semble qu'il va s'enfuir quelque grand papillon nocturne... Sa voix désarme le silence, attentif et qui vous épie... Elle est si belle, qu'à sa seule pensée l'homme sent accourir les larmes[12]... »

REMERCIEMENTS

Ce livre a bénéficié de l'aide et des suggestions d'un certain nombre de personnes que nous désirons remercier pour leur obligeance. Sans elles, nos recherches auraient rencontré infiniment plus de difficultés ou seraient restées incomplètes.

En premier lieu, Maurice Imbert, naguère successeur d'Adrienne Monnier à la Maison des Amis des Livres, et qui, non content de nous encourager sans cesse, nous a amicalement communiqué nombre de documents inédits du plus grand intérêt.

Notre dette est également importante envers MM. Louis Barnier, Paul Beauvais, Roland et Serge Beucler, François Caradec, Jean-Pierre Dauphin, René Fayt, Paul Gayot et Jean-Jacques Lefrère.

Mention particulière sera faite de M. Thierry Haour, qui a bien voulu nous ouvrir très aimablement les archives inédites de son grand-père Pierre Haour; d'Éric Walbecq, dont l'amitié n'a pas capitulé devant nos nombreuses demandes de documents; de M. Jacques Moussarie, auteur d'une thèse de doctorat sur Fargue et à qui nous devons nombre d'informations importantes, qu'il tenait de son père Pierre Moussarie, ami de Fargue et de Larbaud; de M. François Chapon, conservateur honoraire de la Bibliothèque littéraire Jacques Doucet, et qui a bien voulu nous parler longuement de Fargue.

Nous remercions également MM. Pierre André-May, Noël Arnaud, Pierre Bergé (et le Comité Jean Cocteau), Louis Bothorel, Mme Claudine Brécourt-Villars, MM. Dominique Charnay, Jean-Louis Debauve, Michel Décaudin, Mme Brigitte Drieu La Rochelle, MM. Patrick Fréchet, Jean-Jacques Faure, Mme Françoise Galland-Tunali, conservatrice de la Médiathèque Valery Larbaud de Vichy, MM. Bernard-Marie Garreau, Jean-Édouard Gautrot, Dominique Iehl, Mme Andrée Jacob, Mlle Monique Kuntz, conservateur honoraire de la Bibliothèque municipale de Vichy (Fonds Larbaud), MM. François Lesure, Georges Liébert, Bernard Loliée, Mme Florence Malraux, MM. Jean-José Marchand, Mlle Béatrice Mousli, Mme Agnès de Noblet et M. Claude Werth.

Ce n'est pas non plus sans émotion que nous tenons à rappeler ici le souvenir de quatre disparus, qui avaient bien voulu évoquer pour nous Fargue et que nous associons dans la même reconnaissance : André Beucler, Pascal Pia, Maurice Saillet et le Dr Ludo Van Bogaert.

Enfin, cette biographie est amicalement dédiée à Pierrette et Thierry Bodin, au zèle et à l'obligeance de qui nombre de chercheurs — nous-même le tout premier — et de lettrés doivent tant.

1

UNE ENFANCE PARISIENNE

Tout ce que vous voudrez, pour une heure de la lumière, des chants et des odeurs de cette époque-là.

Léon-Paul Fargue naquit le 4 mars 1876[13] au 8 de la rue Coquillière, où sa mère occupait non pas un appartement, mais une modeste chambre. Naissance en quelque sorte marquée par le destin, qui fit naître le poète dans ce quartier populaire des Halles, qu'il évoquera de manière inoubliable dans *Refuges* : « L'aube composait sur l'arrivage des fleurs une verrière pareille aux Roses de Chartres, les arceaux sanglants de la boucherie s'enfonçaient jusqu'au cœur du monde, de grands poissons encore vivants frappaient les grilles de leur queue puissante et d'étranges fleurs gothiques, porteuses de fardeaux, semblaient se courber sous le poids de la nuit. » Destin poétique également, car il vint au monde « dans les plis sinueux des vieilles capitales » qui fascinaient tant Baudelaire. Le grand-père maternel de Nerval ne tenait-il pas boutique de lingerie rue Coquillière, précisément? Et certaines pages de Fargue ne seront pas sans évoquer les *Promenades et souvenirs* du même Nerval. Cette origine parisienne marquera durablement Fargue et sa poésie, et il restera un Parisien — ce qui n'empêchera pas, nous le verrons, le Berry maternel de constituer un autre pôle de sa sensibilité et de son œuvre.

« J'ai été élevé solitaire, pas de famille, pas de jeunes filles, pas de frères, pas de sœurs, pas d'amis, pas d'argent, pas de timbres-poste. Les parents vous aiment, mais si sérieusement, malheureux pour eux-mêmes, et dans un esprit d'étrennes utiles[14]. » Plaintes d'enfant unique, sans doute en partie fondées. Mais ce que nous savons de l'enfance de Fargue et ce que lui-même nous en a dit par ailleurs, atteste que le fils de Léon Fargue et de Marie Aussudre parvint à trouver, au milieu de sa déréliction, une certaine féerie. Ne parle-t-il pas, dans *Vulturne*, de « ces années si bonnes et ces années si tristes » ? Et peut-être était-ce le destin de Fargue que d'unir en lui tant de mélancolie et tant de poésie intime, comme ces rues de Paris qu'il a chantées, où le miroir du ciel pur tournoie entre deux rangées de façades décrépites. Il semble d'ailleurs avoir eu ce sentiment très tôt, car ses premières impressions d'enfance furent très intenses : « J'étais poussé doucement par l'envie de pleurer. Ma sensibilité très en avance sur ma pensée, je sentais qu'elle prévoyait ce que devait être notre vie, la flamme sans rien à chauffer, l'enthousiasme sans récompense, la lutte sans témoins favorables, toute l'amertume, tout le doute. Cela ne fait rien, je maintiendrai. Je sais bien que tous les enfants sentent vivement, mais je crois bien que j'ai été plus loin, plus profond qu'aucun autre, moi que le seul passage d'une pensée à une autre faisait rougir[15]. »

Fargue gardera à jamais le souvenir de certains lieux, appartements, rues et paysages de son enfance : la triste rue de Passy, « où le soleil n'entrait jamais » ; le square d'Anvers, où sa mère l'emmenait jouer ; la rue du Colisée ; le jardin des Champs-Élysées ; la rue Gustave-Courbet, qu'il a évoquée en termes presque rimbaldiens : « Ah les réveils le matin dans le bleu voltigeur, les angelots sortant des cheminées pot-aux-roses, les liserons étirés à bloc sur leurs baleines, et les premières billevesées d'insectes ronflant chaudement sur les fleurs du balcon ! Sitôt, la marée des pianos dans les maisons, cette écume... » Et comment échapper à la magie des jouets et des livres ? Il n'oubliera pas certain bateau mécanique, telle boîte de soldats de plombs qu'on lui offrit : « Et j'aimais l'odeur et le goût des jouets, le vernis sur le fer, le sucre du bois blanc, le sapin de la ménagerie... » Même féerie avec les livres, à commencer par son premier livre d'étrennes, *Le Robinson suisse*. Tout comme Rimbaud jadis, l'enfant Fargue dévorait les livraisons illustrées du *Tour du Monde* et du *Journal des Voyages* : longues rêveries devant ces gravures, qui distillaient un fantastique présurréaliste aussi ingénu qu'efficace. « Je rêvais des minutes entières, se souviendra-t-il, sur une image qui représentait un pygargue en train d'enfoncer, la tête sous l'eau, ses serres dans le dos d'un gros brochet. » Et quelles épouvantes dressait devant l'enfant le récit des crimes de Troppmann, de Gamahut et de Pranzini, qui défrayaient alors la chronique : « Des ombres glissaient le long des murs comme des oiseaux de mauvais augure, grandissant jusqu'à la menace. Nous pressentions des catastrophes, nous espérions quelque chose de terrible[16]. »

Son souvenir le plus lointain ? L'Exposition universelle de 1878, nous dira-t-il. Il n'avait alors que deux ans, mais se souviendra de « tout ça vu par un œil d'enfant, tout ramant, tout bruissant et sifflant du siphon des astres ». Mais, tout de suite, vient s'interposer la figure du père : « Il amusait gauchement les enfants, mais il m'aimait tant, et il repoussait si courageusement, comme un enfant renvoie le ballon, la paroi mouvante de la mort ! » Le poète gardera malgré tout, on l'a vu, le sentiment d'une enfance étriquée et peu chaleureuse, sans doute à cause des difficultés matérielles de ses parents.

Figures tutélaires tendrement chéries par l'enfant, Léon Fargue et Marie Aussudre formaient en effet ce que l'on appelait un ménage irrégulier. Fargue était enfant naturel, et ne sera reconnu par son père qu'en 1892 ; de plus, Léon Fargue n'épousera Marie Aussudre qu'en 1907. Cette situation n'avait pas été sans provoquer des remous dans la famille de Léon Fargue, dont la mère, la terrible Louise-Charlotte Lescot, ne voulut jamais recevoir chez elle Marie Aussudre. Ce n'est qu'après sa mort, survenue en 1906, que cette dernière put régulariser son union avec Léon Fargue. Curieusement, leur fils unique Léon-Paul revendiquera parfois d'être un « Lescot par les femmes[17] » : signe, à ses yeux, de force de caractère ? La situation irrégulière de ses parents pèsera néanmoins sur lui. « Jamais, souligne son ami André Beucler, il ne digéra complètement cette jeunesse étouffée dont il n'était pas responsable, et qui ombrait parfois son visage de mécontentement[18]. »

Un certain contraste séparait aussi, du fait de leur origine sociale, les parents de Fargue. Léon Fargue, né le 11 septembre 1849, était ingénieur de l'École centrale (promotion 1872), et le fils de François Fargue, commissionnaire en bijouterie (né à Bordeaux en 1805), et de Louise-Charlotte Lescot, déjà nommée et qui deviendra veuve en 1874. Homme modeste, appartenant à la petite bourgeoisie, Léon Fargue avait cependant des côtés artistes. En 1882, il avait fondé, en association avec un certain F. Hardelay, une fabrique de céramiques sise 156 rue du Faubourg-Saint-Martin et qu'il conservera jusqu'à sa mort[19]. Reprise alors par son fils Léon-Paul, l'entreprise tentera de diversifier ses activités, produisant également des verreries. Le titre de gloire de Léon Fargue reste d'avoir exécuté, sur des dessins du peintre Clair-Guyot, les panneaux de céramique décorant les murs de la *Brasserie Lipp* et qu'on peut encore admirer dans ce célèbre établissement parisien.

Après la Première Guerre mondiale, la fabrique périclitera et disparaîtra en 1926, suite à une expropriation. Souvent gêné par ses difficultés économiques, Léon Fargue se révélait cependant un esprit fantaisiste, toujours en quête d'inventions mirobolantes, sorte de Courtial des Péreires au petit pied. « Il faillit faire fortune, assure son fils, en vendant des "plumes miraculeuses écrivant sans encre", qui annonçaient le stylo, et en introduisant dans le marché un nouveau traitement chimique des perles de couleur[20]. »

Quant à Marie Aussudre, c'était une humble couturière, non pas parisienne, mais de Chaillac, village de l'Indre, où elle était née le 6 novembre 1842[21]. Elle venait d'une famille de paysans fort pauvres. Son père, Joseph Aussudre, né en 1806, était maçon. On comprend ainsi tout ce qui, plus tard, attachera Fargue à la discrète Marguerite Audoux, Berrichonne elle aussi, et auteur de *Marie-Claire*, roman décrivant la vie d'un atelier de couture. Le poète gardera également une grande tendresse pour le pays de sa mère, où il reviendra séjourner très régulièrement. Il affirmera même que c'est là qu'il est devenu poète, en contemplant la nature : affirmation en apparence paradoxale venant du « piéton de Paris », mais sans doute lourde de vérité. Dans un chapitre de *Vulturne*, intitulé « Joseph Aussudre », Fargue évoquera Chaillac : « Il se souvient d'un village plein d'hirondelles et de pioches bleues, de grands vantaux de granges, de chasseurs solides, de figures savantes comme des fuseaux, des chiens toujours dans vos jambes et des oies battues par les enfants. La boulangerie qui sent la levure et la suie, la bouche édentée du four de campagne... Les alentours étaient pleins d'enfants et de jardinets et d'ombelles et de timbales toutes vibrantes de machines volantes, de petites fées tournantes à parapluie vert, d'insectes crépus, de chiquenaudes de sauterelles, de trépieds à ressort sautant jusqu'aux orphelins du ciel et de grenouilles en cuir d'argent. »

On retrouvera dans *Tancrède* — terminé à Chaillac — certaines de ces impressions d'enfance :

> « Loin de la ville
> Sitôt crépite
> La libellule
> De linon bleu... »

Chaillac et Argenton-sur-Creuse demeureront toujours le Combray de Fargue, et nous en retrouverons aussi dans les *Poèmes* de 1912 bien des évocations. Mais, dans son désir de revanche sociale, Fargue revendiquera aussi d'autres ancêtres, moins humbles et plus prestigieux. C'est cependant un fait que, par ses cousins paternels Bour, il appartenait à une lignée de solide bourgeoisie parisienne (familles Lempereur et Cochin) : échevins de Paris, négociants, militaires, un académicien (Denys Cochin), des députés, etc. Mais le poète, qui comptait aussi des Bayle et des Lescot dans son arbre généalogique, voudra à toute force nous faire croire qu'il descendait à la fois du célèbre philosophe Pierre Bayle et de Pierre Lescot, l'architecte du Louvre : généalogie aussi flatteuse qu'imaginaire[22].

Peu de poètes auront autant parlé de leur enfance que Fargue. Il y revient sans cesse, comme pour y découvrir le secret de sa propre vie. Démarche de poète, s'il en fut. Fargue saura préserver intacte sa sensibilité d'enfant devant la vie et en nourrir sa poésie. Dans *Suite familière*, il reprochera à certains écrivains d'abuser du clinquant et de ne pas savoir porter sur le monde un regard d'enfant : « Ils ont bien l'air de ne pas savoir que les enfants font de grands voyages dans une petite caisse, jouent au chemin de fer avec une bobine, construisent un moulin avec une noix vide, et rêvent là-dessus les plus beaux poèmes. Comment donc ont-ils joué, s'ils ont jamais joué, quand ils étaient petits ? » De là, aussi, certains côtés déconcertants de son existence, certains actes, certaines affabulations, et diverses chimères qu'il cultivera toute sa vie. La sensibilité de Fargue lui aura cependant permis de sauver tant de trésors de cet immense naufrage universel du temps, où Proust voyait sombrer à jamais les choses, les êtres et les sentiments. Il est vrai que l'irruption du souvenir produit surtout chez Fargue une profonde tristesse : « Continuité des jours, immense mélancolie, oh affreux... »

L'enfance, c'est d'abord, pour Fargue, ses parents. Avec quelle nostalgie poignante et attendrie les a-t-il évoqués : « Il était un ménage. Sa vie, ses gaietés. Son enfant. L'odeur de son intimité. La fenêtre ouverte au soleil. Ils ont été dans le vent des rues, flairé la gare et le chantier. Des amis à leur table, heureux, à l'heure du café. Leur retour du travail. L'heure de leur toilette avec leur savon aux amandes... Leurs voix dans les chambres, qui s'appellent, leurs pauvres yeux, leurs humbles gestes. Ils longeaient doucement la vie, dans la tristesse et dans la honte et la joie, chacun avec ses maladies, la mère affligée, le père déçu, le fils et la fille on ne sait où. Tout ça, mmmort[23] !! »

Et quel pincement au cœur donne à Fargue l'évocation de certains moments passés jadis avec son père : « Un homme se promenait avec son enfant dans de jolis jardins de banlieue qui descendaient en pente... Ils enjambaient des puits à ras de terre, des fleurs, des clôtures. L'homme était coiffé de son chapeau haut de forme. Il était de teint mat et portait la barbe en pointe. Il tenait son enfant par la main. Il était toujours en costume de ville, en chapeau de ville, à la ville et à la campagne. Il travaillait dans le même costume. Il était chimiste en céramique et en verrerie. [...] Il simplifiait. Je me suis dit souvent qu'il simplifiait, qu'il expédiait la vie, qu'il la bousculait, qu'il la boudait. Ça n'allait pas comme il voulait, enfin il n'était pas heureux[24]. »

Aux difficultés matérielles du père s'ajoutait la gêne provoquée par le ménage irrégulier qu'il formait avec Marie Aussudre. Fils unique, Fargue sentit très tôt la solitude supplémentaire qui en résultait pour lui. Plus tard, il avouera à André Beucler : « Oui, ce qui m'a manqué, c'est une famille bien composée comme un régiment d'avant-guerre. Je ne l'ai pas eue... » Et le même Beucler observera très justement que Fargue « remplaçait la famille par les relations, celles-ci devant bluffer celle-là ». Mais, loin d'en vouloir à son père, Fargue éprouvera toujours pour celui-ci une grande compassion. La figure paternelle dominera sa vie affective, et c'est sous le coup de la disparition de son père, en 1909, qu'il écrira le bouleversant poème « Æternæ Memoriæ Patris » :

> « ... Je t'aurai donc laissé partir sans rien te rendre
> De tout ce que tu m'avais mis de toi, dans le cœur !
> Et je t'avais lassé de moi, et tu m'as quitté,
> Et il a bien fallu cette nuit d'été pour que je comprenne...
> Pitié ! Moi qui voulais... Je n'ai pas su... Pardon, à genoux, pardon !
> Que je m'écroule enfin, pauvre ossuaire qui s'éboule, oh pauvre sac d'outils dont la vie se débarrasse, d'un coup d'épaule, dans un coin[25]... »

Dans *Banalité*, Fargue nous a donné une sorte de chronologie de son enfance et de sa scolarité. Chronologie bien personnelle et qui comporte des blancs et des zones d'ombre. Nous savons pourtant qu'après un séjour à l'Institution Montaigne, Fargue fut élève du collège Rollin (actuel lycée Jacques-Decour) de l'automne 1884 à 1887 ; puis, de 1888 à 1892, du lycée Janson-de-Sailly. Son année scolaire 1892-1893 reste une énigme. Où la fit-il ? Elle ne dut guère être brillante, puisqu'en juillet 1893 il échoua à la première partie du baccalauréat.

Quels souvenirs Fargue garda-t-il du lycée ? Sans doute des souvenirs peu agréables, comme ses futurs amis Larbaud et Claudel. L'ambiance du lycée, particulièrement rigide et vieillotte, ne pouvait satisfaire ces jeunes gens, et plus tard Fargue ironisera sur ses maîtres : « Nos professeurs nous parlaient du soleil de la Grèce avec l'accent de la nuit, de la cave, et l'odeur d'un vieux pigeonnier[26]. » De Rollin, Fargue se souviendra qu'il y eut pour condisciple Henri Barbusse, « qui fut très bon élève »... Mais, de même qu'il se donnera plus tard comme brillant élève d'Henri-IV, il voudra nous faire croire qu'à Rollin il eut comme professeur d'anglais Stéphane Mallarmé. Il en fera même un article de souvenirs, dédié à Henri Mondor, lequel accepta pour argent comptant tout ce qu'y disait le poète. Or, comme l'ont montré les recherches de Louise Rypko Schub, Fargue n'eut jamais Mallarmé comme professeur d'anglais à Rollin, mais bien un obscur M. Balagué. Tout au plus Mallarmé aura-t-il pu effectuer un jour quelque remplacement dans la classe de son collègue. Fargue aurait alors brodé sur les quelques souvenirs qu'il avait pu en garder... à moins qu'il n'ait tout simplement fait sien ce qu'avaient pu lui conter à l'époque des camarades, qui, eux, étaient dans la classe de Mallarmé. Fargue ira encore plus loin en s'attribuant une place de premier en anglais dans la classe de Mallarmé[27] ! Comme l'écrit Jacques Moussarie : « Si avoir été un cancre peut apparaître parfois comme un titre de gloire, Fargue ne donna jamais dans ce snobisme[28]. »

En réalité, Fargue fut à Rollin un élève moyen, certes intelligent, mais inégal et déplorablement distrait, comme il appert de ses notes publiées par L. Rypko Schub. En 8e, il est « *passable* » en écriture et en anglais, « *médiocre* » en calcul, mais « *très bien* » dans les autres matières. À la distribution des prix, il décroche un premier prix de récitation classique et des accessits de français, lecture et dessin. En 7e, il obtient « *bien* » dans la plupart des matières, sauf en calcul, mais ne récolte que trois accessits à la distribution des prix et est jugé en ces termes : « Enfant très léger, n'écoute jamais ce qui se fait en classe. Remet toujours des devoirs incomplets. Pourrait être un bon élève. » L'année suivante, en 6e, on remarque quelques progrès.

Pour ce qui est de Janson-de-Sailly, le nom de Fargue apparaît souvent dans les palmarès du lycée, ce qui tendrait à prouver qu'il fut bon élève, quoique indisposant souvent ses professeurs. Deux accessits en 5e ; en 4e, véritable record : un second prix (récitation) et cinq accessits. C'est en seconde que se produit le fléchissement : deux accessits seulement (composition française et dessin). La consultation des registres de Janson, que l'on croyait perdus mais que nous avons pu retrouver, aide à comprendre les raisons d'une telle baisse. Lisons les appréciations trimestrielles du professeur principal de seconde, M. Faure. Premier trimestre : « Élève jusqu'ici insuffisant, intelligent, mais sacrifiant sans scrupule tout ce qui le gêne. » Deuxième trimestre : « Toujours léger, amateur, ne faisant que ce qui lui plaît. » Troisième trimestre : « Élève très doué, qui a passé son année à chercher et à trouver des moyens de gaspiller son intelligence. » Fargue s'effondre progressivement en cours d'année, notamment en allemand et en mathématiques. Hâtons-nous cependant d'ajouter qu'il n'était pas non plus dénué de ressources, puisqu'il obtient à la fin de l'année un second accessit de français au Concours général, la seule récompense décrochée par son lycée cette année-là ! Il s'en souviendra vingt ans plus tard, en adressant à Jules Lemaitre un exemplaire de *Tancrède*, « en souvenir de la journée du Concours général où il m'a donné ses *Dix Contes*[29] ».

De Janson, Fargue se rappellera certains professeurs : Vautier, « homme délicieux, esprit ingénieux, plein de feu et de fantaisie » ; Gourraigne, « esprit "haut en couleur", inventif et goguenard » ; Aublé, Zyromski — et certains condisciples : Courtois, Baruzi, Merlant, Constantin de Brancovan[30]. Une place à part doit être faite au célèbre critique Émile Faguet, qu'il décrira ainsi : « Vivant, lumineux et sale, couvert de vitamines quasi visibles, expirant une odeur d'ail intellectuel, il arrivait dans un pardessus bâillant, godant, obèse de bouquins, de journaux et de revues [...]. Dès qu'il commençait son cours, vivant, familier, malin, faux bonhomme, plein de négligences classiques et de fautes de français affectées, on oubliait tout cela[31]. »

Mais un tel curriculum scolaire est bien insuffisant à nous restituer la vérité de l'enfant Fargue. Plutôt qu'à travers des notes et des palmarès inégaux, c'est dans une certaine géographie parisienne et sentimentale qu'il faudrait aller chercher cette vérité. Nous verrons Fargue, tout au long de ses livres, égrener un chapelet de lieux et de rues dont le souvenir ne cessait de le hanter. « Comme tous ces noms propres, tous les noms propres de mon enfance, s'exclamait-il, ont gardé pour moi leur charme enchanteur ! » Ces noms, il les égrènera dans *Banalité* : la rue du Géorama, la rue Mouton-Duvernet, la rue du Colisée, le jardin des Champs-Élysées, le 43 *bis* de la rue de Dunkerque, le 156 de la rue du Faubourg-Saint-Martin, le 80 du boulevard Magenta, la rue Gustave-Courbet... C'est d'abord « le triste Montrouge », où le bébé Fargue fut mis en nourrice chez la mère Méric ; puis « la maison second Empire appartenant à la comtesse Léotard », rue du Colisée : « C'était une vieille dame en soie noire et en jais, très sale, avec un énorme sourire aimable, et qui me donnait tout le temps des oranges pourries dans l'escalier. » L'enfant va jouer aux Champs-Élysées, où il se lie avec un camarade de son âge, Robert Landelle (de son vrai nom Vaudelle) : « Nous jouions à cache-cache autour des Folies-Marigny, dans les massifs de verdure. » Un jour de 1885, il voit, dans un grand tumulte, passer l'enterrement de Victor Hugo : « Dîné le soir avec les Landelle, ma mère, Robert et deux camarades. La descente de voiture dans le Palais-Royal illuminé, l'odeur du Grand Véfour, l'entrée dans la fête ! Nos mères avaient des capotes à brides, des rotondes et des tournures ; nos pères, des gibus. » Dans « Caquets de la Table tournante », Fargue évoquera sur le mode drolatique l'actualité de ces années 1883-1885 : l'expédition du Tonkin, l'amiral Courbet, Pierre Loti... Mais la famille Fargue déménageait souvent, et ces changements désolaient l'enfant, qui s'attachait vite à l'appartement et au quartier. Chaque déménagement lui faisait l'effet d'une période de sa vie qui se refermait à jamais. Évoquant leur installation rue de Dunkerque, il écrira : « Je changeai de vie, je connus des quartiers sévères, des réalités grinçantes, des passants plus sombres, des trains qui se plaignent, des canaux, des fumées, des usines, des bruits de travail, des coups de marteau dans des cours. Je sentis mes espérances doucement me quitter. »

Surtout, Fargue restera à jamais marqué par certains décors parisiens de son enfance : la gare de l'Est et le boulevard de la Chapelle. Décors quotidiens et comme vulgaires, mais dont la banalité (mot qu'il affectionnait) se chargeait pour lui de poésie, avec leurs grands boulevards rayés par le métro aérien, la foule tourbillonnant autour de la gare de l'Est, le glissement des trains sous les ponts noirs de suie.

« Peut-être le bonheur n'existe-t-il que dans les gares! » soupirait Charles Cros. Mais l'exotisme du voyage, qu'il pratiquera finalement assez peu, comptait bien moins pour Fargue qu'une certaine féerie urbaine et que l'idée, reprise à Baudelaire, des départs non réalisés. Écoutons-le : « Il est bon d'avoir à la portée de l'œil une eau calme comme un potage de jais à la surface de laquelle cuisent des péniches, des passerelles aux courbes d'insectes amoureux, des quais robustes et désespérés, des fenêtres fermées sur des misères violentes, des boutiques pour lesquelles le métro aérien imite Wagner et Zeus, des garnis lourds et bruns comme des algues, de belles filles de boulevard poussées dans ce jardin sévère avec la grâce littéraire des ancolies, des bougnats, des trains qui ont la longueur d'un instant de cafard, des chats qu'on sent lourds de moulins à café, des potassons sédentaires, des bouifs centenaires, des dentistes quaternaires... le tout auréolé des fumées et des trains et des bateaux qui barbouillent les ponts de savon à barbe et font penser à la géographie. Bâle, Zurich, Bucarest, Coire, Nancy, Nuremberg, Mézières-Charleville, Reims et Prague, tous ces jours de la mémoire me viennent de la gare de l'Est[32]... »

Non pas Venise, mais le canal Saint-Martin ! proclamera Fargue. Et il précisera son sentiment : « C'est aussi la Chapelle nocturne que je connais le mieux et que je préfère. Elle a plus de chien, plus d'âme et plus de résonance. Les rues en sont vides et mornes, encore que le cri des trains de luxe lui envoie des vols de cigognes... L'arrondissement tout entier trempe dans l'encre. C'est l'heure des appels désespérés qui font des hommes des égaux et des poètes. Rue de la Charbonnière, les prostituées en boutique, comme à Amsterdam, donnent à l'endroit un spectacle de jeu de cartes crasseuses. Des airs d'accordéon, minces comme des fumées de cigarettes, s'échappent des portes, et le Bal du Tourbillon commence à saigner de sa bouche dure[33]... »

Avec quelle intensité, quelle mélancolie si personnelle, Fargue devait-il se répéter les vers déchirants de Verlaine sur Lucien Létinois :

« Âme, te souvient-il, au fond du paradis,
De la gare d'Auteuil et des trains de jadis
T'amenant chaque jour, venus de La Chapelle ?
Jadis déjà ! Combien pourtant je me rappelle
Mes stations au bas du rapide escalier[34]... »

L'évocation que Fargue a donnée de son enfance fait penser à un autre poète de Paris, aujourd'hui méconnu, mais qu'il goûtait assez : François Coppée. L'auteur des *Humbles* fut lui aussi, à sa manière, un « piéton de Paris », et l'on peut encore se laisser prendre à ses évocations relevées çà et là d'une pointe de gouaille faubourienne :

« Le printemps est charmant dans le Jardin des Plantes...
On regarde, devant les naïfs tourlourous,
Tendant la trompe, avec ses airs de gros espiègle,
L'éléphant engloutir les nombreux pains de seigle[35]. »

Le Paris de Coppée est un Paris non officiel, encore provincial et volontiers suburbain, celui des grisettes et des calicots, du « petit épicier de Montrouge » et de toute une humanité besogneuse. C'est, à peu de chose près, celui de l'enfance de Fargue. Par une ironie du sort, celui-ci mourra juste au-dessus du café portant le nom du poète dont il aimait à rappeler ces vers presque baudelairiens :

« Je suis un pâle enfant du vieux Paris et j'ai
Le regret des rêveurs qui n'ont pas voyagé... »

Ajoutons que l'auteur de *Ludions* ne pouvait qu'être sensible à l'homme qu'était Coppée, plein de malice, grand fumeur devant l'Éternel et non moins grand amateur de contrepèteries. Et cette poésie des choses quotidiennes, Fargue la retrouvera plus tard dans les « *poèmes amorphes* » de Franc-Nohain (*Les Inattentions et Sollicitudes*, 1894 ; *Flûtes*, 1898), dont la bonhomie cocasse le ravissait.

Un portrait de Fargue enfant ne serait pas complet si l'on n'y faisait pas état de la fascination que celui-ci éprouva très tôt pour certains animaux, notamment les insectes, dont il parlera longuement dans *Banalité.* Il se constitua ainsi un bestiaire personnel, sans doute moins ténébreux que celui de son ami Jarry, mais tout aussi original. Au premier rang figurent les papillons, qu'il considéra toujours avec une curiosité passionnée. Durant son service militaire, à Toul, en 1898-1899, il ne pourra s'empêcher, dans le vide et l'ennui de la caserne, de dessiner de mémoire certains de ces coléoptères au bas des lettres plaintives qu'il adressait à ses parents. Pour lui, c'était là sauvegarder la poésie. En 1914, offrant trois beaux spécimens de papillons à son aîné Henri de Régnier, il précisait :

« ... Laissez-moi vous offrir trois papillons qui sont presque aussi beaux que des robes. Ils sont rares. Ils ont des noms superbes. Celui qui est glacé de bleu et qui fait penser à une nuit tropicale où s'éveille une aube traversée de nuages — est la Morpho Cypris, de Colombie. — Le second, que l'automne et le couchant commencent à mûrir, à flamber par le bas, — c'est l'Urania Ryphæus, de Madagascar. — Et l'autre, où semble monter un escalier sombre qui se reflète dans un fleuve, au crépuscule,

Pauvre âme...
Ombre de la tour aux murs d'obsidiane...

— est un ornithoptère d'Amboine, aux îles Moluques[36]. »

Dès la première page des *Poèmes* de 1912, nous retrouvons un de ces papillons : « Pourrait-elle s'ouvrir encore l'aube, bleue comme des ailes de Morphe... » Cette passion entomologique, Fargue l'avait nourrie en contemplant les spécimens de papillons exposés dans la vitrine de certains naturalistes parisiens tels que Washner ou Deyrolle, mais aussi en lisant avec avidité « le charmant petit livre sur les insectes, édité par la Bibliothèque des Merveilles », et écrit par Maurice Maindron, que les coléoptères fascinaient à l'égal de ces vieilles armures qu'il collectionnait. Déjà, tout petit enfant, Fargue avait été séduit par des vers à soie qu'un herboriste élevait dans sa vitrine. Il passait de longs moments chaque jour, retour de l'école, à les contempler : « Nous admirions, dans le demi-jour du mûrier, les mystères de la forêt, le problème étonnant de ces longs bâtons blancs, d'un blanc tondu, petits chameaux fantômes, qui avaient l'air de faire un travail d'arpenteur[37]... » Il en éleva même quelques-uns chez lui, dans un placard près du poêle familial. Encouragé par son père, il se mit rapidement à collectionner les papillons, et certains de ses camarades, tel Robert Vaudelle, lui en offraient de beaux exemplaires, qu'il classait avec soin.

Autre passion, celle de rapaces nocturnes, malheureusement plus difficiles à collectionner ou à élever chez soi. Dessinant lui-même son ex-libris, Fargue n'y fera-t-il pas figurer un hibou[38] ? On sait que cet animal se retrouve également souvent dans les premières œuvres de Jarry : souvenir des « Hiboux » de Baudelaire ou de la chouette de Maldoror ? Ce bestiaire inquiétant, Fargue le décrira admirablement dans un texte repris dans *Composite* :

« Menhirs de peluche, horloges de campagne, les rapaces nocturnes mijotent au fond de leur vie intérieure et regardent l'homme par le hublot d'une lueur étrange qui nous fait réfléchir, évoquant pour moi le vers-médium de Louis Duchosal : *La Mort nous regardait de ses yeux magnétiques.* Tout Baudelaire, l'An Mil, l'Inquisition, le mystère même du monde créé et incréé, je les sens dans ces oiseaux tièdes comme des écrins, qui ressemblent tantôt à Edgar Poe, tantôt à Moltke, tantôt à Mommsen, tantôt à des vieilles maîtresses de princes impériaux que le jeu et le cancer auraient nimbées d'horreur.

« Les hiboux, chats-huants, chouettes et grands-ducs sont des cathédrales de silence, des boules de neige grillée d'où partent des reflets d'ogive et qui fixent, sur l'incompréhensible horizon qu'ils ne distinguent que de nuit, des braises froides en forme de viaduc. Ces rapaces m'ont toujours attiré par leur immobilité de petites vieilles suintantes de méchanceté. Ils sont les démons des orchestres de nuit et mêlent aux bruits des feuilles qui se déplient, des arbres qui s'étirent, un chant bref de noyé qui vous fait la peau grenue. Ils hululent. Est-il sur le clavier du mystère un plus joli verbe de désespoir[39] ? »

D'autres animaux viennent compléter cette galerie enfantine. Alors qu'il était au collège Rollin, Fargue fera empailler une huppe donnée par un ami chasseur. Vers la même époque, il possédait également, donné par un autre ami, un rat blanc, bien vivant, et qui, sa cage laissée ouverte, se promenait dans l'appartement de la rue de Dunkerque. Cet animal lui inspirera, dans *Ludions,* la « Chanson du rat », qu'Erik Satie mettra plus tard en musique :

« Abi Abirounère
Qui que tu n'étais don ?... »

La formation première du jeune Fargue ne fut point, on le voit, livresque. Ce qui agit le plus sur sa sensibilité, ce furent essentiellement les paysages de Paris et de la Creuse, et certains animaux — une certaine nature, donc, mais bien particulière. Quant aux livres, nous avons déjà fait allusion aux livraisons du *Tour du Monde* et du *Journal des Voyages,* auxquelles il faudrait joindre les ouvrages de Camille Flammarion (par exemple, *Le Monde avant la création de l'homme* [1885]), qui fascineront également Raymond Roussel[40]. Songeons aussi aux Jules Verne, Hector Malot et autres livres cartonnés et dorés qu'on offrait alors aux enfants. Et la littérature proprement dite ? Nous ne savons pas exactement ce que put lire le jeune Fargue. Tout au plus pouvons-nous conjecturer qu'il lut évidemment les classiques français qui étaient au programme des lycées et collèges. Certains d'entre eux durent le retenir, par exemple, La Fontaine, sur qui il écrira plus tard des pages remarquables[41]. Il nous dira aussi que son professeur de Janson, Zyromski, leur lisait en classe « des pages de Loti, des Goncourt, de Huysmans *(Les Sœurs Vatard),* et même un poème en prose de Moréas[42] ». Ne négligeons pas non plus l'effet que pouvaient produire les recueils de morceaux choisis de poètes, si courants à l'époque et au sommaire desquels Lamartine, Hugo et Musset voisinaient avec Jean Aicard, Eugène Manuel, Laprade, Béranger et Sully-Prudhomme. Fargue nous précisera à ce sujet qu'il se plongeait aussi dans « l'anthologie en deux volumes, de Marcou, qui disait, à propos du "Buffet" de Rimbaud : "poète qui aurait pu bien faire s'il avait su marier la rime à la raison"[43] ». La formation littéraire de Fargue dut en tout cas se faire assez rapidement, dans les années 1890-1892. Il lut aussi la grosse anthologie des *Poètes français* par Eugène Crépet, puis dévora tout ce qu'il put trouver : Hugo, Flaubert, Rimbaud, Pascal, etc. Un camarade de Janson lui avait conseillé de lire les *Causeries du Lundi* de Sainte-Beuve. « J'ai en horreur Sainte-Beuve, déclarera plus tard Fargue. Un homme très intelligent. C'est-à-dire quelqu'un d'abominable. Une âme médiocre. Et ce style... ce style qui file, aqueux, sans nerf, sans intérêt plastique[44]... » Viendra ensuite l'époque de l'amitié avec Jarry, en compagnie de qui Fargue découvrira tout ensemble Mallarmé, Schwob, la peinture et la musique.

Pourtant, au début de son adolescence, sa vocation littéraire n'était pas encore nettement affirmée. Il hésita un moment entre la poésie et la peinture, avouera-t-il. Il dut commencer à peindre fort jeune, encouragé par son père, et prétendra même avoir exécuté son premier tableau en 1890, à l'âge de 14 ans. À Chaillac, il peignait des aquarelles, et nous le verrons, en 1893, se rendre à Pont-Aven pour y peindre. Par la suite, il fera de nombreux dessins, souvent assez fantaisistes, voire fantastiques, et dont la facture rappellerait plutôt l'art de la gravure. Cette passion picturale explique son amitié avec de nombreux peintres et l'intérêt qu'il ne cessa de porter à cet art[45]. Cependant, la peinture qu'il aimera sera à l'image même de ses premiers recueils, non pas violente ou expressionniste, mais dominée et intime : Bonnard, Monet, Vuillard, Segonzac, Laprade, K.-X. Roussel.

2

EN COMPAGNIE D'ALFRED JARRY

Nous pourchassions l'immense variété de vivre...

À partir de l'été 1891, la scolarité de Fargue demeurait jusqu'ici pour nous une énigme, aggravée par le fait que le poète lui-même avait répandu à ce sujet certaines légendes[46]. Louise Rypko Schub, se fondant sur un document retrouvé dans les papiers de Fargue, inclinait à croire que celui-ci, au printemps 1891, n'était plus à Janson et songeait à s'inscrire à Saint-Louis[47]. Il n'en était rien, et nous avons pu établir avec certitude que, durant toute l'année scolaire 1890-1891, Fargue fut inscrit à Janson comme externe en rhétorique A, ainsi que l'attestent les bulletins de notes trimestrielles de l'établissement, que nous avons pu retrouver[48]. Ses notes, inégales, montrent un net fléchissement vers la fin de l'année. « Pourrait mieux faire. Intelligent », note M. Parigot, professeur de latin. Plus sévère est, au deuxième trimestre, son successeur Zyromski : « Intelligence vive et dégagée. Mais abuse de sa facilité. Irrégulier dans son travail. Pourra être, s'il le veut fermement, un esprit distingué : ne sera peut-être qu'un amateur de lettres très superficiel. » En histoire-géographie, Lanier renchérit : « Apporte en classe un esprit distrait; s'y occupe souvent d'autres exercices. » Au second trimestre, le même professeur est bien plus catégorique : « Élève détestable, dont la classe aurait profit à se débarrasser. » Même son de cloche, en plus laconique, chez son collègue M. Feuillée : « Ne sait rien. » Plus indulgent se montre, en fin d'année, M. Parigot : « Très intelligent; le montre parfois, mais se ralentit depuis quelques semaines et s'expose à se laisser dépasser. » Nous verrons bientôt que ce fléchissement est sans doute à mettre en rapport avec la rencontre, au printemps 1892, d'Alfred Jarry. Mais nous devons répéter que, de l'automne 1892 à juillet 1893, date à laquelle Fargue sera brillamment recalé au baccalauréat, auquel il ne semble d'ailleurs s'être jamais représenté, la fin de sa scolarité nous est inconnue. Aurait-il suivi les cours de quelque institution privée ? Nous l'ignorons, et il faut à présent en venir à la « légende » de Fargue élève du lycée Henri-IV.

En plusieurs endroits de son œuvre comme en diverses interviews, Fargue se donnera comme un ancien khâgneux d'Henri-IV, où, prétendra-t-il, il aurait suivi les cours de Bergson en compagnie d'Alfred Jarry[49]... Or, comme l'a démontré Louise Rypko Schub et comme nous l'ont confirmé nos propres recherches, Fargue n'a jamais été inscrit à Henri-IV. Pas de trace de lui au fichier des anciens élèves ; pas de trace dans les registres de compositions trimestrielles ; pas de trace aux palmarès annuels... Hypothèse extrême : aurait-il alors été « employé » au lycée ? À aucun titre que ce soit, nous a répondu l'archiviste du lycée, en soulignant cette impossibilité absolue[50]. Il serait donc extrêmement singulier, et pour tout dire, incompréhensible, que Fargue ait été inscrit comme élève et que son passage n'ait laissé aucune trace dans les archives du lycée et surtout dans les registres de notes. Signalons cependant qu'on a publié en 1957 les notes de Fargue en rhétorique à Henri-IV pour l'année 1892-1893 ; mais ces notes — d'ailleurs lamentables — sont probablement imaginaires[51]. De son côté, Fargue aggravera son cas en fabriquant une lettre apocryphe de Jarry, où celui-ci le félicite pour des prix de composition latine et de mathématiques obtenus à Henri-IV, prix imaginaires, et pour cause[52]. Il n'empêche que nombre d'amis et d'intimes du poète resteront toujours persuadés qu'il avait été élève d'Henri-IV.

La raison d'une telle conviction est sans doute que Fargue lui-même avait fini par croire à la légende qu'il propageait. Le cas n'est pas si rare ; de plus, il ne s'agissait pas là d'une fable inventée de toutes pièces. Expliquons-nous : Fargue avait effectivement, on va le voir, fréquenté le lycée, où il s'était fait un ami en la personne d'Alfred Jarry, alors élève de rhétorique supérieure (khâgne). Les lettres qu'il écrira de Cobourg au printemps 1893 au même Jarry et que nous avons retrouvées, attestent qu'il avait bel et bien assisté aux cours de Bergson. Assister aux cours ne signifie pas nécessairement, remarquons-le, être inscrit au lycée... ce qui nous conduirait à admettre, pour tout simplifier, que Fargue était auditeur libre en khâgne. Cette situation particulière, jointe à son jeune âge et à sa précocité, aurait attiré sur lui l'attention de certains élèves, dont Jarry. Il semble également qu'il ait fréquenté, en compagnie de ce dernier, la cantine de l'établissement[53]. Ainsi serait-il devenu petit à petit, pour les élèves, une figure familière. Dans une lettre écrite de Cobourg le 16 avril 1893, il questionnera Jarry : « Que se passe-t-il à Henri-IV ? A-ton [*sic*] parlé de moi ? » Avec le temps, certains de ses camarades auront pu croire qu'il était réellement élève du lycée. Reste cependant à savoir pour quelle raison on n'avait pu ou voulu l'y inscrire comme élève.

On a par ailleurs souvent fait état d'une photographie qui passe pour représenter Jarry et Fargue au milieu de leur classe d'Henri-IV. Mais rien ne prouve qu'il s'agit là de Fargue ; ce n'est qu'une simple probabilité, et d'ailleurs, selon nos renseignements, cette photographie aurait été prise au printemps 1893, c'est-à-dire à un moment où Fargue se trouvait à Cobourg[54].

Le mystère demeure et ne fait même que s'épaissir, par cette phrase d'une lettre du père de Fargue, en mai 1893 : « Je ne vois pas ton retour possible au lycée pour cette année[55]... » Fargue aurait-il donc été retiré du lycée auparavant ? De Cobourg, le 3 mai, il avait écrit à ses parents : « Mon père doit savoir que le personnel du lycée Henri-IV est entièrement changé (on m'y réclame toujours). » Comment expliquer cette allusion au personnel d'Henri-IV ? Fargue souhaitait-il que son père l'inscrivît (mais en pleine année scolaire ?) dans un établissement où il comptait déjà des amis ? Ou bien aurait-il auparavant encouru une punition quelconque ? Et qui sait d'ailleurs si, fin 1891 ou début 1892, il n'avait pas déjà été retiré de Janson par ses parents ? De l'attitude de ceux-ci durant cette période, nous ignorons tout, sauf une chose : en mars 1893, ils enverront l'adolescent de force à Cobourg, pour qu'il s'y perfectionne en allemand en vue du baccalauréat, mais surtout pour le soustraire à une influence qu'ils jugeaient pernicieuse : celle d'Alfred Jarry.

Le fin mot de l'histoire, il faut l'avouer, nous échappe. Reconnaissons humblement que, si nous n'avons aucune preuve que Fargue fut élève à Henri-IV, nous n'avons pas pour autant de preuve irréfutable qu'il n'y fut point... On ne peut malgré tout se défendre de l'impression que, derrière toutes ces fables et ces demi-vérités, se cache sans doute quelque petit mystère familial, et aussi diverses avanies subies par le jeune Fargue — mais lesquelles ? Et l'on en vient également à se répéter que, loin d'inventer de toutes pièces, Fargue n'aura finalement fait que broder sur la réalité. À partir de certains souvenirs bien réels, il aura forgé tout un petit roman, d'ailleurs plausible. Cela lui permettra de se souvenir de ses professeurs d'Henri-IV : Bergson, bien sûr, mais aussi M. Edet, M. Dhombres, « protestant à l'ironie sombre », et M. Poyard, « homme fin et bon », qui soupirait souvent : « Ah, le Prince Impérial, c'était un homme[56]... ! » Quant à ses condisciples, il nous dira qu'il faisait partie d'une petite bande composée par Étienne Burnet, Louis Laloy, Lucien Foulet, Jean Chantavoine, le futur critique Albert Thibaudet et Alfred Jarry. Mais il est temps de s'arrêter un peu sur ce dernier, dont l'amitié fut, à tant d'égards, décisive pour Fargue.

Avril 1892 : date à retenir, qui est celle de la rencontre, à Henri-IV, de Fargue et d'Alfred Jarry. Né à Laval en 1873, celui-ci est donc de près de trois ans l'aîné de Fargue. Cette différence d'âge, jointe à son originalité et à sa précocité intellectuelle, explique l'ascendant qu'il ne tardera pas à prendre sur son cadet. Brillant élève du lycée de Rennes et déjà bachelier, Jarry vient cependant d'être recalé au concours d'entrée à l'École normale supérieure. Bien que n'ayant encore rien publié, il a déjà énormément écrit, aussi bien des poèmes (*Ontogénie*) que des pièces de théâtre (*Les Antliacastes*; *Les Alcoolisés*; *Ubu roi*; *Ubu cocu*). Tout cela atteste un tempérament fort original et une réelle maîtrise dans le maniement du langage. Ajoutons que ses études classiques aussi bien que ses propres curiosités avaient mis Jarry en possession d'une culture aussi vaste que variée, incluant la « culture potachique » et toute sorte de paralittérature : livres d'enfants, contes, ouvrages de vulgarisation, mirlitons, vaudevilles, chansons, etc.

Lorsqu'il fait la connaissance de Fargue, Jarry n'est à Paris que depuis un an. Son aspect est encore celui d'un jeune homme « rangé, très fils de bourgeois et provincial » (N. Arnaud). À la fin de sa vie, Fargue se souviendra encore du Jarry de 1892 : « petit et trapu, figure pâle, très longs cheveux, de très beaux yeux. Nerveux, affectueux[57]. » Externe à Henri-IV (alors que ses parents vivent en Bretagne), Jarry mène à Paris une vie assez libre et fréquente notamment le Nouveau Cirque et les expositions de la Rose-Croix, tandis que Paris résonne des attentats anarchistes et que s'ouvre le procès de Ravachol. Mais il ne connaît pas encore les milieux littéraires et ne fréquente guère que quelques camarades d'Henri-IV comme Édouard Julia. Ce ne sera que sous la houlette de Fargue qu'il se mettra à explorer Paris ; mais lorsque, en 1894, il se lancera véritablement à la conquête de la capitale, cette entreprise ne devra plus grand-chose à son ami. C'est par ses œuvres et par sa personnalité que Jarry convaincra des hommes de la taille de Marcel Schwob, Remy de Gourmont et Félix Fénéon. Son évolution, très rapide, lui fera publier successivement *Les Minutes de sable mémorial* (1894), *César-Antéchrist* (1895), et *Ubu roi* (1896). Collaborant désormais au *Mercure de France*, puis à *La Revue blanche*, il animera avec Gourmont la revue *L'Ymagier*, puis, en cavalier seul, *Perhinderion*. En décembre 1896, la célébrité lui viendra d'un coup, avec la fameuse représentation d'*Ubu roi*.

Doit-on, comme l'ont fait certains, croire à une influence de Fargue sur Jarry ? En dehors de leur liaison proprement dite et dont il sera bientôt question, on ne saurait parler d'influence littéraire directe et profonde. Jarry était d'une personnalité trop forte et trop précoce pour que Fargue eût à lui donner des leçons d'originalité, et encore moins d'écriture. Comme l'a souligné Maurice Saillet, à vingt ans, « l'auteur d'*Ubu roi* était en pleine possession de son génie ». Il n'en demeure pas moins que Fargue, Parisien très remuant et qui connaissait déjà quantité de gens, lui fit découvrir la capitale, l'introduisit dans certaines rédactions de revues et lui procura quelques relations fort utiles. Encore ne se pressa-t-il pas toujours de le faire, car il voulait d'abord plaire à un autre ami, que nous retrouverons un peu plus loin : le poète Maurice Cremnitz.

Nimbé du prestige du Parisien, très débrouillard, doté d'une grande facilité de parole, très hâbleur et déjà poète, ce Fargue de seize ans était de surcroît beau. Certains témoins de cette époque de sa vie, comme Charles-Henry Hirsch, assureront qu'il ressemblait alors au Rimbaud de Fantin-Latour; d'autres, à un jeune prince oriental. Léautaud s'en souviendra également[58]... Fargue lui-même le savait d'ailleurs fort bien, qui, dans *D'après Paris*, rappellera une scène dans un omnibus, où une jeune femme avait dit de lui : « Joli comme un modèle italien ». Toutes ces qualités durent, aux yeux d'un Jarry qui fera toujours profession de misogynie, effacer rapidement la différence d'âge de près de trois ans qui existait entre eux deux.

On a beaucoup écrit sur l'amitié — redisons plutôt la liaison — qui se noua entre les deux adolescents et qui devait durer jusqu'à fin 1894 environ. La brouille qui les sépara alors fut définitive. Jarry ne se soucia pas de donner sa version de l'affaire; tout au plus fera-t-il allusion à Fargue en divers endroits de son drame « Haldernablou » (1894) et de son roman *Les Jours et les Nuits* (1897)[59]. Quant à Fargue, il a, une fois de plus, brouillé les pistes et fait des déclarations assez contradictoires, ne tenant sans doute guère à commémorer cet épisode de sa vie amoureuse. Le fait est que, après la rupture, Jarry et lui ne s'adresseront plus jamais la parole, même lorsque le hasard les mettait en présence dans un groupe.

Nul doute cependant que leur liaison participait de cet « adelphisme » cher à Jarry et qui reflète le « désordre amoureux » de cette fin de siècle si influencée par les théories du Sâr Péladan, où l'androgyne donne la réplique à la femme fatale. Ne verra-t-on pas Fargue se charger d'écrire, dans le célèbre volume collectif *Portraits du Prochain Siècle* (1894), la notice consacrée au poète Emmanuel Signoret, que Gide célèbrera plus tard ? Dans un poème dramatique intitulé « Haldernablou » (*Le Mercure de France*, juillet 1894), Jarry donnera une représentation symbolique — et symboliste, ajouterons-nous — de ses relations avec Fargue. Sorte de psychodrame, ce texte étonnant met en scène deux amis, le duc Haldern (Jarry) et son page Ablou (Fargue), qui, malgré leur amour réciproque, ne peuvent atteindre à l'union rêvée et sont de ce fait condamnés à s'entre-déchirer. Comme l'a bien montré Maurice Saillet, l'œuvre « traduit l'expérience d'un sentiment qu'il lui [Jarry] répugne de changer en acte, tant lui paraît intolérable la sorte de promiscuité voulue par l'amour[60] ». Trois ans plus tard, dans son roman *Les Jours et les Nuits*, Jarry reviendra sur l'adelphisme, à propos des relations unissant son héros Sengle (Jarry lui-même) et son ami Valens, ainsi décrit : « Et comme on apporte un squelette d'argent à l'issue des festins, il se courba, et parmi ses muscles denses son dos sourit de neuf délicates vertèbres. Sa poitrine d'or très fauve claqua doucement l'eau plate, et ses hanches s'entrevirent plus brunes depuis les côtés, comme d'un faune qui ne serait pas intermédiaire entre l'homme et la bête, mais éphèbe athlète digne du métal[61]. »

L'identité de Valens, lequel est l'objet de cet « alléluia pédérastique », a fait couler beaucoup d'encre. On l'a souvent identifié à Fargue, mais il est de moins en moins certain qu'il s'agisse de lui. Comme le soupçonne Noël Arnaud, Jarry aura probablement pensé à telle autre personne qu'il avait chérie, et plus particulièrement son ancien condisciple d'Henri-IV, Claudius-Jacquet. Gardons-nous cependant d'en conclure que Fargue est absent du roman de Jarry. C'est certainement à lui que font allusion ces lignes sarcastiques : « Avant Valens, il [Sengle] eut plusieurs amitiés qui s'égarèrent, des faute-de-mieux, qu'il reconnut plus tard avoir subies parce que les traits étaient des à-peu-près de Valens, et les âmes, il faut un temps très long pour les voir. L'une dura deux ans, jusqu'à ce qu'il s'aperçût qu'elle avait un corps de palefrenier et des pieds en éventail, et pas d'autre littérature qu'un amiévrissement de la sienne, à lui Sengle ; laquelle fit des ronds des mois après avec des souvenirs rapetassés dans la cervelle de l'ex-ami. Il trouvait mauvais également, fervent d'escrime, qu'on eût peur des pointes et ne sût pas cycler assez pour jouir de la vitesse[62]. »

Adelphisme exacerbé par l'atmosphère brutale et fulgurante des *Chants de Maldoror*, que Jarry et Fargue lisaient avec délices à cette époque. Fargue, plus tard, se targuera d'avoir le premier découvert Lautréamont, sur lequel il aurait même fait des recherches, allant jusqu'à interroger des témoins de la vie de Ducasse : son professeur Gustave Hinstin et son grand ami Georges Dazet. C'est du moins ce qu'il aimait à confier au soir de sa vie à Maurice Saillet, avec force détails... Comme Fargue ne publia jamais le résultat de ses recherches, tout cela reste invérifiable. Notons qu'il ne serait pas impossible qu'il eût au moins rencontré Hinstin, alors surnuméraire — a-t-on dit — à Henri-IV; mais, comme l'observe Sylvain-Christian David : « Si Fargue a appris quelque chose, il ne parlera pas. Car Fargue, pour d'autres raisons qu'Hinstin, ne veut pas évoquer certaines choses. [...] Fargue ne veut pas que son amitié avec Jarry puisse réveiller de malveillantes insinuations[63]. » Qui sait aussi si Fargue, en se posant ainsi en initiateur très informé, ne cherchait pas à se donner une supériorité sur Jarry ? On a vu plus haut qu'il n'hésitera pas à forger plus tard une fausse lettre de Jarry, afin de nous persuader que, brillant élève à Henri-IV, il avait par-dessus le marché collaboré à certains poèmes de jeunesse de son ami ?

Observons en passant que, plus encore que Fargue, c'est Remy de Gourmont, qui, nourri de *Maldoror* comme des *Poésies* de Ducasse, dut, par ses propos, stimuler la curiosité de Jarry. Afin que nul n'en doute, ce dernier n'inscrira-t-il pas en tête de son « Haldernablou » cette dédicace : « Appartient à Remy de Gourmont ». C'est aussi un fait que, bien plus que l'œuvre de Fargue, celle de Jarry, à commencer par « Haldernablou » justement, témoigne de l'empreinte profonde de Ducasse. Mais, pour en revenir à l'amitié Fargue-Jarry, on doit souligner que l'imprégnation des *Chants de Maldoror* sur les deux amis était telle qu'ils se mirent, dit-on, à refaire dans les rues de Paris l'itinéraire de Mervyn tel que Ducasse le décrit au chant VI de son livre. Et dans certaines œuvres tardives de Fargue comme *Haute Solitude*, on retrouvera des échos de ce fantastique urbain à la Maldoror.

Tout cela, dira-t-on, reste très intellectuel et littéraire... Mais, précisément, on ne saurait, dans les rapports Fargue-Jarry, sous-estimer ce genre d'influence, qui conditionna au contraire fortement leur adelphisme. Pour le reste, nous ne disposions sur leur liaison que de ragots et du témoignage de certains tiers (Rachilde, Léon Pivet), jusqu'à ce que nous ayons la bonne fortune de retrouver et de publier une partie des lettres de Fargue à Jarry[64]. Même si ces lettres ne contiennent point de confidences d'ordre intime, elles sont extrêmement précieuses, et de surcroît d'une grande qualité littéraire. Tout en attestant la précocité du jeune Fargue, elles nous font également voir que celui-ci jouait souvent, vis-à-vis de Jarry, le rôle de l'initiateur, du cornac, le guidant à travers le Paris littéraire et artistique de l'époque. Un aussi séduisant garçon, en proie à une véritable boulimie de lectures, d'art et aussi de relations, dut en imposer un peu, tout au moins au début, à Jarry.

Pour étancher leur soif de nouveautés et de découvertes, Fargue et Jarry n'avaient, il est vrai, que l'embarras du choix. Ces années 1893-1894 marquent, dans tous les domaines, un renouvellement du symbolisme, avec l'avènement d'une seconde génération d'écrivains, où les deux amis ne tarderont pas à prendre place grâce à leurs premières œuvres. Expositions, salons, concerts, revues, journaux, cénacles, cafés littéraires, tout s'offrait à eux dans une grande variété, qui semblait inépuisable. Secouée par une vague d'attentats anarchistes, la France d'alors cherchait, par l'alliance russe, à mettre fin à son isolement international et à apaiser ainsi l'anxiété d'où était né le boulangisme. Mais la société n'avait pas encore été bouleversée par l'Affaire Dreyfus, et les querelles partisanes ne déchiraient pas encore la vie intellectuelle. « Nous commencions notre jeunesse sous le signe de l'individu, dira Fargue, dans l'admiration de l'individu, dans le ferme propos, pour chacun de nous, d'en être un lui-même, le moins tard qu'il serait possible, et, comme on disait alors, de penser par lui-même[65]. »

Il y avait d'abord les revues, véritables bouillons de littérature et d'art : *L'Art littéraire*, les *Essais d'art libre*, *La Plume*,

L'Ermitage, et la plus attirante de toutes : *Le Mercure de France*, où Fargue ne fera cependant son entrée qu'à la mi-1894. Avant cette date, il se contentait d'acheter la revue, dont il eut un jour l'idée saugrenue d'apporter un numéro à l'un de ses professeurs d'Henri-IV, M. Poyard, qui le lui rendit le lendemain en déclarant : « Mais, mon ami, comment ne voyez-vous pas que tous ces gens-là sont des fous[66] ? » Plus prudent ou moins naïf, Jarry, lui, se contentait d'aller lire *Le Mercure* à la bibliothèque Sainte-Geneviève, où, dira-t-il, « il n'était guère exhumé ni communiqué sans marques évidentes de réprobation[67] ». Parmi les journaux, Fargue lisait attentivement *L'Écho de Paris*, dont le supplément littéraire, auquel il rêvait de collaborer un jour, était dirigé par Catulle Mendès et Marcel Schwob. Il fréquentait également certaines librairies comme l'Art indépendant, rue de la Chaussée-d'Antin. Cette « haute et étroite boutique » (A. Lebey), qui se doublait d'une maison d'édition, joua un rôle important dans le mouvement littéraire, musical et philosophique d'alors. Elle était tenue par Edmond Bailly, un ancien Communard qui avait édité les premières plaquettes de Gide, de Claudel et de Louÿs — trois futurs amis de Fargue, tout comme Erik Satie, dont *L'Art indépendant* publiait de minuscules opuscules. Fargue rêvait longuement devant cette vitrine où, à côté de revues ésotériques et de livres aux couvertures de couleur imprimées avec soin, d'étranges gravures noires d'Odilon Redon stupéfiaient les passants.

Et que d'autres sollicitations pour un jeune homme ! Le Théâtre d'Art de Paul Fort, qui disparaîtra rapidement pour céder la place au Théâtre de l'Œuvre de Lugné-Poe ; les concerts dominicaux du Châtelet et du Cirque d'Été, où l'on pouvait apercevoir Mallarmé griffonnant des notes sur ses genoux. Déjà « tel qu'en lui-même », Fargue, à en croire son ami Francis Jourdain, arrivait régulièrement non pas en retard, mais tout à la fin du concert... Il y avait aussi les salons de la Rose-Croix, animés par le Sâr Péladan, que Willy traitait de « mage d'Épinal » ; les articles de « combat esthétique » d'Octave Mirbeau ; le Salon des Indépendants ; les expositions chez Durand-Ruel et Le Barc de Boutteville, où l'on pouvait croiser Bonnard, Vuillard, Toulouse-Lautrec et Maurice Denis ; l'échoppe du père Tanguy, rue Clauzel, où Fargue ira avec Francis Jourdain admirer des toiles de Van Gogh, mort depuis peu. Et, un peu plus tard, tant d'écrivains, que Jarry énumérera dans sa plaquette sur Albert Samain : « Verlaine, Mallarmé, Régnier avec *Tel qu'en songe,* Vielé-Griffin et *La Chevauchée* [d'Yedlis], Pierre Quillard, Maeterlinck, Van Lerberghe, Verhaeren, Saint-Pol Roux, Jules Renard »... Tous ces livres, Fargue les feuilletait soit chez Bailly soit sous les galeries de l'Odéon, à l'époque remplies d'étalages de libraires en plein vent. À la fin de sa vie, il se souvenait encore de son émotion lorsque, au sortir d'une représentation de *Lohengrin,* il avait acheté avec ses économies un exemplaire de *Tel qu'en songe* d'Henri de Régnier. Ces vers à la fois mystérieux et somptueux résonneront toujours en lui :

« Vois, tous les soirs sont morts au large de la tour triste
Qui plonge au marais noir ses murs que verdit l'eau...
Pauvre Âme
Ombre de la Tour morne aux murs d'obsidiane ! »

On se méprendrait toutefois si l'on imaginait le jeune Fargue et ses amis uniquement en quête de sensations d'art et ne fréquentant que des lieux *ad hoc.* Nullement snobs, ils aimaient les quartiers pauvres, les parages ignorés des touristes et déjà célébrés par Huysmans. C'était d'abord, pour Fargue, les alentours de la gare de l'Est (« l'hagard de l'Est », dira-t-il), où il ne cessait de tourner et de retourner. Il y avait aussi la banlieue et la campagne des environs de Paris, déjà chantées, on l'a vu, par Coppée. « Nous aimions l'herbe étique des fortifications, les cerfs-volants pris au piège des fils téléphoniques, le goût de vernis à jouets des vermouths bus sous les tonnelles squelettiques, les ruelles pleines de gosses gentiment balafrés de morve, dont nous étions fiers de savoir vaincre la méfiance. » Ces lignes de Francis Jourdain pourraient être signées de Fargue, tout comme celles-ci, extraites elles aussi de *Né en 76* : « Nous aimions Paris comme nous aimions la vie, sans le dire ; et nous ne le disions pas, peut-être parce que nous ne le savions pas plus que le poisson ne sait qu'il aime l'eau [...]. À Paris, et à Paris seulement, nous étions vraiment chez nous ; ou plutôt nous étions intégrés, assimilés, nous étions Paris lui-même, une partie de notre Paris, une molécule non isolable du corps Paris[68]. »

Aux yeux de Fargue, Paris était une espèce d'immense organisme vivant, dont il importait de saisir toute la diversité, aussi bien dans un poème de Mallarmé, une toile de Bonnard, une aquarelle de Bottini ou un accord de Ravel, que, non moins profondément, dans la physionomie de telle rue, les particularités de tel quartier, le pittoresque de telle « scie » de camelot, l'obscénité joyeuse de telle rengaine des rues. Tout cela formait une véritable « vie unanime », qui baigna Fargue dès son enfance et ne devait plus le lâcher.

Fargue fréquentait assidûment expositions et galeries d'art. C'est dans une de celles-ci qu'il fit — en 1892? — la rencontre d'un jeune peintre nommé Vieillard et qui se faisait appeler Fabien Launay. Fargue fut frappé par cette curieuse silhouette au dos voûté et à la « figure de petit paysan méfiant et moqueur » (Fr. Jourdain). La scène se passait dans la galerie Le Barc de Boutteville, située rue Le Peletier, où avaient lieu des expositions de peintres symbolistes et néo-impressionnistes. Celui qui exposait tous ces artistes d'avant-garde était « un gros petit homme rouquin à calotte et à favoris, connaisseur à barbichette, à bedon et à chaîne de montre[69] ». Fargue avait, depuis quelque temps déjà, trouvé le chemin de cette petite galerie. Launay, qui, né en 1877, mourra jeune et alcoolique[70], était alors élève au lycée Condorcet, où il avait pour condisciples deux futurs grands amis de Fargue : Francis Jourdain et Maurice Cremnitz. Grâce à lui, Fargue se trouvera bientôt faire partie d'une petite bande de jeunes gens qui, tous, rêvaient de devenir artistes ou poètes, et qui lui feront découvrir davantage l'avant-garde parisienne.

Fabien Launay sympathisa avec Fargue, qu'il présenta peu après à son ami Francis Jourdain, fils de l'architecte et décorateur Franz Jourdain, et qui allait devenir l'un des plus intimes et constants amis de notre poète. Jourdain, qui vivra très vieux, nous a laissé, notamment dans *Né en 76*, de précieux souvenirs sur Fargue. C'était un Parisien de souche, dont toute l'enfance s'était passée entre la rue de Clichy et l'église de la Trinité. Une romantique barbe rousse décorait son visage, et, avec ses camarades Louis Rouart et Maurice Cremnitz, il formait ce qu'on appelait « le trio des rouquins ». Sa physionomie nous est conservée par un dessin de Maurice Delcourt et par un beau croquis de Toulouse-Lautrec, qui fut également son ami[71]. Grâce aux nombreuses relations de son père, il avait été introduit très tôt dans le monde des lettres et des arts, et connaissait, entre autres, Daudet, Goncourt et Carrière. Nul doute qu'il aura, par ses conversations, contribué à affiner le goût du jeune Fargue et à orienter ses curiosités.

Jourdain fut ébloui par la faconde et l'imagination de son nouvel ami. « La virtuosité avec laquelle Fargue mélangeait le vrai, l'exact, le probable et le possible, écrira-t-il, devait souvent nous confondre : l'invraisemblable n'est pas toujours l'inventé. » Propos qu'il faut bien se garder d'oublier lorsqu'on tente de vérifier les souvenirs de jeunesse de Fargue. Mais Jourdain n'était pas seulement séduit par cet aspect vibrionnant de la personnalité de Fargue ; il fut très vite retenu par la grande sensibilité du poète.

À coup sûr, Francis Jourdain fut le plus fidèle témoin de la jeunesse de Fargue, le plus informé aussi. Il est infiniment regrettable que ses papiers et sa bibliothèque, qui contenaient quantité de lettres et de manuscrits de Fargue, aient été pillés par les nazis, car on y eût certainement trouvé bien des informations de première main sur les débuts de Fargue et aussi sur ces années 1900-1910 dont nous savons si peu de chose. Confident du poète, Jourdain était au courant aussi bien des travaux littéraires que des amours et amitiés de Fargue. Le témoignage qu'il a donné sur celui-ci dans ses divers livres de souvenirs est, répétons-le, irremplaçable. Toutefois, comme bien des auteurs de Mémoires, Jourdain s'est soigneusement gardé de tout dire : il s'est notamment montré fort discret sur Jarry, qui était loin d'être pour lui un inconnu.

Autre ami de Fargue amené par Fabien Launay : Maurice Cremnitz, d'origine hongroise et qui deviendra en littérature le poète Maurice Chevrier. Sa carrière littéraire ne sera pas sans analogies avec celle de Fargue, puisque, après avoir débuté avec celui-ci à *L'Art littéraire*, il passera de longues années sans rien publier. Son premier recueil, *Stances à la*

Légion étrangère, ne paraîtra qu'en 1927. C'était, vers 1893, un rouquin « spirituel, peu sentimental, ironique, extrêmement curieux [...], persifleur et brillant », dira de lui Francis Jourdain. Et Moréas le célébrera en un alexandrin triomphal :

« Cremnitz semblable au feu, jeune et brillante aurore. »

Un dessin de Bonnard, exécuté à cette époque, nous montre un Cremnitz jeune, maigre, le visage tout grêlé. Nous le retrouverons dans *Tancrède* sous les traits d'un... « laideron » ! Mais ce « laideron » pourrait bien avoir inspiré dès le début une vive passion à Fargue, qui finira par le préférer même à Jarry[72]. Ce dernier se vengera dans son roman *Les Jours et les Nuits*, où Cremnitz est mis en scène sous les traits de Moncrif, « d'une laideur rousse ». Peu à peu, la petite bande réunira autour de Francis Jourdain d'autres comparses : Jarry bien sûr, Louis Rouart, Maurice Thomas (qui deviendra le cinéaste Maurice Tourneur), les peintres Léonard Sarluis et Georges Bottini. Compagnie assez mêlée et qui comptait au moins trois homosexuels convaincus : Jarry, Cremnitz et Sarluis.

Entre à présent en scène un quatrième rouquin, auquel Cremnitz présente Fargue début 1893 : Louis Lormel, de son vrai nom Louis Libaude[73]. Dans *Portraits de famille*, Fargue évoquera Lormel, « commissaire-priseur spécialisé dans la vente de chevaux, long garçon, glabre et doux, tourmenté de journaux et de revues ». Plus sévère, Jourdain le décrira comme un « peu séduisant visage de jésuite vaguement crapuleux ». Mais Lormel ne pouvait qu'intéresser le jeune Fargue, puisqu'il était alors directeur d'une petite revue, *L'Art littéraire*. Dans ses souvenirs, Fargue, qui n'en était pas à une inexactitude près, se déclarera fondateur de la revue, « avec Jarry, Chevrier et Lormel » !

Cette revue existait en fait avant que Fargue ne connût Lormel. Elle paraîtra d'octobre 1892 à novembre-décembre 1894. C'était au départ une petite feuille de quatre pages, vendue 15 centimes et dont la couverture s'ornait d'une gravure sur bois originale. Revue symboliste bon teint, qui exaltait Wagner et Villiers de L'Isle-Adam, *L'Art littéraire* conquit peu à peu une certaine originalité, grâce à la collaboration de jeunes écrivains et artistes qui avaient nom Maurice Cremnitz, Fabien Launay, Émile Bernard, Alfred Jarry, Léon-Paul Fargue et André Gide, auxquels se joignirent des aînés comme Gourmont, Régnier et Saint-Pol Roux. Encore ne faudrait-il pas s'exagérer cette originalité, car le symbolisme des jeunes collaborateurs oscille des imitations de Moréas par Cremnitz : « Elle avait de grands yeux pâles — hip et hip et holly ho — elle avait de grands yeux pâles — pâles et tristes et si doux ! », aux langueurs mièvres d'André Gide : « Une calme fleur s'étiole/Dans le jardin de nos désirs/Et ta main, chère, se désole/Dans l'attente de la cueillir... »

Fargue et Jarry finirent par prendre une place prépondérante dans la revue, à tel point que la première page du numéro de décembre 1893 annonça le comité de rédaction suivant : « L.-P. Fargue, A.-H. Jarry, L. Lormel ». Début 1894, *L'Art littéraire* changera de format pour devenir une véritable revue, avec les mêmes collaborateurs. Mais c'est dans le numéro trois (février 1893), que Fargue avait fait son entrée, et c'est même là son premier texte imprimé, intitulé « Idée de Retard » et signé « Léon Fargue ». Rien de bien original dans ce sonnet à l'inspiration frénétique :

« Montre tes doigts blêmis aux moiteurs pluvieuses,
Pour l'instant bien lassés des récentes blandices
Qui bleuissent mon col et qui pincent mes vices
Avec un rite lent de cierges — anxieuses. »

Ce n'est qu'en novembre 1893 que nous trouvons un autre texte de Fargue, celui-là plus personnel : « Rêve et Réveil », signé cette fois-ci « Léon-Paul Fargue » :

« Écoute en le vaisseau la voix des soirs de mai,
Un oiseau aigre : l'ironie, amour étrange,
Réveil — Instinct blessé... Mon petit... et mon ange...
Ils avaient dit : toujours... diront-ils donc... jamais ? »

Puis, le mois suivant, Fargue s'essaie à la critique d'art, rubrique tenue auparavant par son ami Cremnitz. Une exposition chez Le Barc de Boutteville lui donne l'occasion de parler des peintres qu'il aime : Bonnard, Denis, Ranson, Roussel, Sérusier, Vuillard et Vallotton. Tous ont, déclare-t-il, « cette faculté de transposer leur entendement, résultat d'une vie jalouse, en œuvres de vie fréquente, passante, déceleuse ». De ce style « flamboyant-chou-frisé » (E. Peillet), par ailleurs très caractéristique de l'époque, citons cet autre échantillon, à propos d'une *Tête de femme* de Bonnard : « Le geste parallèle au regard vers une question, (mutuelle obéissance — pastiquerie de « pigeon vole », jouet caché heureusement retrouvé — coutume d'être au jeu la péroreuse ; subite envie, mais renaissant, par refus, en projet tenace, puis criminel — avec deux rappels de lumière, (à mi-tête, à l'épaule), aux yeux dont le terne teint est le vrai ton le plus clair de ce buste adossé, étoffé, féminin, à ce fond d'un rugueux écru lit-de-camp — et encore assoupli, (ardeur qui s'oublie au plaisir des ébats), d'une poussière blutée d'éventail ou d'aile de teigne[74]. »

Tout en s'affirmant ainsi maître ès tarabiscotages, Fargue avait, peu auparavant, introduit Jarry auprès de Lormel, ce qui va inaugurer une collaboration assidue du second. Collaboration à double sens, si l'on ose dire, puisqu'il faut préciser que les rédacteurs de *L'Art littéraire* devaient cotiser chacun la somme de six francs par mois pour avoir l'honneur de voir leurs écrits publiés dans la revue. Cette ponction mensuelle posait souvent des problèmes à Fargue, alors que Jarry s'en acquittait scrupuleusement, ce qui lui vaudra de bénéficier de l'estime de Lormel. Indépendamment de ces modestes ponctions, *L'Art littéraire* jouera un rôle important dans la carrière des deux amis. Outre qu'ils disposeront d'un organe où publier, ce sera leur collaboration à cette revue qui les fera remarquer de la rédaction du *Mercure de France*.

À partir de janvier 1894, Fargue et Jarry vont voisiner aux sommaires de *L'Art littéraire*. Dans le numéro de janvier-février 1894, on peut lire des critiques d'art et de littérature signées Jarry, ainsi que deux peu banales « Ouvertures de Tragédie » de Fargue. Voici le début de la première, « en majeur », d'un style elliptique assez précieux, mais d'une modernité indéniable :

« Que les capitaines vainqueurs ont une odeur forte ! — Ils absorbent la route à hautes enjambées — Trop d'effet d'effort : gare aux lendemains de victoire ; les portes — S'exhaussent à leurs yeux mûres pour la flambée.

« Les portes font quinte en arrière sur leurs claviers que le vent ébrèche — Maint Hocco dénigre ! Chaque lance illicite en fourcheure dans l'arbre — Tordu bruit... Qu'ils ont odeur, vraiment ! l'haleine revêche — Du sang aux cuivres des flûtiers ; se cambre le sabre !

« Au milieu du matin confus de parfum ; un Christ, chien rude ; la plaine encore patiente... On commence à s'exercer : timbale, triangle, hostilité : conquérants ; votre enfant et la femme sororiante — Au bois du souvenir sur leurs seuils chéris effrontés... »

La première phrase du texte, sur l'odeur forte des capitaines vainqueurs, aura toute une célébrité. Citée inexactement par Gide dans *Paludes* (1895) et par Franc-Nohain dans *Vive la France !* (1898), elle sera souvent reprise et intriguera aussi bien Apollinaire que Thibaudet. Mais Fargue n'était nullement innocent, car c'est lui-même qui avait mis cette phrase en épigraphe, en 1895, à la première partie de son *Tancrède* publié dans la revue *Pan*, et en l'attribuant, non sans malice, à André Gide...

Dans le numéro suivant (mars-avril 1894) de *L'Art littéraire*, on trouve divers comptes rendus signés de Fargue et de Jarry. La premier vante les Rops, Gauguin, De Groux et Redon vus chez Vollard (« je demande qu'on le visite »), tandis que le second conseille d'aller chez Boussod-Valadon admirer les œuvres de Gauguin, Whistler, Bonnard, Redon et Bernard, « sans préjudice des putasseries de la vitrine ». Puis c'est Fargue qui loue les spectacles du Théâtre de l'Œuvre, lequel « suit sa route de succès sans surprise ». Assez réservé à propos de *L'Image* de Beaubourg, notre jeune critique trouve, pour parler de *L'Araignée de cristal* de Rachilde, un style qui n'a rien à envier à celui de ses notes d'art : « Moi qui toujours inclinai, puis-je dire, sur une épouvante remerciée d'avance, je me monte cependant sans opium ni rien, en l'arithme du désir, et cultive même la crainte qui trône dans les objets de cuisine, toilette, ménage, ces pièces à conviction nulle part sans tragique, alternant l'octave des sursauts... »

Après cette date, Fargue lâchera *L'Art littéraire* pour *Le Mercure de France*, ne donnant plus à la moribonde revue de Lormel qu'un bref compte rendu d'une plaquette de Paul Fort. Déjà passé aux *Essais d'Art libre* début 1894, il fera son entrée avec Jarry aux sommaires du *Mercure* en juillet 1894 : double collaboration qui marque le zénith de leur amitié et peut-être déjà le début de son déclin.

Comme le remarque Patrick Besnier, Lormel « supporta mal la défection de celui qu'il nomma par la suite son "principal collaborateur" » — et payeur, ajouterons-nous. Quelques années plus tard, il exhalera sa rancœur en mettant en scène Jarry et Fargue dans une courte nouvelle à clefs intitulée « Entre Soi »[75]. Ce petit texte satirique ne constitue nullement, comme on l'a trop souvent prétendu, une critique des amours des deux poètes, mais au contraire une simple charge contre certaines poses et tics symbolistes — charge à laquelle Fargue et Jarry devaient souvent, en 1893, prêter le flanc. Sous le nom de « L'Androgyne », Fargue y est à peine évoqué, alors que Jarry est mis en scène un peu plus longuement sous le nom de « La Tête de Mort ». Contemporaine des attaques de Retté contre les Symbolistes, cette satire parut dans *La Plume* du 1er octobre 1897, et sans doute Fargue en eut-il connaissance. Tout cela dut lui paraître de l'histoire ancienne. Il avait rompu depuis longtemps déjà avec Jarry et s'apprêtait à partir au service militaire...

3

DE COBOURG À PONT-AVEN

On dit : qu'il cache une partie de sa vie.
D'autres se demandent de ses nouvelles,
non sans frémir de la tendresse bizarre
qui remplit le nom qu'ils prononcent...

Préoccupés par les mauvais résultats (ou par l'absence de résultats?) scolaires de leur fils, Léon Fargue et Marie Aussudre décidèrent de l'envoyer quelque temps en Allemagne. But de ce séjour : se perfectionner en allemand. À vrai dire, et même si son niveau en allemand était peu satisfaisant[76], il s'agissait là d'une punition. Fargue aurait aussi bien pu faire du rattrapage dans quelque boîte à bachot parisienne; mais ses parents voyaient justement d'un mauvais œil la vie relâchée qu'il menait à Paris, ses fréquentes absences, et plus encore son amitié avec Jarry, qu'ils considéraient comme son mauvais génie. Soupçonnaient-ils la véritable nature de leurs relations? Nous l'ignorons; mais toujours est-il que, dès son arrivée en Allemagne, Fargue recevra une lettre où son père mettait les points sur les i : « Tu as là [à Cobourg] une très bonne occasion de montrer ce que tu peux être en dehors des milieux hostiles que tu as si heureusement quittés[77]. »

Le jeune homme fut envoyé en pension à Cobourg, dans une institution privée tenue par un certain M. Blauckmeister. L'endroit avait sans doute été choisi avec soin, car Cobourg était alors une petite ville de 17000 habitants, faisant partie du duché de Saxe-Cobourg-Gotha et où les distractions — et donc les tentations — devaient être rares. « L'activité y est bien médiocre », note le *Nouveau Larousse illustré* de 1900 dans sa notice consacrée à la ville. C'est dans ce trou de province allemande que Fargue allait passer les mois d'avril et mai 1893, loin de Paris et de ses amis.

Sur ce séjour, nous disposons de divers documents : deux lettres de Fargue à Jarry, et aussi celles qu'il adressa à ses parents, ainsi que les réponses de ceux-ci[78]. Disons sans attendre que, durant ses deux mois d'exil, Fargue sera loin de s'assagir. Presque dès le début, un petit scandale éclatera, scandale qui semble avoir été provoqué par l'amitié de l'exilé avec un jeune homme plus âgé que lui...

Fargue partit fin mars, mais ce n'est que dans une lettre à Jarry datée du 16 avril que nous trouvons ses premières impressions sur Cobourg et l'Allemagne. Impressions d'un touriste doublé d'un esthète. Fargue se déclare impressionné par l'art ancien allemand. Observation aiguë, mais rendue ici dans un style assez symbolard, majuscules comprises : « Dômes et clochers bossus, et maint en forme de chope, avec ses ferrures, bourgeonnant à tout endroit. Et quelle architecture calculée, mais sincèrement. [...] Et c'est la belle vieille ville avec des effigies de son brave duc à l'air tendre et une part d'antiquité fort personnelle. Ô, ces vieilles maisons et leur Analyse. Et une immense forteresse qui veille : À la forteresse qui épelle ses créneaux, qui épelle ses trèfles avec des toits en couleurs, et au crépuscule, le langage muet des tours éperdument dressé, avec l'Amour que cette beauté historique a de se faire comprendre ! Que l'Espoir réveille le système nerveux de ces serrures et la fibre de ces horloges, je le voudrais, mal déçu par la douleur des chaînes à pendus, au-dehors du rempart, au-dessus du vide... »

Études à part, Fargue s'ennuie visiblement beaucoup de Paris. L'ambiance de Cobourg lui pèse : « pas de variété », se plaint-il. Le reste de sa lettre à Jarry nous le montre réclamant des nouvelles d'Henri-IV, de ses professeurs et de ses amis. Suit cette recommandation : « Enfin pour commencer envoie dernier *Mercure* et derniers suppléments de *L'Écho* [*de Paris*]. » Puis, dans les tout premiers jours d'avril, le scandale éclate, que nous apprenons par une lettre fort sévère du père, datée du 4 avril. Que s'était-il donc passé ?

Curieusement, nous n'avons pu retrouver la réponse où Fargue se justifiait des accusations portées contre lui dans une lettre (également non retrouvée) écrite par M. Blauckmeister à son père. Une lettre de ce dernier tendrait cependant à prouver que Fargue avait fait le mur, un ou plusieurs soirs, en compagnie — ou pour aller rejoindre ? — un jeune homme : « Ta chambre doit toujours être ouverte et tu ne dois pas avoir de clef. Tu dois te coucher de bonne heure et ne sortir le soir [qu'] avec M. Blauckmeister. Tu dois aussi éviter la société d'un jeune homme qui est beaucoup plus âgé que toi[79]. » Fargue aurait donc récidivé. Tel est du moins ce qu'on peut inférer d'une autre phrase de son père, à propos de la même lettre de M. Blauckmeister : « Nous te connaissons assez pour ne pas être étonnés. »

Sommé par son père de s'expliquer, Fargue lui écrivit à la mi-avril une lettre d'explications, dont l'original, répétons-le, demeure perdu, tout comme la réponse paternelle[80]... À en juger par ses autres lettres à ses parents, cette justification devait être aussi habile que pitoyable. Après avoir fait ainsi vibrer la corde sensible, Fargue, se prétendant malade, resta deux semaines sans écrire aux siens. Ce silence subit provoqua une crise de désespoir de sa mère en même temps qu'une lettre fort sévère de son père : « Ta conduite est impardonnable, l'avertissait-il, et je n'ose la qualifier comme elle le mérite. Pour toi-même tu peux te créer des remords bien terribles, et il sera trop tard pour réparer comme il a été trop tard en d'autres circonstances[81]. » Le fait est que, par la suite, Fargue ne fera plus jamais allusion à son séjour à Cobourg, qui ne sera révélé que par la thèse de Louise Rypko Schub. Visiblement, il tenait à cacher cet épisode de sa jeunesse.

Et la littérature ? Fargue écrira à Jarry qu'il travaillait beaucoup, entre autres à un essai sur « la jeune Allemagne ». Il précise également : « De Cobourg j'envoie aussitôt mainte Impression germanique, là-bas, à mes journaux, et de belle critique sociale sévère à *L'Art littéraire.* » Rien de tout cela ne semble avoir paru, et l'on remarque à ce propos que, de mars à octobre 1893, Fargue ne publiera rien dans la revue de Lormel. En revanche, son ami Jarry, lui, ne cessait d'accumuler les lauriers à *L'Écho de Paris*, journal que l'exilé de Cobourg avait, on l'a vu, en haute estime.

L'Écho de Paris organisait en effet des concours mensuels de poésie et de prose, généreusement dotés et dont les textes primés étaient publiés dans le supplément littéraire du samedi. Le 19 mars, soit peu de temps après le départ de Fargue pour Cobourg, Jarry se voit décerner, au concours de février, le prix de poésie ex aequo pour « La Régularité de la châsse ». Au concours du mois suivant, prix de prose ex aequo pour « Guignol », publié dans le supplément du 23 avril. Fargue, qui se morfond alors à Cobourg, reçoit ce numéro et y lit ce texte, « petite pièce profonde et personnelle », dira-t-il à Jarry. Celui-ci ne s'arrêtera pas en si bon chemin, puisqu'il sera couronné pour des proses aux concours de mai et de juillet 1893.

Plus tard, bien après la mort de Jarry, Fargue se vantera d'avoir collaboré à un poème de son ami, poème « riche en allitérations », primé par *L'Écho de Paris* et dont ils se seraient partagé le montant du prix[82]. Répétons qu'il est bien difficile de s'imaginer Jarry recevant de son cadet des leçons de poésie et d'originalité. Il suffit à cet égard de lire l'extraordinaire « Linteau » qui, l'année suivante, ouvrira *Les Minutes de sable mémorial*. Fargue aura certes peut-être pu suggérer à son ami quelques corrections ou retouches, hypothèse que leur étroite amitié d'alors rendrait plausible ; mais on le voit mal écrire de concert avec lui tout un poème. À son habitude, il n'aura fait, dans ses souvenirs, qu'exagérer et déformer les faits.

Auprès de Jarry quatre fois primé, Fargue faisait de toute façon piètre figure, même s'il avait déjà, contrairement à son ami, collaboré à *L'Art littéraire*. Mais qui sait s'il n'aurait pas été pris de quelque jalousie, ou, tout au moins, d'un désir d'émulation ? Car nous savons à présent qu'il a bel et bien participé lui aussi aux concours de *L'Écho*. Tout au moins à celui d'avril 1893, puisque nous le voyons écrire le 4 mai à son père : « J'ai un poème vigoureusement défendu à *L'Écho de Paris*. » Il n'est pas exclu qu'il ait aussi participé aux concours des autres mois ; mais, comme il ne fut jamais primé, nous ignorons tout des textes qu'il put envoyer. Dans ses souvenirs, Fargue aura à cœur de ne pas se montrer trop indigne, lui non primé, de son ami lauré. Notons également que dans la fausse lettre de Jarry qu'il forgera en 1927, il prendra bien soin d'écrire : « notre poème », en parlant du texte de Jarry couronné par *L'Écho*[83]. Preuve que, jusqu'au bout, il tiendra à ce que son nom restât associé à celui de Jarry, aussi bien comme poète que comme élève d'Henri-IV.

Pendant que Fargue se rongeait les sangs à Cobourg, Jarry avait commencé à approcher les grands hommes que son ami rêvait de connaître, dont, au premier chef, Catulle Mendès et Marcel Schwob. Écrivain aujourd'hui oublié, mais d'une extraordinaire fécondité, Mendès était alors un personnage considérable et omniprésent, une sorte d'imprésario littéraire et artistique, d'ailleurs très habile à se concilier la jeunesse. Il permit à Jarry d'assister en simple spectateur aux réunions du comité de rédaction de *L'Écho de Paris*. Informé par son ami, Fargue réclamait le plus de détails possible. Sans doute aurait-il préféré garder l'initiative et continuer à piloter Jarry à travers le monde littéraire parisien, car on le voit exhorter celui-ci, à propos de la rédaction de *L'Écho* : « Va, nous les connaîtrons ensemble à mon retour. Mes nombreuses relations, je te les ferai partager — les tiennes, prépare-les-moi bien[84]. »

Dévoré d'impatience, Fargue s'occupe dès lors de négocier son retour. Il voulait désormais, déclare-t-il à ses parents, se consacrer sérieusement à la peinture. Le 3 mai, sa mère reçoit de lui une longue lettre conciliatrice. Lettre cependant fiévreuse et qui, loin de calmer Marie Aussudre, ne fit que l'inquiéter davantage. Fargue y éclate en gémissements, déclarant qu'il ne peut absolument plus rester à Cobourg : « Je veux revenir auprès de vous, auprès de tout ce que j'aime, et vivre dans mon milieu ! [...] Vois-tu, je suis trop malheureux, et il me semble que cela va finir tout de suite, et qu'à force de lourdeur la peine va tomber enfin, car ce n'est plus tenable, et que je vais revenir ; j'en suis sûr que je vais revenir. Sans quoi c'est fini... J'ai peur de mon lit, car des rêves atroces m'y attendent... »

Lamentations qui annoncent tout à fait, par leur ton, les lettres éplorées que Fargue écrira de la caserne à ses parents quelques années plus tard. Pour mieux marquer le coup, il adresse le lendemain à son père une lettre analogue : « Vite, que je vous voie. Je n'ai pas mangé aujourd'hui, je ne sais où aller. J'aurais voulu... C'est à s'étendre par terre et à fermer les yeux. Quelle souffrance ! » D'aussi pathétiques appels furent entendus. Fargue rentra à Paris trois semaines plus tard.

Dès son retour, il écrivit à Jarry pour lui fixer un rendez-vous. À la joie des retrouvailles dut se mêler quelque tristesse : Jarry venait, le 10 mai, de perdre sa mère. Observons que, dans sa lettre, Fargue avait donné rendez-vous à son ami non pas à Henri-IV, mais dans la salle de lecture de la bibliothèque Sainte-Geneviève[85]. Souci de discrétion et désir de ne pas enfreindre les foudres paternelles ? Mais l'interdiction de fréquenter Jarry avait dû être rapportée, car on verra les deux amis presque tout le temps ensemble jusqu'à l'été 1894. À son retour de Cobourg, Fargue put constater que Jarry évoluait à présent avec une certaine aisance dans les milieux littéraires. Tous deux reprirent leurs visites aux expositions et leurs promenades dans Paris avec la petite bande de Francis Jourdain. Leurs fréquentations n'étaient cependant pas toujours les mêmes, et Fargue s'était surtout intégré au « trio des rouquins ». Son amitié avec Jarry était en quelque sorte parallèle, voire indépendante, et, comme l'a observé Noël Arnaud, ce n'est que fin 1893 qu'il se décidera à introduire son ami à *L'Art littéraire*. Auparavant, Fargue avait revu Lormel ; ce n'est cependant qu'en novembre que paraîtra un poème de lui dans la revue. La faute en est peut-être à la procrastination dont il souffrait déjà et qui lui faisait multiplier les retards et les promesses non tenues. En témoigne, en juillet 1893, une lettre du père de Francis Jourdain, qui tance vertement le « ô talentueux mais surlequelonnepeutcompter poète » pour n'avoir pas envoyé à temps sa copie à l'imprimeur[86].

L'univers scolaire, qu'il avait tout à fait perdu de vue, vient soudain rappeler son existence au flâneur Fargue. Début juillet 1893, celui-ci se présente aux épreuves de la première partie du baccalauréat. On imagine la consternation des parents lorsqu'ils apprirent que le candidat avait été « ajourné », avec une moyenne totale de 7,3 sur 20. Sa meilleure note restait un 13 en composition française, tandis qu'il n'obtenait que 10 sur 40 en allemand : piteux résultat du sacrifice que s'étaient imposé ses parents en l'envoyant à Cobourg ! Fargue se représenta-t-il jamais au baccalauréat ? Les recherches de Louise Rypko Schub tendent à prouver que non. Il est donc vraisemblable que, malgré tous les diplômes dont il se vantera plus tard, Fargue n'était pas bachelier. Encore une légende qui s'écroule. Il est vrai que, voici cent ans, le titre de bachelier, bien moins commun que de nos jours, bénéficiait encore d'un certain prestige...

Fin août 1893, Fargue décida d'aller peindre à Pont-Aven. Enchantés de le voir s'éloigner pour un temps de la capitale, ses parents ne firent point de difficultés. En Bretagne, « au milieu de la grande et extrême nature », l'adolescent vivra des moments heureux, dont nous connaissons le détail par les lettres qu'il écrivit alors aux siens.

Sans être déjà célèbre, Pont-Aven était alors connu dans certains milieux parisiens comme l'endroit où Gauguin et Émile Bernard avaient, en 1888, fait la rencontre de Sérusier. Gauguin y était revenu l'année suivante, pour s'installer cette fois-ci au hameau du Pouldu. Plus tard, on parlera d'une « école de Pont-Aven », ce qui, comme le remarquera Émile Bernard, était sans doute excessif[87]. Mais Fargue devait avoir entendu parler de Pont-Aven, soit par Bonnard, ami de Sérusier, soit dans les galeries qu'il fréquentait. Le hasard voudra même que, au moment où il se mettait en route pour Pont-Aven, Gauguin venait tout juste de rentrer à Paris de son premier séjour tahitien, fatigué et sans le sou.

Fargue partit le 26 août pour la Bretagne. En réalité, il avait choisi Pont-Aven parce qu'il était sûr d'y retrouver certains de ses amis et peut-être même de faire le voyage en leur compagnie : Maurice Thomas et, probablement, Maurice Cremnitz. Il prit logement à la célèbre pension Gloanec, où était jadis descendu Gauguin[88]. Une longue lettre à sa mère, datée du 11 septembre, donne de multiples détails : la chambre, donnant sur la rivière ; l'église et le pont ; ses hôtes ; les églises bretonnes, et enfin la vie qu'il mène et qui paraît bien remplie : « Travail — je travaille poëme et peintures. Je dessine surtout, au sens exact du mot, et le "croquis étudié" est vraiment sans rival : j'extrais des "panoramas coloriés" de la réunion de plusieurs études — et cela devient large, c'est bien. Nous prenons des modèles vivants [...]. C'est cela qui peut donner des résultats, et décidément, cette figure et ce costume, Bretons, et ces foires, et ces animaux vous apprennent tous les genres de poses, de traits, de repos, de colorations. On amène aussi le modèle dans un paysage, — on l'adosse à une meule, sous un grand horizon. [...] Enfin c'est vraiment en Bretagne que l'on est aimant, attentif, la nature se double d'une seconde révélation, — découverte nouvelle et définitive. [...] Il y a en outre ici, en plus des écrivains, et peintres, et Mécènes — des étudiants de Paris en bande folle. »

Les nombreuses « peintures bretonnes » que Fargue rapporta de Pont-Aven n'ayant point été retrouvées, nous ne saurions dire de quel profit lui fut ce séjour, ni s'il se soucia d'imiter sur place les procédés de Gauguin et de ses amis, ou se livra au contraire à des bariolages de son cru. Remarquons au passage que, plus tard, il n'écrira guère sur Gauguin et le groupe de Pont-Aven, pas plus qu'il ne parlera de son séjour là-bas. On peut néanmoins penser qu'en Bretagne, le jeune homme qu'il était, libéré de l'univers scolaire, trouva des raisons supplémentaires de se consacrer à l'art et à la poésie, en menant une existence plus indépendante. Au reste, ses parents se montraient compréhensifs, car ils semblent avoir fini par s'accommoder de son échec au baccalauréat. Et sans doute son père pouvait-il se dire qu'après tout, son fils avait les mêmes penchants que lui et qu'il fallait le laisser choisir une carrière artistique.

En attendant, c'est de l'argent que Fargue demande aux siens avec insistance : « Il est survenu un surplus de frais divers, très stricts, je te jure, et j'ai pourtant fait bien attention ! » se plaint-il à sa mère (26 septembre 1893). Cette plongée dans la Bretagne profonde se serait même, à l'en croire, achevée sur une note typiquement paysanne : la rapacité de l'hôtelier Gloanec, qui refusait de laisser partir ses débiteurs. En définitive, le refrain parcourant les dernières lettres de Pont-Aven est un peu le même que celui des lettres de Cobourg : retourner « là-bas », où l'attendent ses parents, ses amis, l'art et la poésie. « Il faut, il faut partir ! »

Stimulé par sa pratique de la peinture en Bretagne, Fargue voulut s'essayer à la critique d'art. Dès son retour à Paris, il reprit le chemin des galeries et se mit en devoir de resserrer ses liens avec de jeunes peintres. Fin 1893 et début 1894, nous l'avons vu, il donna à *L'Art littéraire* puis aux *Essais d'Art libre* des notes qui, même si certains partis pris de style font parfois sourire, attestent, tout comme ses lettres à Jarry, une étonnante précocité. Songeons qu'en 1893 il n'avait que dix-sept ans. Il est vrai que cette précocité, Fargue se plaira à l'accentuer après coup, en voulant, par exemple, nous persuader qu'il avait écrit son *Tancrède* à seize ans, en 1892. De toute façon, lorsqu'il publiera ce texte en 1895, il n'avait guère que dix-neuf ans... On doit également remarquer qu'à seize ou dix-huit ans, les jeunes gens de la génération de Fargue étaient déjà, intellectuellement parlant, des hommes faits. Il n'est que de rappeler qu'à cet âge-là ses amis Jarry, Gide, Tinan et Louÿs faisaient preuve de la même précocité et de la même boulimie.

Dans le cas de Fargue, cette boulimie se manifestait notamment par l'intérêt soutenu qu'il portait à tout ce qui concernait la peinture. Si, dès cette époque, ses préférences vont à Bonnard, K.-X. Roussel, Vuillard, cela ne l'empêche pas, à l'occasion, de vanter d'autres peintres, tel Vallotton : « une charge logiquement distribuée en jeu de dominos, roidie de vêtements étrennés que brise et crève le sabre[89] ». Ce qui est frappant, c'est que Fargue, lorsqu'il parle d'une œuvre d'art, cherche à en donner l'équivalent par l'écriture. Voici comment il décrit des motifs de papier peint exposés par Maurice Denis : « ... des troupeaux en un teint de prairie fanée, des vaisseaux campés sur de brumeux moutons, avec une lanterne qui tamise la voile — d'autres vaisseaux mâtés comme sur des croissants d'astre — et des trains, sur les rails d'un réseau caressant comme un plumage, végétal, géographique, — délurés vers la nue en tronçons de reptile coupé[90] ».

La littérature ne le fascinait pas moins, et s'il y avait un écrivain dont il voulait faire la connaissance, c'était bien Marcel Schwob. Codirecteur du supplément littéraire de *L'Écho de Paris*, Schwob, qui n'avait que vingt-six ans, s'était déjà fait un nom par ses contes pleins de mystère, publiés dans les journaux et recueillis dans *Cœur double* (1891) et *Le Roi au masque d'or* (1892). Fargue avait beaucoup apprécié ce dernier recueil, dont il vantait à Jarry la « conception large et religieuse ». Jarry, de son côté, avait souvent entendu parler de Schwob par son condisciple d'Henri-IV, Édouard Julia, qui était très lié avec l'écrivain. Nous ignorons cependant qui, de Jarry ou de Fargue, rencontra Schwob le premier ; mais on peut tenir pour assuré qu'ils lui vouaient tous deux une égale admiration, à la fois pour son érudition, son intelligence et son exceptionnelle originalité. Jarry ne lui dédiera-t-il pas *Ubu roi* ?

À cette époque, Schwob s'apprêtait à traduire *Moll Flanders* de Daniel De Foe, et à écrire son *Livre de Monelle*, inspiré par la mort de sa très jeune amie Louise. Fargue lui rendit visite, introduit sans doute par quelque ami commun, et devint peu à peu un habitué. Dans *Refuges*, il évoquera la « mine de César foudroyé "de son hôte", chez qui l'érudition, l'humour, le fantastique et le mystérieux se faisaient des blagues à froid, décantant son histoire ou son idée sur un ton net, mat et sourd[91] ». Bien que Fargue ne nous ait point livré de détails sur ses relations avec l'auteur de *Cœur double*, nous savons qu'il tenait celui-ci sous le charme de sa conversation — ce qui donne, soit dit en passant, une idée du phénomène que pouvait être le Fargue de ces années 1893-1895. Valéry, qui fut très lié avec Schwob, abondera dans ce sens : « Il [Fargue] était un jeune empereur romain, un Néron adolescent. Il arrivait, par des histoires extraordinaires qu'il inventait et contait merveilleusement, à étonner Schwob lui-même, source et trésor pourtant d'histoires inouïes[92]... » Des confidences que fit par la suite Schwob à Léautaud montrent aussi que le premier avait bien discerné certains aspects troubles de la personnalité du Fargue d'alors[93].

L'automne 1893 fut, pour les inséparables qu'étaient devenus Fargue et Jarry, une période de grande excitation intellectuelle. Jarry, qui travaille beaucoup, achève sa traduction de *The Rime of the Ancient Mariner* de Coleridge, qu'il proposera vainement au *Mercure* au printemps suivant. Les deux amis fréquentent ensemble G. Thomas, un petit marchand de fournitures pour artistes du boulevard Malesherbes, qui exposait des toiles de jeunes peintres dans son magasin et se révélera un précieux intermédiaire pour connaître artistes et marchands. La ronde des expositions reprend. En octobre, Fargue et Jarry visitent la 3e exposition chez Le Barc de Boutteville, où sont accrochées des œuvres de Bonnard, Denis, Ranson, Sérusier, Vallotton et Vuillard. L'impression en sera assez forte pour que Fargue en rende compte, on a vu en quels termes choisis, dans *L'Art littéraire* de décembre. Puis, en novembre, c'est la grande exposition Gauguin, chez Durand-Ruel : éblouissement des toiles rapportées de Tahiti par le peintre. Autant d'œuvres novatrices, situées à des années-lumière de l'art officiel, tel qu'il continuait de s'étaler chaque année au Salon des Champs-Élysées. Là, au milieu de plus de quatre mille envois, c'était, en cette année 1893, le morne et sempiternel défilé des mousquetaires de Roybet, des scènes de la vie des saints par Jean-Paul Laurens, des chromos napoléoniens d'Aimé-Morot et de Flameng, de *L'Offrande à l'Amour* de Bouguereau et, suprême régal, le gélatineux portrait de *M. Francisque Sarcey chez sa fille* dû au pinceau de Marcel Baschet... De ce côté-là, rien n'avait changé depuis qu'en 1883 Huysmans constatait dans son *Art moderne* : « La médiocrité des gens élevés dans la métairie des Beaux-Arts demeure stationnaire. »

Le théâtre attire également Fargue, qui, dans *L'Art littéraire* de mars-avril 1894, donnera un long article sur les nouveautés dramatiques. Mais ce sont surtout les débuts du Théâtre de l'Œuvre qui le passionnent. Il paye même de sa personne, puisque, lors de la générale d'un des tout premiers spectacles organisés par Lugné-Poe, il tient, le 9 novembre, un petit rôle de figurant dans *Un Ennemi du peuple* d'Ibsen.

4

RENTRÉE DANS L'ART

Paris est une espèce de dimanche
posé sur le destin des hommes.

Une nouvelle revue s'ouvre à Fargue : les *Essais d'Art libre*, revue assez éclectique fondée en 1892 par l'éditeur Edmond Girard et qui avait comme collaborateurs Remy de Gourmont, Hugues Rebell, Henri Mazel, Paul Fort, Saint-Pol Roux. Fargue n'y donnera cependant que deux « Fréquentations d'art » (janvier et mai 1894), dont la première est (coquille ?) bizarrement signée « Léon-Paul Fargues ». Parlant des peintres impressionnistes et néo-impressionnistes, Fargue est loin d'avoir renoncé à son jargon habituel. Écoutons-le décrire *Le ponton de bains de Bougival* de Monet, comme s'il faisait du Mallarmé : « Chevillé de chaque silhouette romantique, que masse, écorne un maître paysage, répercuté dans l'eau musclée, traversée d'un Grand-Sympathique de reflets en bambou, reproduisant, loupe, les stries en grand du caleçon de bain vilain — sur laquelle onde se penchent, clapotent les Ridicules, petits ludions poseurs placés sur l'îlot comme sur un bouchon pour recréer la nature mère — et dont est couverte, certes, la voix, par l'énorme eau bruyante, sous eux, le ponton. »

Mêmes contorsions dans le second article : « (Aludel sporadique, obligé, de vœux, indulgences et souhaits pléniers : Requête de grandes et titre picturaux axiomatique mieux que définitrice, en crainte qu'ouvreuse stallant le chérubin sobriqueté : sujet. — Complaisance au peintre actuel impuissant, phrasant insincèrement une plastique souffreteuse, grâce à l'esquinancie d'un métier littéraire, invécu, invincible, votivement au velours charmant des chimies suries. — Rescisoire insouci qu'il faut quintupler du peintre de choix et d'élection, client de modiste ou de couturier...) »

En réalité, Fargue ne tenait pas à s'attarder outre mesure aux *Essais d'Art libre.* Tout comme Jarry, il visait une autre revue, bien plus prestigieuse et qui lui semblait l'idéal pour un jeune poète : *Le Mercure de France.* « Un de nos grands rêves, soulignera Fargue, était d'être reçus au *Mercure,* cénacle fermé et désiré s'il en fut. Seuls, les hommes de ma génération peuvent dire ce que contenaient ces simples mots : être invité au *Mercure*! » Cette invitation arriva un beau jour sous la forme d'une lettre du directeur, Alfred Vallette, qui avait remarqué les articles de Fargue et de Jarry dans *L'Art littéraire.* « Nous nous y rendîmes le cœur battant, poursuit Fargue. *Le Mercure de France* habitait alors rue de l'Échaudé Saint-Germain [...]. Vallette, en veston-dolman et en pantoufles, nous ouvrit lui-même. C'était un homme d'une solidité ronde, à l'air un peu d'un maître d'armes, aux cheveux taillés courts, à la moustache carrée [...]. Vallette nous accueillit, dans son petit salon de province, avec des compliments sérieux, motivés, tranquilles, sans trop de réserves[94]. »

Contrairement à ce qu'on aurait pu attendre, Fargue ne collaborera que très peu au *Mercure,* où il se vantera pourtant d'avoir fait ses « vrais débuts ». À part deux courtes notes de lecture en 1894 et une série de sept poèmes en 1898, il ne donnera rien à la revue avant... 1935. La raison doit sans doute en être cherchée dans le fait qu'à partir de 1895, et jusqu'en 1909, il ne publiera presque plus rien, mais aussi que sa brouille avec Jarry avait, on le verra plus loin, indisposé contre lui Vallette et sa femme Rachilde.

Au bout d'un certain temps, Fargue fut invité aux « mardis » de Rachilde, réunions hebdomadaires qui se tenaient en fin d'après-midi dans le petit salon des bureaux de la revue, en réalité appartement des époux Vallette. Fargue y connaîtra presque toute la littérature d'alors et nouera de nombreuses amitiés, notamment avec Régnier, Valéry et

Louÿs. Sans doute y mit-il au début un empressement excessif, car Henri de Régnier, le voyant serrer sans cesse des mains à la ronde, ne put s'empêcher de murmurer un jour : « Horrible enfant ! » Dans *Portraits de Famille,* Fargue a merveilleusement évoqué tous ceux qu'il rencontrait rue de l'Échaudé :

« ... Il nous fut alors possible de voir nos grandes personnes autrement que dans des formes de fantôme : Remy de Gourmont, qu'une ombre déjà suspecte gagnait à la joue, comme un grain monte sur la campagne, et qui commençait de se montrer le moins possible et se retirait dans la petite bibliothèque ; Henri de Régnier, qui s'avançait comme Lohengrin, clair et droit, mais pas plus droit qu'il ne l'est aujourd'hui ; Valéry, tout en traits vigoureux et en nerfs, la moustache en pointe, déjà maître d'une conversation qui cloquait d'idées ; Marcel Schwob, plein de lettres et de grimoires, sorcier sagace, organisé, précis, souriant dans le mystère et le macabre ; Pierre Louÿs, qui avait un des plus jolis visages de l'époque, douce volute sur le front, voix comme satinée, habillé à la mode de ce temps incomparable jusque dans le toquard, col très haut, large cravate à trois tours timbrée d'un camée ou d'une monnaie antique, revers en frottoirs d'allumettes, vêtement-type de l'artiste qui se plaisait aux grâces mondaines et n'aimait pas trop la bohème ; Alfred Jarry, qui jouait aux saillies et aux boutades comme on joue aux osselets ; Vielé-Griffin, spontané, cordial, mais ombrageux ; Pierre Quillard, âme ardente aux justes causes, et qui arrivait modestement avec son petit chapeau bobèche, sa lavallière et sa courte barbe carrée ; notre poète chanteur, Paul Fort ; Ferdinand Herold, érudit et bon, tranquille et sentencieux ; Dumur, qui devait prendre au *Mercure* la place que l'on sait ; Jean Lorrain, coiffé à la chien sur une face bitter-curaçao, aux yeux poilus et liquides ouverts comme des oursins, les mains baguées des carcans, des ganglions et des cabochons de l'époque ; Chanvin, Jean de Tinan, André Lebey, compagnons de route élégants et fins ; et tant et tant d'autres, Philippe Berthelot, Charles-Henry Hirsch, qui faisait de beaux vers dans ce temps-là ; le seigneur Alfred Douglas ; le peintre Aubrey Beardsley, qui semblait fait de pâte tendre; Édouard Julia, Mauclair, Yvanhoë Rambosson, tant d'autres, ceinturés dès la porte d'un coup de lasso par le grand rire de Rachilde[95]. »

Parmi tous ces écrivains, on doit relever plus particulièrement Henri de Régnier, avec qui Fargue restera en relations toute sa vie. À cette époque, Régnier, né en 1864, faisait un peu figure d'aîné parmi les jeunes poètes. Ses divers recueils (*Sites*, 1887; *Épisodes*, 1888; *Tel qu'en Songe*, 1892) l'avaient imposé comme l'une des figures montantes de sa génération. Fargue goûtait fort, on l'a vu, la poésie de Régnier, lequel de son côté appréciera vivement *Poèmes*, *Pour la Musique* et *Ludions*. Fargue voyait en lui un aristocrate des Lettres : « Régnier, Lohengrin élégant [...] avait cette valeur cachée, cette cuirasse secrète et ce fini du chevalier qui en firent un être de grande qualité. » Il n'oubliera pas non plus que c'était Régnier qui l'avait, en 1895, conduit pour la première fois chez Mallarmé.

Autre poète que Fargue rencontrera : Heredia, tout auréolé de la gloire récente des *Trophées* (1893) et qui entrerait bientôt à l'Académie française. Heredia était infiniment plus accessible que Régnier, et très indulgent aux jeunes poètes. Il suffisait, pour l'approcher, d'être introduit (la chose était facile) aux réceptions hebdomadaires qu'il donnait le samedi après-midi chez lui, rue Balzac. Comme la plupart des symbolistes, Fargue avait une indulgence particulière pour le débonnaire et exubérant poète des *Trophées*, en qui il reconnaissait un excellent ouvrier du vers. De l'homme, il dira qu'il « ressemblait à un Henri IV brésilien, grand fumeur de cigares aussi damasquinés que ses poèmes ». Mais ce n'est là qu'une simple silhouette, et l'on n'a pas l'impression que Fargue ait fréquenté assidûment le salon de Heredia ni que celui-ci l'ait profondément impressionné; un homme comme Marcel Schwob le retenait certainement bien davantage.

Au moment où ils commencent à se pousser de concert dans le milieu du *Mercure*, Fargue et Jarry semblent lutter d'émulation. Si, comme critique d'art, Fargue aura précédé de peu son ami[96], celui-ci ne tardera cependant pas à donner aux *Essais d'Art libre* des « Minutes d'Art » très informées et bien personnelles. Détail significatif, dès les premières lignes du premier article de Jarry (février-mars 1894), le nom de Fargue se trouve cité. Mais, tout en parlant de peintres déjà célébrés par Fargue (Bonnard, Gauguin, Denis), Jarry ajoute sa note propre en soulignant l'originalité d'un Filiger, artiste dont il sera à peu près le seul, avec Gourmont, à parler.

En juillet 1894, Fargue voit enfin un texte de lui publié dans *Le Mercure* : une note critique sur *Premières Lueurs sur la colline* de Paul Fort. Le moins que l'on puisse dire, c'est que, pour son premier article, Fargue a passé toutes les bornes. Noël Arnaud a très justement souligné le « rembourrage calembourique » et le « culot monstre » de cette logomachie parfaitement maîtrisée : « L'étonnement apprenti d'un sens supplémentaire qui débuterait, médiante, d'une croyance d'hier; d'un excentrique précepte prématurément doué par une révolution de capitale fonction dans la vie. Dès que blessé du fardeau relayé, le poète s'y devine indiqué seul; et rapacement que ce soit écrit. Est-il assez content? Maintenant nous voilà un homme (Si l'on débutait éternellement sans s'accoiser). Il sent si frileux, cousu du capuce de pénitent sans faute, honorifiquement lourd, sans tenir chaud! Transplanter serait donner tare et pèse du pain... » On ne peut que citer à nouveau ici Noël Arnaud : « Aucune note critique publiée dans le *Mercure* n'atteindra jamais pareil fond d'obscurité, et Dieu sait si pourtant le *Mercure* s'acharnera jusqu'aux années 1900, à stupéfier le bourgeois[97]. »

Heureusement, Fargue reviendra à plus de simplicité, sous l'influence d'un poète alors presque inconnu : Francis Jammes. Il prétendra que c'est de son propre mouvement qu'il repêcha, un beau jour de 1894, dans le panier des services de presse du *Mercure*, un des premiers livres de Jammes : *Vers*, que venait de publier Ollendorff. Une modeste plaquette, signée d'un nom inconnu et sur laquelle les autres rédacteurs avaient dû jeter un œil indifférent avant de la laisser retomber... Fargue (et, pour une fois, nous le croirons) dira qu'il fut immédiatement retenu par cette poésie :

« Le pauvre pion doux et si sale m'a dit j'ai
Bien mal aux yeux et le bras droit paralysé... »

Séduit par ces vers sans apprêt mais où perçait une réelle poésie, il rédigera une note critique, qui parut dans le numéro d'octobre 1894 du *Mercure* : « ... On ne sait donc se taire si, en ces vers, une pudique grâce de menue église sous un léger châle de chaude pluie estivale et charmeuse, et le chevrotement de ces flambeaux en plein jour où Cazin excelle ou de la lande et de l'eau tremblante et on se les présenterait avec la façon de l'eau bénite avant que de délaisser au bourg la messe fraîche et sombre pour la place lente et d'or... »

Plus tard, à Paris, Fargue aura l'occasion de rencontrer Jammes et de se lier avec celui-ci. Nous verrons plus loin que Jammes, après son retour à la foi, s'alarmera parfois de l'hétérodoxie religieuse affichée par Fargue ; mais il n'en retirera pas son estime au poète et à l'ami. En 1927, il lui enverra un poème « à la manière de Paul Verlaine », où il déclare :

« Car je l'ai compris. Il n'est qu'un poète,
Et sans aucun fiel. En est-il beaucoup ?
Et n'est-ce donc rien d'être, et n'est-ce tout
Ange ni bête[98] ? »

Fargue aimera en Jammes autant l'homme que le poète, tant, à ses yeux, l'un et l'autre se confondaient. Et, à la mort de son ami, en 1938, dans un bel article intitulé « Prolongements de Jammes », il avouera avoir toujours ressenti le « désir de respirer son grand air, de grimper à ce clocher de calme où tinte encore son activité de poète et sa bonté d'homme ». Nécrologie émue, où il salue le poète disparu : « Le vieux dieu Jammes fut prince d'une situation dominante, éloignée, superbe, et telle que celle du chêne solitaire régnant sur des kilomètres de froment et de bruyère. » Fargue n'était pas loin de voir en Jammes un véritable Dieu de la poésie, vivant et familier, plein de grandeur et de mélancolie, et dont les vers exprimaient avec un étonnant bonheur l'essentiel de la vie même : « Tout ce que notre vie comporte d'immenses à-côtés, de vérités premières et de balbutiements fondamentaux tourbillonnait dans son œil de béryl et scintillait au plus clair de son cœur par les mille et mille gurrulements des sources[99]. »

L'empreinte de Jammes marquera sans doute plus profondément Fargue que celle des naturistes, dont le poète d'Orthez était à vrai dire le précurseur en même temps que le meilleur représentant. En Jammes, Fargue trouvera une poésie non pas naïve, mais directe, humaine, ouverte à la vie et à la nature, et débarrassée des fioritures et des afféteries d'un certain symbolisme. Bref, Jammes fut pour lui, selon la formule de Maurice Saillet, « un des maîtres de l'abandon et du naturel poétiques ». De là la différence sensible qui sépare les proses de *Tancrède* des « Petites Chansons » (1896) et des « Pays » (1898), où Fargue s'abandonne à la poésie des choses familières. Cette veine, on la retrouvera dans *Pour la Musique* :

« Un soleil morne ouvert aux tristes, tout cela
Vogue sur la langueur de cet après-midi.
L'heure chante. Il fait doux. Ceux qui m'aiment sont là. »

Citons aussi, puisqu'il n'a jamais été repris, un poème « jammien » de Fargue, daté de 1895 :

« Le pays
A trois lignes... (Ce n'est rien ?)
Il est triste...

Trois brins d'herbe dans ce vide
Paraissent très grands.

Trois oiseaux s'en vont
Comme à coups de faulx
Là où l'horizon
Lève ses clins bleus.

Un passant chagrin,
Là-bas, tout petit
Chemine,
Et trois écoliers

Sont dans le sentier.
Le soir est doux.

Une croisée brille
Meurt et revient
Au loin.
(La lampe allumée,
C'est bientôt la nuit.)[100] »

À travers de telles oscillations, Fargue cherchait encore sa voie. Au fond, il n'avait été pleinement lui-même que dans ses deux « Ouvertures de Tragédie » et ne le sera à nouveau que dans *Tancrède.* Jarry, lui, élaborait déjà une œuvre cohérente et à son image, écrivant ce qui sera *Les Minutes de sable mémorial.* Même si nous savons que la rupture entre Fargue et Jarry n'interviendra que fin 1894 probablement, « Haldernablou », qui était terminé dès février 1894, est assez singulier pour que nous y revenions un moment à propos de Fargue.

Drame assez statique, fait de prose alternée de vers psalmodiés par un chœur, « Haldernablou » était à l'origine intitulé « Histoire tragique du page Camaleo », en claire référence à *Léon*-Paul Fargue. Avec une tranquillité frisant la provocation, Jarry demandera en mai 1894 à Vallette de « changer le titre de la pièce et changer les noms des personnages, le "page Camaleo" m'ayant supplié de le débaptiser ». Et il ajoutait cette phrase, lourde de signification sur son idiosyncrasie amoureuse : « Je mettrai au lieu de Henrik et Camaleo, partout où seront ces noms, Haldern et Ablou, et comme titre simplement HALDERNABLOU en un seul mot de l'horreur de la bête accouplée[101]. »

Mais « Haldernablou » a, comme l'ont souligné certains critiques, un aspect prémonitoire. Ce drame anticipe de quelques mois, sinon d'un an, la rupture, dont on peut, en filigrane, entrevoir les raisons. L'adelphisme de Fargue n'était pas celui de Jarry, qui répugnait à l'acte et se montrait dans « Haldernablou » d'une « ombrageuse chasteté » (M. Saillet). Il n'empêche que ce texte manifeste le désir de domination d'Haldern (= Jarry) sur son page Ablou (= Fargue) : « Je le tuerai : car je le méprise comme impur et vénal : — car la beauté ne doit, à peine de déchéance, même pour esclave, élire qu'une beauté pareille ; — car fier encore il faussera l'aventure ; — car il faut, en bonne théologie, détruire la bête avec laquelle on a forniqué ; — car... Mais depuis cinq jours déjà il ne répond point à ma provocation. Serait-il donc lâche[102] ? » « Haldernablou » avait cependant séduit un homme en qui Fargue et Jarry voyaient un allié dont ils pouvaient attendre beaucoup : Remy de Gourmont.

Encore plus que Vallette, qui fut surtout un grand directeur et administrateur, c'était en effet Gourmont qui était alors l'âme du *Mercure de France*. Né en 1858, il faisait lui aussi figure d'aîné, ce qui ne l'empêchait pas d'être fort tolérant et très accueillant aux jeunes écrivains — comme il le sera par la suite pour Apollinaire, Cendrars et Segalen. Son œuvre publiée jusqu'alors exhalait un symbolisme bon teint : *Sixtine* (1890) ; *Lilith* (1892) ; *Le Fantôme* (1893) ; *Théodat* (1893). Mais ses curiosités dépassaient considérablement le cadre de la seule littérature. Sans parler du *Latin mystique*, il s'était signalé par le profond intérêt qu'il portait à la paralittérature, à l'art et au folklore. À cela s'ajoutait un goût très vif pour la typographie et la xylographie, goût qui se manifestera dans toute une série de plaquettes imprimées avec soin sur des papiers de couleur aux noms fort évocateurs : « pourpre cardinalice », « japon havane », « jaspe gris de fer », « vert byzantin », « japon français rose fané », etc. Ces petites plaquettes de Gourmont constitueront les premières éditions du Mercure de France : *Théodat, Le Fantôme, Fleurs de jadis, L'Idéalisme, Le Château singulier, Histoires magiques, Proses moroses, Histoire tragique de la princesse Phénissa.*

Fargue et Jarry communièrent rapidement avec Gourmont dans l'amour des vieilles gravures et de l'art populaire. Au printemps 1894, les deux amis entreprirent de réunir un album d'images d'Épinal, destinées à servir de livres d'étrennes et que devait préfacer Gourmont. À Pont-Aven, Fargue avait été séduit par « de vieilles gravures de Pardon, vieilles images d'Épinal gravées sur bois, rappelant la xylographie, très puissantes et avancées (détail : il y a là des têtes de mort en forme de poisson, qui regardent les papes et les solitaires avec attaque ou regret [méchants et bons])[103] ».

Bien qu'assez élaboré, ce projet de recueil d'images d'Épinal ne verra pourtant jamais le jour. Fut-ce faute d'argent, ou bien d'éditeur ? Gourmont disposait cependant d'un certain entregent, et il aurait pu de toute façon proposer le recueil au Mercure de France. Toujours est-il qu'en juin 1894, Jarry, qui se trouvait alors à Pont-Aven en compagnie de Gauguin et de Filiger, reçut une « commerçante lettre » assez pressée de Fargue. Il fallait s'activer, Gourmont tempêtait, affirmant qu'on devait absolument traiter avec un éditeur avant les vacances d'été[104]... Jarry changea-t-il d'avis ? ou bien se disputa-t-il avec Fargue ? Le projet fut en tout cas enterré, et Jarry fit désormais cavalier seul avec Gourmont. En octobre parut le premier numéro de *L'Ymagier*, très belle revue d'estampes et d'art populaire animée par Gourmont et Jarry, mais dont Fargue était absent. On peut se demander si cette absence ne constitue pas un signe avant-coureur de la rupture entre les deux amis.

En octobre 1894 paraît, au Mercure de France, le premier livre de Jarry, *Les Minutes de sable mémorial*. Livre complet, car les poèmes et proses qu'il rassemble sont accompagnés de bois gravés par l'auteur. L'audace de la mise en pages, attestée également par la couverture, montre tout le chemin parcouru par Jarry, qui avait su mettre à profit les expériences poursuivies par Gourmont[105]. À lire ce livre, à le contempler également, on mesure combien Jarry, dans sa voie propre, s'éloignait de Fargue.

Que leurs rapports aient été ou non déjà tendus, Fargue et Jarry doivent, à l'automne 1894, se séparer par force. Le second, appelé sous les drapeaux, partit le 13 novembre pour Laval, où il effectuera, non sans fantaisie, son service militaire jusqu'en décembre 1895, date de sa réforme. Il put néanmoins bénéficier de nombreuses permissions, qu'il vint passer à Paris, s'occupant activement de *L'Ymagier* et rencontrant à maintes reprises Gourmont. Ses relations avec Fargue finirent par s'aigrir considérablement, et la rupture dut intervenir vers la fin de 1894, sans que nous disposions pour autant de détails précis sur cet épisode.

Il est vrai qu'« Haldernablou » et, accessoirement, *Les Jours et les Nuits* constituent une possible explication ; mais on doit souligner que c'est là la « version » de Jarry. Et celle de Fargue ? Celui-ci s'est toujours montré très discret sur ses relations avec Jarry, se bornant à commémorer leur amitié au temps d'Henri-IV. Certains familiers du *Mercure de France* d'alors paraissent pourtant avoir gardé le souvenir d'une scène particulièrement fracassante, qui aurait mis aux prises les deux amis et provoqué — ou consacré — leur rupture. Rien de tout cela n'a malheureusement transpiré dans les souvenirs des contemporains, pas plus que dans le *Journal* de Léautaud. Rachilde devait cependant savoir parfaitement de quoi il en retournait, puisque, vers 1940, Auriant, qui l'interrogea un jour sur ce sujet délicat, consignera leur conversation en ces termes dans son calepin : « Remis Mme R[achilde] sur la question A. J[arry]. Elle me dit cette fois : "L.P.F[argue] aurait pu se renseigner." Je lui dis : "Il ne l'aurait sans doute pas fait." — " Il me l'a pourtant bien avoué à moi-même." — "Que vous a-t-il dit ? Qu'il était l'amant de J. ?" — "Oui, quand je lui ai demandé ce qu'il avait fait pour provoquer cette scène — et avec de tels détails que j'ai dû le prier de ne pas insister. Quand je l'ai dit à M. Vallette, il m'a répondu : 'Cela t'étonne ? Tu en verras encore bien d'autres'. Nous habitions encore rue de l'Échaudé et nous étions de petites gens"[106]... »

Bien que la clef de cette conversation nous manque (de quelle « scène » s'agissait-il ?), il est vraisemblable que la rupture fut violente — comme l'avait d'ailleurs fait déjà présager « Haldernablou ». Affecta-t-elle profondément Fargue ? La chose est probable, mais il est difficile de le savoir exactement. Fargue aura enfoui tout cela en lui-même, pour toujours. Reste que cet épisode et la « scène » en question le firent dès lors regarder de travers par Vallette et Rachilde, ce qui pourrait expliquer qu'il n'ait plus figuré aux sommaires du *Mercure* de 1895 à début 1898. Il continuera néanmoins à fréquenter le milieu de la revue, où il se liera avec de nouveaux venus comme Louÿs, Tinan, Lebey et Henri Albert, qui formaient alors un quatuor d'inséparables. Songeait-il toujours à se destiner à la peinture, car il continuait à faire partie de la petite bande de Francis Jourdain et des peintres ?

Le fait est que, de novembre 1894 à septembre 1895, il ne publiera, semble-t-il, rien du tout[107].

Lorsqu'il se manifestera à nouveau, dans la revue *L'Idée moderne* du 15 septembre 1895, ce sera par un petit poème intitulé « Ophélie ». Vers faiblards, dédiés à Paul Fort, et qui ne font pas oublier le poème de même titre de Rimbaud :

« Vous figurez-vous
cher ami
ce que peut être
Ophélie
avec les bleuets
câlins et fluets
parmi ses cheveux jolis ?... »

Cependant, sur une page d'annonces du même numéro de la revue, notre attention est attirée par ces lignes :

« *IMMÉDIATEMENT*
TANCRÈDE PAR TANCRÈDE
PLASTIQUE :
Mme MARGUERITE HOLEMAN
MM. BOTTINI, DELCOURT, FABIEN LAUNAY, ETC.
La liste complète prochainement. »

Comme toujours avec Fargue, l'adverbe « immédiatement » n'est pas à prendre au pied de la lettre : ce n'est pas dans *L'Idée moderne* que sera publié *Tancrède*, mais dans la revue *Pan* (octobre 1895 et mars 1896). Il est cependant significatif que Fargue ait tenu à faire de la publicité au préalable, et surtout à y associer des peintres et des graveurs.

La première partie de *Tancrède* fut ainsi publiée dans le n° 3 de *Pan*, supplément français de la revue berlinoise de même nom. C'était pour notre jeune poète un honneur que de figurer au sommaire de ce supplément dirigé par Henri Albert et auquel collaboraient Vielé-Griffin, Max Elskamp, Paul Fort, Huysmans, Tinan, Louÿs, et, bien sûr, ses amis peintres et graveurs Fabien Launay, Maurice Delcourt et Georges Bottini. Fargue ne nous ayant point laissé de souvenirs sur *Pan*, nous ne saurions dire qui l'y introduisit : Fabien Launay ou Henri Albert? En tout cas, ce supplément français sera, grâce aux efforts d'Albert, une revue de grande qualité, dont le plus beau fleuron reste sans doute, précisément, le *Tancrède* de Fargue. Celui-ci ne tarda point d'ailleurs à révéler son identité, puisque, alors que la première partie était seulement signée « Tancrède par Tancrède », la seconde portera son nom en toutes lettres[108].

5

TANCRÈDE PAR TANCRÈDE

Il était plusieurs fois un jeune homme
si beau que des femmes voulaient
expressément qu'il écrivît.

Tancrède... Ce nom a quelque chose de magique et de légendaire. Pour nous, il évoque un moment privilégié de l'œuvre et de la vie de Fargue. Certes, ce ne sont pas les orgues mélancoliques des *Poèmes* de 1912, qui mêlent des échos de Rimbaud aux accents d'un Laforgue plus mûr et moins ironique ; ce n'est pas non plus le rêveur cosmique de *Vulturne* et de *Haute Solitude.* Mais la précocité même de *Tancrède* est particulièrement fascinante, car elle se rattache à l'adolescence du poète : ses escapades en compagnie de Jarry, les petites revues, les expositions, bref, l'entrée dans la vie. Et l'on oublie trop souvent que Fargue n'est pas seulement l'auteur du *Piéton de Paris,* mais aussi de *Tancrède,* cet instant si particulier du symbolisme finissant.

Sur *Tancrède* même, Fargue s'est ingénié à brouiller les cartes. La parution dans *Pan,* en 1895-1896, aurait dû être suivie, début 1896, de la publication en plaquette, aux Éditions du *Centaure*; mais ce projet avorta avec la disparition de cette dernière revue. En 1900 paraîtront, dans la revue *La Plume,* des « fragments » (en vers) d'un nouveau *Tancrède,* fragments qui ne seront pas repris dans la plaquette éditée en 1911 par les soins de Larbaud[109]. On sait aussi que, de cette dernière édition, Fargue arrachera dans certains exemplaires (mais bien moins nombreux qu'on le prétend), le premier chapitre, « La première vie de Tancrède », qu'il ne reprendra pas dans l'édition définitive de 1943[110].

Si ce texte date de 1892, comme il le prétendra dans certaines dédicaces, alors Fargue l'aurait composé à l'âge de seize ans, ce qui l'honore d'une précocité toute rimbaldienne qui ne devait pas lui déplaire. Sur l'exemplaire offert à Jules Lemaitre, il précisera même : « ... ce petit roman lyrique écrit en classe de seconde, sous les yeux fermés de Monsieur Vautier, entre Baruzi et Courtois, contre une fenêtre couleur de Passy.[111] » Fargue ayant, on l'a vu, été élève de seconde à Janson durant l'année scolaire 1890-1891, faut-il penser qu'il y écrivit *Tancrède* à l'âge de quinze ans ? Mais ne vaut-il pas mieux laisser flotter la date de composition de 1891 à 1895 ? Tout indique en effet que la rédaction du texte s'étala sur plusieurs années, ce que confirmerait le caractère hétérogène de *Tancrède*, mi-prose mi-vers. On en connaît trois manuscrits, dont l'un, daté « Paris-Chaillac, 1894 » porte cette note de Fargue : « Ce petit "Roman lyrique" a été composé en 1893, en classe, et confisqué, puis rendu avec émotion par mon professeur Monsieur Vautier. Il a été publié pour la première fois dans *Pan*, revue franco-allemande en 1895, avec des illustrations de Launay, Bottini, Delcourt, morts depuis, et édité en volume en 1911, par les soins de Valery Larbaud. Léon-Paul Fargue. Le 14 mai 1930[112]. »

Mais le manuscrit — offert à Gustave Kahn et hélas actuellement inaccessible — de la toute première version s'intitulait *Tancrède. Sentimental (quelques variations)* et était précédé de cette épigraphe de Rimbaud : « J'ai fait la magique étude/Du bonheur que nul n'élude[113]. » Il ne comprenait que 9 poèmes en vers — première version des « Lieder où l'on sourit pour ne pas pleurer », mais d'un texte fort différent de l'imprimé de 1895 :

« Ô misère de trop aimer.
L'on se tient mal à cause de cela.
Lorsqu'on donne la main on rougit.

Pourtant nous touchons aux fleurs,
Aux cristaux, aux petits encriers.
Et nous nous touchons pour pleurer... »

Tancrède aurait donc été primitivement constitué non par un mélange de vers et de proses, mais par une simple suite de poèmes, assez juvéniles d'ailleurs. Il faudrait conjecturer que ce n'est que plus tard, en 1894 ou 1895, que Fargue en aurait écrit les chapitres en prose, lesquels, tout en constituant une partie importante du texte, attestent une autre écriture, à la fois plus symboliste et plus mûre.

Par-delà sa sentimentalité et son aspect « tremblant », *Tancrède* semble bien une sorte de message codé, quelque chose comme la contrepartie d'« Haldernablou », où Fargue aura voulu non pas cacher, mais exprimer sous une forme très personnelle certains aspects ou épisodes de sa vie d'adolescent. Observons que dans *Pan* et dans l'édition de 1911, le chapitre intitulé « La première vie de Tancrède » porte cette épigraphe : « Pour enfants de 16 à 18 ans. » Est-ce à dire que Fargue y aurait fait allusion à sa vie personnelle de 1893 à 1895 ? Question évidemment sans réponse, mais qui en amène une autre : pourquoi Fargue a-t-il arraché de certains exemplaires de l'édition Larbaud les pages de ce premier chapitre ? Sans doute les vraies raisons de cette suppression nous échapperont-elles toujours, comme nous le disait Pascal Pia. Et peut-être y eut-il non pas une, mais plusieurs raisons. Stylistiques, d'abord : l'écriture de ces pages, elliptiques et ironiques, est fort différente de ce que sera la manière habituelle de Fargue. Ne feraient-elles pas même songer parfois à *Paludes* de Gide, paru peu auparavant ? On s'expliquerait ainsi que, dans l'édition définitive de 1943, Fargue ait supprimé non seulement ce premier chapitre, mais aussi deux autres (VI et VIII) de la même veine et qui détonaient un peu dans l'ensemble.

Par ailleurs, certaines phrases de *Tancrède* rendent un son étrangement personnel et paraissent renvoyer aux amours mêmes de Fargue, lequel ne devait pas tenir, en 1911, et moins encore en 1943, à les ressusciter. Il n'est que de rappeler ici la célèbre première phrase du livre, qu'on a lue plus haut en épigraphe au présent chapitre, et qui, selon Valéry, enchantait Degas : « Il était plusieurs fois un jeune homme si beau que des femmes voulaient expressément qu'il écrivît. »

D'autres phrases semblent plus explicites : « Il promulgua telles mœurs ou mieux ne s'en défendit. Lorsqu'on le questionnait : "Alors, vous seriez... ?" Ne répliquait-il point : "Mais, bien sûr !..." Il abrégea : "Si j'étais femme, je ferais !" Il avait coutume de dire : "Vous me donnez des idées". [...] Il fut le plus fort. On le prit au sérieux. On disait "En a-t-il du vice !" Et il déplaisait réellement à cause de cela. Il fut donc très étonné qu'on le blâmât de sembler sans honneur. [...] Maintenant, royal et décidé, l'enfant ne fera pas de vers, il excitera les passions des hommes. » Et, dans le dernier chapitre, cette phrase, épinglée depuis par divers critiques : « On le prie de vérifier une expérience amoureuse et il veut bien. » ... À quelle distance sommes-nous ici de « l'ombrageuse chasteté » des *Minutes de sable mémorial* et de l'énigmatique adelphisme du *César-Antéchrist* de Jarry !

À en croire Francis Jourdain, le « modèle » de Tancrède aurait été un jeune homme nommé G. Dubois-Desaulle, être « inoffensif » qui était alors le petit ami de Minna Schräder de Nyzot, par ailleurs ancienne maîtresse de l'écrivain Gabriel-Albert Aurier. « La vraie poésie de ce vrai Tancrède, précise Jourdain, résidait dans l'idolâtrie dont Minna était la bénéficiaire impavide[114]. » Mais revenons à Dubois-Desaulle, qui, en 1900-1902, se signalera par de retentissants articles dans *La Revue blanche* dénonçant, après Darien, les bagnes militaires[115]. On lui doit aussi, plus significativement, une *Étude sur la bestialité au point de vue historique, médicale et juridique* (Carrington, 1905), et *Les Infâmes, prêtres et moines non conformistes en amour* (éd. de la Raison, 1902), où Jarry discernera « une érudition qui défie toute critique »... Mentionnons enfin un bien singulier article sur « Les mignons du marquis de Liembrune » (*Le Mercure de France,* mai 1902), où notre auteur montre pour l'homosexualité masculine une curiosité qui n'a pas dû être innocente — et qui nous ramènerait à *Tancrède.*

Mais il serait vain, croyons-nous, de chercher dans quelle mesure Dubois-Desaulle servit ou non de modèle à Tancrède. Jourdain tenait vraisemblablement cette « clef » de Fargue lui-même, qui savait ce qu'il faisait en la lui soufflant. D'ailleurs, n'avons-nous pas découvert dernièrement pour notre compte que, en classe de seconde A à Janson, Fargue avait un condisciple qui s'appelait, de son nom de famille, Tancrède[116] ? On a du mal à croire que, s'il écrivit effectivement son texte alors qu'il était à Janson, Fargue ait pu oublier ou négliger ce détail... Mais, en fin de compte, Tancrède est en grande partie une hypostase de l'auteur lui-même. N'existe-t-il pas un exemplaire de l'édition Larbaud portant cet envoi, de la main de Fargue : « À Léon-Paul Fargue », et signé : « Tancrède »[117] ? Bref, Fargue est et n'est pas Tancrède. Il a du moins voulu l'être, puisque, rappelons-le, il publia dans *Pan* la première partie de son texte sous la signature de « Tancrède ».

Autre petit problème, en passant : la dédicace à André Lebey des *Lieder où l'on sourit pour ne pas pleurer.* À en croire le toujours bien informé Jean-Hugues Sainmont, Lebey était, en 1895-1896, « le nouvel ami » de Fargue[118]. Amitié qui dut être extrêmement discrète, puisque la correspondance fort intime de Lebey avec ses deux amis Louÿs et Tinan n'en conserve pas la moindre trace, même allusive[119]. À cette époque, les deux plus proches amis de Lebey étaient en effet Louÿs et Tinan, trio auquel venait souvent s'adjoindre Henri Albert. Fargue, tout comme Jarry ou Ernest La Jeunesse, ne faisait pas vraiment partie de ce groupe, mais plutôt d'une autre bande, qui comprenait des artistes comme Launay et Jourdain et des poètes comme Levet (que nous retrouverons bientôt) et Cremnitz. Des liens existaient toutefois entre ces deux groupes, et les occasions de rencontre ne manquaient pas : au *Mercure de France*, aux expositions, dans certains cafés, au *Chat Noir*, etc.[120]. Force nous est de reconnaître que, sur les relations de Fargue et de Lebey à cette époque, nous n'avons aucun document ... sauf une photographie du second dédicacée au premier en ces termes curieux : « À Léon-Paul Fargue, à Tancrède[121] ». Et, par une bien singulière ironie du sort, nous retrouverons plus loin Lebey, dont l'ex-femme Marcelle Jeanniot sera, vingt ans plus tard, un des grands amours de Fargue.

À sa parution dans *Pan*, *Tancrède* ne passa pas inaperçu de certains critiques. Dans sa chronique du *Mercure de France* (décembre 1895), Edmond Pilon en citera tout le « Prologue » et louera « cette autobiographie romancée concise », aux « images comme juxtaposées par l'émotion ». En mai, dans la même revue, Robert de Souza emboîtera le pas, non sans quelques réserves assez pertinentes : « Nous savions déjà, écrit-il, que *Tancrède* transcrivait les sensations pleureuses et rieuses d'un adolescent délicat. La poésie et la prose alternées de *Tancrède* donnent l'impression de sourires énervés entre des larmes, tandis que vous passent sur la peau des chatouillements d'insectes. Malgré les naturelles ascendances de Verlaine et de Laforgue, et des naïvetés un peu excessives d'ironie, cela est d'un ton vraiment personnel et permet d'augurer quelque victoire si M. Fargue, dans la suite, songe moins à sourire qu'à sentir. » Mais le jugement le plus pertinent sera dû à Jean de Tinan, qui, dans sa « Chronique du règne de Félix-Faure » de la revue *Le Centaure* (décembre 1896), fera un vibrant éloge de la « poésie du sentiment » manifestée par le texte. Nul n'a mieux que Tinan (qui n'avait alors que vingt-deux ans) défini l'originalité et le charme de ce petit « roman lyrique ». Critique de sympathie ? Certes, mais aussi de sensibilité, et aussi juste, dans son intuition, que les pages que le même écrivain écrira sur son ami Toulouse-Lautrec. Tinan, qui ne s'était pas mépris sur la modernité de *Tancrède*, avait également discerné que Fargue annonçait, avec sa voix propre, le retour à une réalité poétique plus exacte et dépourvue d'un certain attirail symboliste :

« Chez M. Léon-Paul Fargue nous aimerions une ironie tendre [...]. Avec une câlinerie un peu gouailleuse mais triste, comme avec des gestes caressants qui auraient la curiosité de chatouiller, il touche de petites phrases courtes les petites choses et les petites filles, et il fait parler une larme claire au bout de son doigt pour la laisser tomber dans la fossette lente d'un sourire. [...] Dans les chansons de *Tancrède*, le mot "tremblant" revient sans cesse comme une note argentine frappée, les strophes, quelquefois tout strictement rythmées, s'éparpillent d'autres fois brusquement, comme restées sur les lèvres "tremblantes" — "tremblantes" d'une esquisse de baiser ou "tremblantes" d'un commencement de pleurer, et une lointaine ironie, toujours, empêche toute cette tendresse épanchée de s'affadir... "Tancrède voudra ne plus écrire et il fera un livre pour le faire savoir." J'applaudis de tout mon cœur, en Léon-Paul Fargue, l'auteur très jeune de ce livre, mais ma "jeune critique" espère, lorsqu'elle retrouvera son "jeune talent", avoir fait des progrès et mieux applaudir... et... je vous engage à souscrire à *Tancrède.* »

Tancrède valut à Fargue un autre admirateur, bien plus considérable : Mallarmé. Accompagné par Régnier et Herold, Fargue se rendra un jour de l'automne 1895, rue de Rome, chez l'auteur d'« Hérodiade ». Toutefois, il ne semble pas avoir fréquenté beaucoup par la suite les célèbres « mardis », car sa présence régulière eût certainement été signalée dans les souvenirs de familiers du poète[122]. De ces quelques visites, Fargue gardera le souvenir de la silhouette de Mallarmé, de son affabilité et de son extraordinaire conversation. « Nous passions là, se souviendra-t-il, des heures inoubliables, les meilleures, sans doute, que nous connaissions jamais. Nous y assistions, parmi toutes les grâces et les séductions de la parole, à ce culte désintéressé des idées qui est la joie religieuse de l'esprit[123]. » Même si cette influence sera, sur son œuvre, réduite, Fargue voyait, comme nombre de ses contemporains, en Mallarmé l'exemple même de la dignité et du sacerdoce littéraire. Sans doute aurait-il pu reprendre à son compte les mots que Pierre Louÿs écrira au poète : « Je vous regarde non pas comme un écrivain, mais comme la Littérature même. » Et Fargue fut très touché de l'attention que, lors de sa première visite, lui témoigna Mallarmé : celui-ci lui fit, à son grand étonnement, l'éloge de son récent *Tancrède,* et ce, écrira-t-il, « avec une pertinence et une précision dont je demeurai estomaqué[124] ».

Pourtant, Fargue cherchait déjà, plus ou moins consciemment, à se purger des excès d'un certain symbolisme et des tics littéraires qui avaient marqué ses débuts. Tout autant que la lecture de Jammes, ce fut la fréquentation de certains naturistes qui dut l'encourager dans cette voie. Au moment même où Fargue écrivait *Tancrède,* un renouveau poétique se faisait sentir, grâce à un certain nombre de jeunes groupés autour de Saint-Georges de Bouhélier et qui formeront ce qu'on appellera le naturisme. Fargue gardera toute sa vie une profonde admiration pour celui qu'il appelait « mon cher grand Bouhélier », dont certains poèmes étranges et vibrants enthousiasmeront plus tard André Breton : « Pareils à l'aurore blanche ils font éclore les fleurs. Au milieu des plaines flambent des meules violettes en hautes torches de paille. Poudreux, étincellent d'éclatants rocs blancs. Les héros passent. Leur humble aspect s'y émerveille. Le rose soleil aiguise sur les pierres ses rayons. Le ciel luit. Un coq chante — sombre et écarlate. [...] Les toits des villages (tuiles et briques) s'allument, s'empanachant de pailles et de flammes. Il luit des puits, où tinte le poids pompeux des cruches. Et les blancs linges posés, scintillent parmi les marbres[125]. »

Fargue et Bouhélier durent se rencontrer dès 1894, au *Chat Noir*, le célèbre cabaret de la rue Victor-Massé, que le premier fréquentait beaucoup à cette époque, en compagnie de Fabien Launay[126]. Dans ses souvenirs, Bouhélier se rappellera l'étrange séduction qui émanait du jeune Fargue : « C'était un mystérieux jeune homme qui, par un costume de bonne coupe et par des manières toutes empreintes d'un grand raffinement, se distinguait de notre petite bande, et dont les yeux de songeur attardé étaient bien plus d'un prince d'Orient que d'un enfant de Paris. [...] La figure d'une blancheur de cire, qu'ornait une barbe de rajah, étonnamment noire, le regard doux et pénétrant, et ne parlant que d'un ton bas et de confidence, comme s'il ne l'eût fait que du fond d'un rêve, et pour nous raconter que des choses d'outre-vie, ce garçon [...] nous avait très vite conquis[127]. »

6

ENTRE THOMAS W. LANCE
ET MARIE PAMELART

Comme la ville brillait de sel!
Comme le ciel était pensif...

Tancrède procurera au moins un ami à Fargue : le poète Henry Jean-Marie Levet (1874-1906), qui signera aussi Levey. Celui-ci avait lu et aimé « ce pauvre prélude ». Tous deux s'en furent un soir souper au *Rat Mort,* célèbre restaurant de nuit de Montmartre. Levet, après avoir commandé des écrevisses, s'éclipsa pour aller « taper son concierge » et y réussit, ce qui provoqua l'étonnement admiratif de Fargue. Une amitié s'ensuivit, dont Fargue a célébré les fastes dans sa préface dialoguée avec Larbaud aux *Poèmes* de Levet[128]. Né en 1874, Levet était le fils unique de Georges Levet, député inamovible de la Loire. On le voyait souvent dans les endroits de plaisir, les bars à la mode et certains milieux de Montmartre. Depuis 1895, il collaborait régulièrement au *Courrier Français,* hebdomadaire léger où on pouvait lire sous son nom des fantaisies rimées et des chroniques d'actualité. Mais il n'avait pas encore donné le meilleur de lui-même : sa plaquette *Le Pavillon ou la Saison de Thomas W. Lance* (1897) et les poèmes des « Cartes Postales » (1902), qui enchanteront Larbaud.

Cultivant un dandysme parfois un peu tapageur (gilets bleus et cravates jaunes), Levet, dont Jacques Villon nous a laissé une très évocatrice silhouette, était, sous ses dehors déconcertants, un brave et sensible garçon. Fargue rappellera son physique si particulier, « son long nez spirituel, ses cheveux coupés à la Gaby, et son menton en fer à repasser ». Francis Jourdain, qui fut aussi son ami, dira que Levet, « tout à la fois squelettique et désossé », ressemblait à une marionnette. Excentrique, il était aussi un fanfaron de vices, d'ailleurs plutôt porté sur les petits garçons que sur les dames.

Nourrie de Rimbaud, de Laforgue et de Mallarmé, sa poésie révélera, lorsqu'elle s'affirmera, une originalité très marquée, pleine de mystère, d'ironie et de nonchalance à la fois. Il n'est que de citer le début d'un des sonnets du *Pavillon* :

« N'aurai-je dit?... Betty! — qu'embaume d'enfants nobles
(Un cercle d'or dans mes cheveux de fils d'Édouard)
Les fleurs de Kate Greenaway — plaquant ses notes
Claires au park imbu d'ombres et de brouillard... »

Fargue sera même, en 1901, le dédicataire d'un poème de Levet, intitulé « Afrique Occidentale » :

« Dans la vérandah de sa case, à Brazzaville,
Par un torride clair de lune congolais,
Un sous-administrateur des colonies
Feuillette les *Poésies* d'Alfred de Musset...

Car il pense encore à cette jolie Chilienne
Qu'il dut quitter en débarquant à Loango...
— C'est pourtant vrai qu'elle lui dit : "Paul, je vous aime"
À bord de la VILLE-DE-PERNAMBUCO[129]... »

L'amitié de Fargue et de Levet doit surtout se situer en 1896-1897, époque heureuse pour Fargue et que celui-ci a merveilleusement évoquée dans sa préface dialoguée avec Larbaud. Levet s'était intégré à la petite bande de Jourdain et de Fargue, avec qui on le voyait, par exemple, déjeuner à Montmartre, à *La Vache Enragée.* « C'était, se souviendra Fargue, la grande époque de la rue Lepic. » Levet demeurait précisément au n° 67 de cette rue, où Fargue et lui retrouvaient Jean de Mitty, autre dandy, qui exhumait des inédits de Stendhal. Le soir, ils allaient s'attabler au café de *La Nouvelle-Athènes,* place Pigalle, ou bien au *Chat Noir* en compagnie de

Bouhélier et du peintre Bottini. En tout bien tout honneur, Fargue et Levet faisaient aussi la cour à la frêle et blonde Fanny Zaessinger, « une toque de fourrure, des bandeaux et un visage en aveline », jeune actrice déjà célébrée dans *Tancrède* et qui faisait alors les beaux soirs du Théâtre de l'Œuvre. Cette gracile créature réalisait en quelque sorte l'union de la bande de Jourdain et de celle de Louÿs. Elle traînait à sa suite, outre Fargue et Levet (il est vrai que ceux-ci n'étaient point des hussards...), Ernest La Jeunesse, Cremnitz, Jourdain, ainsi qu'une partie de la jeune rédaction du *Mercure de France* : Tinan, Louÿs, Lebey, Albert, Jarry... Toute la lyre !

La rue Lepic sera précisément le sujet d'une sorte de nouvelle, entreprise par Fargue en 1901 et restée, après divers avatars, inachevée. Histoire étonnante, restituée par André Beucler, lequel a eu l'obligeance de nous communiquer copie des quelque vingt-cinq pages qui, seules, subsistent de ce texte, que Fargue avait intitulé tantôt *Marie Pamelart ou La Rue Lepic* et tantôt *La Rue Lepic ou Les Émois d'un Timide*[130]. En 1911, Gaston de Pawlowski, dans une chronique, fera allusion à *La Rue Lepic* et à son inachèvement : « *La Rue Lepic* eut un très gros succès, écrit-il, mais cette fois-ci aucune ligne, même proverbiale, n'en parut jamais[131]. » Cette nouvelle, ou plutôt ce que nous en connaissons, est en tout cas du meilleur Fargue, et constitue d'une certaine manière le chaînon manquant entre *Tancrède* et les *Poèmes* de 1912. Le poète y fait revivre l'existence familière empreinte de féerie qu'il menait alors à Montmartre en compagnie de Levet et de Jourdain. Citons cette évocation de la rue Lepic :

« Matin d'automne encore : je monte la rue Lepic, je vais chez Francis. Le soleil moins proche et variable, ne fait plus la rue à fond, laisse la nuit oublier des coins bleus et frais et se glisser des ombres furtives, le soleil qui baisse et brusquement s'absente. Des croisées qu'on ouvre font de grands éclairs de vitres. Des flux de rayons plus pâles qui se tressent et se séparent en nattes, et amènent par instants d'étonnants yeux d'or, coulent sans bruit indiscontinuement, le long des devantures comme des chutes d'eau silencieuses.

« Il y a de grandes caresses légères qui longent des murs,

s'attardent un moment à des coins de rues, balancent et d'un élan brusque, prenant leur vol à ras de terre, tournent la page. La soleil n'a pas le temps de descendre comme autrefois... »

Tout ce récit était en fait dominé par la figure d'une jeune femme, Marie Pamelart, « deux grands yeux brillants sur la flamme mate d'un visage de brune ». Cette auditrice au Conservatoire, qui demeurait Cité Véron, Fargue et ses amis l'avaient rencontrée dans un café. Ils lui firent passer un billet et parvinrent à la revoir. Fargue s'enflamma pour elle, sans qu'il y eût, semble-t-il, de suites. Mais la jeune femme finit par symboliser à ses yeux toute la poésie de Paris, tant elle faisait remonter à son cœur quantité de souvenirs et de tendresses enfouies.

Elle continuera pendant longtemps à le hanter. En 1901, Fargue entreprendra, on l'a dit, un récit qui retraçait cette rencontre en y ajoutant des souvenirs de moments vécus avec Levet et Jourdain. Récit qu'il ne put mener à bien, mais qu'il reprendra de manière intermittente dans les années 20, avec l'aide de Jourdain et de Larbaud, qui y apporteront des corrections et des ajouts[132]. Larbaud n'ignorait rien de l'histoire de Marie Pamelart, à tel point, raconte Beucler, que vers 1924, il lui arrivait régulièrement de demander à Fargue des nouvelles de la jeune fille... Mais peut-être était-ce là une manière de tancer ce dernier, qui n'avait jamais achevé son récit.

La rencontre de Marie Pamelart avait assez impressionné Fargue pour qu'il écrivît également, à côté de son récit, divers poèmes en vers libres, d'un style plus familier et moins apprêté que son *Tancrède* :

« Quand je serai bien vieux plus tard
Quand la rue Lepic n'existera plus
Et que son décor à la manière noire ne
Montera plus contre le ciel vaste

J'irai voir Marie Pamelart faire ses commissions
Mais il ne restera plus qu'un peu d'herbe sur une butte pelée
Et une pauvre petite fleur des sables qui dodelinera la tête
Et le grand courant du vent dans l'espace désert [illisible]

ou un pont ou le frisson noir d'un fleuve
ou les cris des steamers et les moteurs dans les docks

Et ce sera à d'autres figures à être heureuses
Et ce sera à d'autres soldats dans les forêts de penser
à leur bonne amie.
Et il y aura des machines automatiques qui
indiqueront la phrase exacte qu'il faut dire
à la bien-aimée — car auparavant d'autres
machines nous auront fait lire dans leur pensée
Et on ira chercher le gardien pour réparer
la machine qui ne marchera pas[133]. »

Début 1896, Louÿs, Albert et leurs amis se mirent en devoir de fonder une revue de littérature et d'art qui serait bien à eux. Ce sera *Le Centaure,* qui n'aura que deux numéros, mais où paraîtra « La Soirée avec M. Teste » de Paul Valéry. On ne s'étonnera pas de voir, dans son âge mûr, Fargue se donner comme un fondateur du *Centaure* : il fera même croire à son ami Beucler qu'il avait également fondé, avec Régnier, *La Vogue* et *Le Scapin* ! La vérité nous oblige cependant à dire que, bien que son nom n'apparaisse pas aux sommaires du *Centaure,* il avait bel et bien, à l'origine, été pressenti comme rédacteur[134]. Qui sait même s'il n'assista pas à quelque réunion préparatoire ? Mais sans doute, manquant de copie, ne put-il rien donner à la revue, qui avait pour règle de ne publier que de l'inédit. Cela aura pu l'amener à proposer, aux éditions de la revue, de publier son *Tancrède* en plaquette, car le second numéro (décembre 1896) annonçait dans ses pages de publicité :

« Prochainement *(en souscription)*
LÉON-PAUL FARGUE
Tancrède ou la Promenade »

qui devait paraître aux Éditions du *Centaure,* tiré à 250 exemplaires, tous sur papier de luxe. Ce serait là, en tout cas, la preuve que Fargue était *persona grata* à la revue. Malheureusement, celle-ci sombra faute de fonds dès le second numéro entraînant dans son naufrage les éphémères Éditions du *Centaure*, qui n'auront publié qu'une plaquette de Herold et une de Lebey. Ce ne sera que quinze ans plus tard, en 1911, que la plaquette de Fargue verra le jour, grâce à Larbaud et aux frais de celui-ci.

Dès 1896, Fargue songeait ainsi à publier en plaquette son *Tancrède*, et vraisemblablement dans un texte révisé et amendé. On sait qu'il aura toute sa vie la manie de revoir ses textes et de les améliorer lors des publications successives. Tout en pensant, vers 1900, inclure dans *Tancrède* les poèmes assez hétérogènes publiés sous ce titre dans *La Plume*, il voulait également enlever du texte publié dans *Pan* certains passages qui lui semblaient un peu audacieux ou témoignant de sentiments à présent éteints en lui. Il y songeait déjà en 1897, comme le montre, relevée par L. Rypko Schub, une malicieuse ballade signée « Quasi » et parue dans *Le Mercure de France* :

> « Fargue, fier et jeune satrape,
> Que l'on ne doit pas outrager,
> Rêve, le coude sur la nappe,
> À *Tancrède*, qu'il veut purger[135]. »

Fargue fréquenta en tout cas les bureaux de rédaction du *Centaure*, rue des Beaux-Arts, où il se souviendra d'avoir vu jouer Debussy sur un piano droit : « Nous le voyions arriver d'un air sombre, coiffé d'un petit chapeau de feutre très étroit, cravaté d'une lavallière, enrafalé d'un grand capuchon triste. Quand il s'était débarrassé de cette voilure, il apparaissait extrêmement pâle, d'une pâleur mate, le cheveu très noir, envahi d'une barbe clairsemée, d'une sorte de lichen dévorant qui lui broutait le visage jusqu'aux yeux, — le front en proue, jupitérien, la paupière chargée, le petit nez comme rapporté. Seule une belle bouche, rouge et sensuelle, posait une note de couleur là-dedans. [...] Debussy s'asseyait silencieusement au piano du petit cabinet-bibliothèque et se mettait à improviser. Tous ceux qui l'ont connu savent ce que cela pouvait être. Il commençait par frôler, par tâter, par faire ses passes et puis touchait dans le velours, s'accompagnant parfois, la tête baissée, d'une jolie voix de nez, comme d'un chuchotement chanté. Il avait l'air d'accoucher le clavier. Il le berçait, il lui parlait doucement, comme un cavalier à son cheval, comme un berger à son troupeau, comme un batteur de blé à ses bœufs[136]. »

À cette époque, Fargue commence à connaître beaucoup de gens, et dans des milieux très différents. On le voit par exemple avec Levet chez le compositeur Gabriel Fabre (1863-1921), qui demeurait 63, rue Lepic et avait publié au Mercure de France des *Sonatines sentimentales.* Il continue également à explorer Paris, cette fois-ci avec la joyeuse bande qui réunit Louÿs, Lebey, Tinan et Albert. Il assiste en leur compagnie au banquet de naissance du *Centaure,* le 18 mai 1896, où il voisine avec Rachilde, Vallette, Schwob, Valéry, Debussy, Jarry, Merrill, Colette, Darzens et Lord Alfred Douglas[137]. Nous avons fait plus haut allusion à son amitié avec Lebey, restée mystérieuse, mais évoquée ironiquement dans une autre ballade de Quasi (*Le Mercure de France,* mars 1897) :

« Fargue et Lebey, ces merveilleux,
Que n'a pas balladés Tailhade
Vu leur jeune âge et leurs beaux yeux,
Échangent des propos non fades... »

C'est vers le même temps que le tout jeune Christian Beck (le futur Bosse-de-Nage de *Faustroll*) déclare à Gide que Fargue lui a dit être en train d'écrire « un récit terrible intitulé *La Tragédie du Colonel* », récit sans doute jamais écrit, mais dont Beck précisait : « Chaque fois il [Fargue] me raconte à la file toutes les idées saugrenues inventées par lui depuis la dernière fois, puis il s'en va[138]... » Ces inventions de Fargue faisaient jaser dans certains milieux littéraires. On pouvait lire à ce sujet, dans la chronique de la petite revue *Le Thyrse* (15 mai 1897), sous la signature « UN TROLL » : « À paraître : de M. Léon-Paul Fargue. Divers : *L'Héritière du Danger, Macarieur et Genvrain,* contes fantastiques. » Suivait cette annonce, restée sans lendemain : « Au prochain numéro la "Chronique du salon" par notre collaborateur Léon-Paul Fargue. » Celui-ci avait beau déborder de projets et d'idées, il ne publiait rien, ce qui lui valut une venimeuse épigramme de Jehan Rictus :

« Je suis Monsieur Léon-Paul Fargue.
J'ai dans mon jeu plus d'un atout;
Julien Leclercq a fait *La Nargue,* —
Et moi, je n'ai rien fait du tout[139]. »

Ce n'était pas tout à fait exact, pourtant. Dans la revue de Paul Fort et de Maurice Dumont, *Le Livre d'Art,* était paru, en mars 1896, à côté de textes de Jammes, Lebey et Tinan, un poème de Fargue intitulé « Petites Chansons », d'un intimisme à la Jammes :

« Les gens reviennent des visites
Et des affaires. L'heure est triste
Sur le fleuve. On entend monter.
Silence. Le pas du danger...

Est-ce qu'on écoute à la porte?
Un froid passe. De telle sorte
Que la mort s'approche sans bruit
Comme la nuit, comme la nuit... »

Il n'en demeure pas moins que, à l'exception de sept poèmes parus dans *Le Mercure de France* en 1898 et de cinq autres dans *La Plume* en 1900, il faudra attendre 1909 pour lire dans une revue des textes de Fargue.

Tout cela n'empêchait pas le poète de se montrer beaucoup dans certains endroits de la capitale. Saint-Georges de Bouhélier se souviendra qu'à cette époque-là on le voyait de plus en plus au *Chat Noir,* en compagnie de ses amis Cremnitz et Bottini. « Sa parole, chuchotée plutôt qu'exprimée, avec ses vagues allures d'incantation, et sa figure de sortilège nous jetaient dans l'enchantement », note Bouhélier, qui ajoute : « Le Paris des bas-fonds exerçait sur lui un immense attrait[140]. » Ce n'était pas l'attrait du vice, mais plutôt d'un certain fantastique social, qu'exploreront plus tard Mac Orlan, Carco et La Vaissière. Ces images de bouges et de filles, nous les retrouverons dans les *Poèmes* de 1912 : « Rappelle-toi nos descentes sourdes dans les escaliers jaunes où flue l'haleine des plombs sans couvercle ouverts sur le soufre des cours, les rais du ciel dans une gouttière, le coin bleu d'un toit où un tuyau bave, et cette femme au casque sombre, aux jambes gantées de bas rouges, et ton cœur qui battait quand tu prenais la fille — et les soldats qui longeaient le chemin de fer — et ce regard d'une femme à sa fenêtre — sage et lourd comme du raisin noir... »

Fargue poursuivait ainsi son émancipation, et son existence se teintait déjà d'un mystère étroitement mêlé à la vie de la capitale. Existence d'ailleurs très diverse, répétons-le, puisque à côté de ses stations dans les bureaux du *Centaure* ou de son exploration des rues chaudes, il continuait de hanter Montmartre et la rue Lepic, comme en témoigne de manière fort lyrique *Marie Pamelart ou La Rue Lepic* :

« En septembre de 1897, à ce moment de vie exubérante et tendre où la fête de Montmartre, idéale figurante, accourait de toute sa horde versicolore de décors et de comparses, ingénuement et terriblement subtils au secours de notre idylle Marie Pamelart, et rugissant, de toutes ses fauves et de tous ses carrousels et de tous ses fours chauffés à outrance, succombant de tous ses fantoches, fermentant de tous ses phénomènes, tournant de tous ses disques et de toutes ses tartes, saignant de toutes ses couleurs et brûlant de toutes ses lampes, semblait jouer, dans un paroxysme de joie et de douleur, l'ouverture héroïque des aventures qui vont suivre. Nicolas Albert Batteault, petit vieux toujours bien propre, toujours coiffé d'une casquette de velours noir [...], avait son éventaire, lequel s'intitulait : "Musée Microscopique International", et se composait d'un tréteau, d'un pliant, d'une lampe, d'un carton contenant les "Chefs-d'œuvre", de deux loupes et d'une pointe-sèche "pour en suivre les détails", au milieu du Boulevard, sur la chaussée centrale, un peu à droite en allant vers la Place Clichy[141]... »

Une telle féerie touchait cependant à sa fin. Fargue était de la classe 1896, et l'heure du service militaire approchait. N'étant point bachelier, il ne pouvait guère s'inscrire en faculté, ce qui lui eût permis de ne faire que dix mois de caserne, au lieu des trois ans réglementaires. Il songea alors à préparer un concours d'ouvrier d'art, comme l'avait fait, avec succès, son ami Francis Jourdain. Mit-il à cette préparation tout le sérieux nécessaire? On rapporte que, le jour du concours, il rendit copie blanche, piteusement. Il écopait donc de trois ans de régiment. Comble de disgrâce, il fut affecté dans un régiment particulièrement sévère, en garnison à Nancy. Autant dire qu'à côté des trois années de bagne militaire qui l'attendaient, son précédent séjour à Cobourg prenait des allures de partie de plaisir.

7

À L'OMBRE DU DRAPEAU

Je paye l'impôt de ma « qualité ».

Incorporé en novembre 1897 à la caserne Blandan, à Nancy (26e régiment d'infanterie), puis transféré en 1898 au fort de Villey-le-Sec, près de Toul, Fargue allait demeurer sous les drapeaux jusqu'à l'automne 1900. Ces trois années seront pour lui, dès le début, un véritable cauchemar. Plus tard, il confiera à André Beucler : « Ma vie de garnison n'a pas été une partie de plaisir. Je n'y ai jamais rien trouvé de réjouissant pour la sensibilité. Au contraire, j'y ai vécu en martyr, et pas dans la rigolade[142]. » On conçoit sans peine à quel point ce que Jarry appelait « l'abrutissement militaire » put écraser un jeune homme aussi sensible et aussi peu préparé que l'était Fargue.

De plus, Nancy ne se trouvait alors qu'à une dizaine de kilomètres de la frontière allemande, l'Alsace et une partie de la Lorraine ayant été annexées à l'Allemagne en 1871 par le traité de Francfort. Depuis que Gambetta avait désigné la Revanche comme la tâche nationale par excellence, bien des Français cultivaient cette obsession, et l'armée était l'objet de tous les soins et de tous les espoirs. La discipline régnant à la caserne Blandan devait donc être particulièrement stricte, puisque le 26e d'infanterie se trouvait, pour ainsi dire, aux avant-postes. Par un hasard qui n'en est pas un, *Le Mercure de France* publiera le mois suivant (décembre 1897) les réponses à une grande enquête sur « L'Alsace-Lorraine et l'état actuel des esprits », question qui préoccupait décidément tous les Français. Fargue, s'il lut ce numéro, dut sourire amèrement en découvrant la réponse hautement pataphysique de son ex-ami Jarry, qui déclarait entre autres choses déconcertantes : « Je demande la guerre, la guerre immédiate (je ne suis point soldat)... »

En guise de préambule, nous citerons intégralement la première lettre que Fargue écrivit de la caserne à ses parents. Outre les renseignements qu'elle contient sur sa vie de soldat, cette lettre nous semble remarquable par son style fait de petites touches, peu habituel à l'époque :

« Nancy. Blandan. 25 Novembre 97.

Mon père chéri. Ma mère chérie.

J'ai bien reçu vos deux lettres et le contenu. Mais partout perce un reproche : Je n'ai pu écrire plus tôt. Ailleurs, on le pouvait — ici, non. Pas un instant, c'est à la lettre, et surtout pour les bleus. J'ai écrit par fragments — puis j'ai repris entre deux corvées. Travail très dur aujourd'hui. On appelle ça le pas de canard ou le martyre, mouvements baroques des membres. Le plus mauvais moment est au réveil. Le froid est déjà terrible. Ce matin, brouillard toujours qui ne se dissipe que vers neuf heures. Alors on voit les maigres arbres, les piquets tout couverts de cristaux. On reste longtemps en place. On ne peut se réchauffer.

Nous sommes 28 dans la chambrée. Mon camarade est le caporal. Il fait semblant de crier après moi pour "n'avoir pas l'air". Les autres sont vagues. Un terrassier qui joue de l'accordéon le soir, un coiffeur, un voyageur en laines, etc. et des anciens plus ou moins roublards. Nous avons un peu de répit. J'écrirai trois fois par semaine. Mais nous ne sortons pas. Nous devions être consignés huit jours, disait-on, mais ça continue — peut-être à cause du bruit qui s'est fait dimanche en ville — rixes, groupes — etc. C'est la prison.

Nous sommes sortis dimanche à une heure. Mon camarade Doyé (de Rollin) est venu me chercher à Blandan. Il est place Stanislas (où ma mère sait). Nous avons déjeuné tard — puis nous avons rejoint quelques types dans les cafés. Triste !

L'ordinaire n'est pas mangeable, et on ne boit pas : les lentilles — le singe (bœuf en vinaigrette) — les fayots. C'est tout. C'est moins mauvais à la cantine, mais pas varié. Trois plats toujours les mêmes : porc, veau rosbif, frites. Mais 1/4 d'heure pour manger.

J'ai régalé à mon tour — mais surtout j'ai eu beaucoup de frais généraux : Ex : jeu de brosses complet, pour astiquer. Il faut l'avoir (et le surveiller) fils rouge et bleu — aiguilles — patience pour les boutons — ciseaux — couteau, boutons de rechange (chacun a son bibelot) — des cachets de rhubarbe — pastilles de borate de potasse pour mes amygdales qui me font mal. J'ai une sorte de fièvre de rhume — de rhume sec.

J'ai pris une douche écossaise avec massage. Ça m'a remis un peu.

Détails. J'ai fait raser ma barbe. Le commandant Saint-Martin l'a voulu. Je n'ai pu garder que le bouc. La barbe, ça cache les écussons de la veste et des capotes.

Nous avons affaire — au capitaine — aux deux lieutenants — au sergent-major — aux quatre sergents.

Nous sommes allés au tir aujourd'hui pour la première fois (au lebel). Nous avons fait l'exercice en bourgeron de travail avec cartouchières, ceinturon, épée-baïonnette, de deux à quatre sur la route de Pont-Saint-Vincent. Nous avons pris les positions du tireur derrière les murs, les haies, les arbres, à genoux, couchés, etc. Toutes les compagnies étaient dehors. Nous avons parcouru Villey, Vandœuvre. Nous dominions toute la vallée — Nancy au milieu — puis les villages Parville la Malgrange — Maréville — Laxois etc. fatigant et glacé. Le capitaine est furieux. Au retour exercices... d'immobilité, et contorsions.

Demain, revue du capitaine — astiquer etc. Si cette histoire vous ennuie...

On a envie de se coucher par terre, et d'attendre. On ne serait pas plus mal que dans son lit (qui fout le camp au moindre geste). Il est défendu de garder ses caleçons, chaussettes etc., la nuit. Mais le froid ! On ne sait où se fourrer. Vraiment on souffre beaucoup. Et quand serons-nous libres de 5 à 9 ? Après les travaux je me dis. Voyons, je vais m'accorder quelque rêverie. À la cantine, quel bruit ! Alors je remonte, je m'étends sur mon lit, je pense, je reviens là-bas, toutes les images défilent devant mes yeux, souvenirs, etc. Je suis déjà loin de la caserne. Pan ! tambour. Coup de sifflet. Et dehors la 7eme. Le charme est rompu. C'est à recommencer. Képi 3, veste 3, brodequins. Pour un fil il faut tout défaire. On nous donne des effets qui ne tiennent pas. Il faut tout recoudre. Et défense de les donner à réparer en ville.

La seule distraction, c'est le fusil.

Voilà l'accordéon du terrassier qui commence. Près de moi on coud. La lampe brûle mal. Les anciens font des plaisanteries énormes. Il fait froid. Je couche près de la haute fenêtre. Ça tape.

Au fait, tes questions : 2eme bataillon.

Pour les mandats, ça n'en finit pas (c'est même une des joies pour embêter les bleus).

(Ils en font du bruit.)

Que se passe-t-il. Y a-t-il des travaux — de qui, et quels architectes — Que dit-on à la maison — chez les gens de connaissance.

Je finis ma lettre à 8 h 10 soir.

Donc c'est convenu. J'écrirai trois fois par semaine.

Ma mère chérie,

Je m'ennuie sans courage... Je suis là isolé.

J'accepte ton colis par semaine, car ce que je mange mal ! et la coca ou autre vin — ce n'est pas de refus. J'ai porté mes effets à l'hôtel de Metz. Le temps passe lentement. Les sergents crient. Il fait froid.

Que te dirai-je d'aussi tendre que ce que je pense.

Mille baisers et encore
Léon Fargue.

26. d'Inf. 7eme comp.

caserne Blandan
Nancy

PS. Répondez de suite. Pensez aux possibilités de rapprochement. J'y pense beaucoup... malheureusement[143]. »

Désormais, c'est lettre sur lettre que Fargue va, durant près de trois ans et avec une régularité désespérante, adresser aux siens. Toutes ces lettres sont écrites sur un humble papier quadrillé de petit format, d'une fine écriture appliquée, que l'on dirait d'un collégien écrivant sur son pupitre. À la caserne, Fargue souffre et s'ennuie. Comble de malheur, ses manières un peu différentes le font prendre en grippe par certains conscrits : « Il y a des gens — qui me voient mal parce que je mange à la cantine, parce que je sors "etc.", ils me font des misères que je supporte avec calme. Passons. » Et ce sont les sempiternels exercices, que Fargue décrit à sa manière pointilliste : « Sortie par sections. Nous parcourons de grands espaces où brillent des villages. Explications du lieutenant. Exercices dans un bois couleur de cendre, le froid vous pénètre. Des colporteurs, des marchands de café et de beignets nous suivent, courent les routes. Retour... » (29 novembre 1897).

Début décembre, le soldat Fargue, malade des amygdales, est admis à l'hôpital militaire, ce qui ne le délivre pas pour autant : « Je suis au petit régime, presque rien à manger. Pourquoi ! J'ai très froid et faim. M'opérera-t-on, quand sortirai-je ? J'en ai assez. Je reviendrai sur les heures atroces passées ici. Il me semble que vous êtes là, que vous allez arriver... » (5 décembre 1897). Au milieu de ce désespoir, Fargue trouve cependant assez d'optimisme pour solliciter une permission de huit jours, et attend. « Je n'espère plus. Je vis comme une machine. Nous faisons des mouvements de brutes. Rien de nouveau. Tout se passe cruellement. J'attends quoi ? quelque chose qui va se briser. » (12 décembre 1897).

Permission refusée ! Motif : le soldat Fargue est un malade imaginaire, qui donne le mauvais exemple à sa compagnie. Ses parents, inquiets, décident d'agir. Léon Fargue accourt à Nancy pour tenter d'arranger les choses. Le jour de Noël, il déjeune avec son fils et parvient à avoir un entretien avec le colonel Kolb. Cette fois-ci, la permission est accordée, et notre soldat s'en va passer le jour de l'an à Paris, pour y retrouver les siens et ses amis.

Après avoir conté en détail ses misères à ses parents, Fargue n'eut rien de plus pressé que de retrouver ses anciens amis, et en premier lieu Francis Jourdain. Celui-ci était infiniment plus favorisé, puisqu'il avait été exempté du régiment et versé dans les services auxiliaires. Fargue lui apparut extraordinairement changé : « Lui qui était ordinairement si brillant, ne répondait plus que par monosyllabes. Il était effondré, stupéfié, ne trouvant ni le courage de rien raconter, ni même de se plaindre[144]. »

Fargue put cependant se rendre compte que le mouvement littéraire était en train de prendre une nouvelle direction. Se manifestait déjà ce que Michel Décaudin appellera « la crise des valeurs symbolistes[145] ». Le naturisme commençait à s'essouffler, ce qui n'empêchait pas les autres poètes de revenir à plus de naturel et moins d'artifice : Merrill, Vielé-Griffin, Régnier, sans parler du renouveau lyrique constitué par *Les Nourritures terrestres* de Gide. Bientôt, les nouveaux recueils de Guérin, de Jammes et de Vielé-Griffin confirmeront ces tendances. Fargue lui-même s'y rattachera, par la série de sept poèmes intitulée « Les Pays », que publiera en mars 1898 *Le Mercure de France.*

Mais cette fin de 1897 et ce début de 1898 verront surtout la phase décisive, la plus aiguë, de l'Affaire Dreyfus, à la suite de la publication de « J'accuse » de Zola. Malheureusement, le peu que nous savons des opinions politiques et sociales de Fargue durant cette période où la caserne accaparait toutes ses pensées, ne permet pas de préciser quelle fut sa position exacte dans l'Affaire. Il est vrai que, dans les milieux militaires où il se trouvait alors, c'était là un sujet particulièrement brûlant... Cependant, il semble avoir incliné en faveur de Dreyfus, puisque dans une lettre à sa mère du 6 juin 1899, écrite sous le coup de l'annonce de la révision du procès, nous le voyons s'écrier : « Et l'affaire ? Vive la liberté. Vive la justice ! »

Début 1898, Fargue est transféré au fort de Villey-le-Sec, tout près de Toul. Changement de décor, mais non pas d'ambiance. Dans *Poèmes,* il évoquera le triste décor de Toul : « Comme cette avenue qui mène de la gare à la ville est longue. Un tramway à petit toit emporte sur un rail qui mène aux grilles d'un Fort. Des ouvriers qui baissent leurs figures où l'ombre tient tant de place, et des femmes avec leurs paniers et leurs fichus tristes... » Au printemps, Fargue reçoit une lettre de Jourdain, qui lui déclare avoir beaucoup aimé « Les Pays » qu'il vient de lire dans *Le Mercure,* et ajoute qu'au Théâtre des Pantins, on vient de jouer *Vive la France !,* pièce de Franc-Nohain, où un personnage prononce la phrase célèbre sur l'odeur des capitaines vainqueurs : « *Et voilà la gloire*[146] *!* » Pris d'émulation, Jourdain songe à « organiser un guignol » dans son atelier et voudrait bien que Fargue lui écrivît une pièce — projet probablement jamais réalisé...

Au fort de Villey-le-Sec, Fargue, toujours en quête de protections, parvient à éveiller la compassion de son nouveau chef, le capitaine Usunier, qu'il n'hésite pas à remercier par écrit : « Vous m'avez parlé avec bienveillance — les seules paroles douces qu'on m'ait adressées depuis que je suis au régiment, je les tiens de vous[147]... » Puis, d'avril à septembre 1898, un énorme blanc : les lettres à ses parents, telles que nous les connaissons, s'interrompent, certaines ayant probablement été égarées.

Les plaintes reprennent début décembre : « Ah ! il est temps, car je ne sais plus ce que je fais. Je n'ai plus ma tête ici, et ces derniers beaux jours que nous perdons. Je ferais quelque faute ! » Mais pourquoi son capitaine, naguère si compréhensif, lui a-t-il refusé une petite permission ? Fargue décide alors d'en référer à son commandant. Celui-ci n'est-il pas un fin lettré (tout arrive !), qui avait même eu la bonté de s'intéresser à sa littérature ? « Je n'oublie pas les poèmes que je vous ai promis », lui écrit Fargue tout en mendiant « une permission de quarante-huit heures ou de vingt-quatre heures[148] ». « Impossible pour le moment, on verra la semaine prochaine », répond son chef, en ajoutant ces lignes aussi sévères que militaires : « L'on n'est vraiment grand que si on parvient à surmonter ses propres faiblesses. Faites des efforts pour rester dans la bonne voie et je tâcherai, à mon tour, de vous venir en aide. » Fargue est-il alors inconscient, ou bien au contraire armé d'un culot phénoménal ? Sans doute les deux à la fois, car huit jours plus tard, alors qu'il vient d'écoper de deux jours de salle de police (« arrivé deux fois en retard à l'appel »), il n'hésite pas à écrire de nouveau à son commandant ami des Lettres. Il demande que sa punition soit tout bonnement levée, et ce... afin qu'il puisse partir en permission ! Ahurissement probable du commandant à la lecture de ces lignes à la fois tragiques et folles :

« ... Moi je me vois perdu. Sauvez-moi ! Levez cette punition ! Un geste de vous, et c'est fait. J'aurai ma permission Dimanche, cette pauvre permission que j'attends comme le Messie, dans une sorte de frénésie tremblante que vous ne pouvez soupçonner. Je la demande les mains jointes. Laissez-la-moi.

Je voulais vous parler simplement, comme un enfant à un homme qui l'aime et le protège. Je voulais vous décrire l'état d'esprit de celui qu'on accuse de félonie — que tout le monde raille et frappe. Je voulais me justifier, dire mon cœur[149]. »

Contre toute attente, ce langage si peu hiérarchique porta ses fruits. Fargue put, le temps d'une fin de semaine, revoir Paris : « Josaphat, et revoir les miens ! » Dès son retour au fort, il demande à son père une aide supplémentaire : « Je n'ai plus un sou et ne puis manger (décidément on ne peut plus vivre). Il m'est très dur de ne pas prendre mes repas, comme un homme, comme un pauvre homme ordinaire, en travaillant comme je le fais. » (21 septembre 1898). Son père, nullement dupe, l'avait déjà averti : « Il faut nous écrire plus souvent, même quand tu n'as pas d'argent à nous demander. » Désormais, pour de telles demandes, Fargue s'adressera de préférence à sa mère.

Sur ces entrefaites, notre soldat quitte le fort de Villey-le-Sec pour être affecté à Toul même, au dépôt du 26e. Il est au moins en ville, cette fois-ci, mais nullement satisfait pour autant. Peu après son arrivée, il écrit bravement à son nouveau capitaine pour solliciter une permission de quatre jours. Le motif allégué vaut la peine d'être reproduit : « pour assister Mercredi matin [à Paris] à une conférence à l'École des langues Orientales ». Et c'est le plus tranquillement du monde que Fargue ajoute : « je me contenterai des trois jours que vous voulez bien m'accorder si le service doit en souffrir » (28 octobre 1898). Une telle audace se révéla payante, et la permission fut accordée. Mieux encore, deux mois après jour pour jour, Fargue parvient à renouveler cet exploit :

« Toul le 26 décembre 98

Mon père chéri. Ça y est ! Victoire, etc.

ENFIN JE TIENS UNE PERMISSION DE QUATRE JOURS ! Je pars vendredi par [le train de] 5 h 5, j'arrive à 10 h 35 bien entendu.

Je compte donc sur l'argent du voyage Vendredi matin sans faute — plus quelque menue monnaie pour la route ?

Je t'embrasse comme je t'aime

Léon[150]. »

Il est vrai que Fargue venait de se distinguer à la caserne. Il avait émerveillé son capitaine par la si belle calligraphie avec laquelle il recopiait les états de service. On n'avait jamais vu écriture si parfaite ni si régulière, et le capitaine n'avait pas hésité à faire d'un tel soldat son secrétaire. Était-ce donc la fin du martyre ? C'eût été mal connaître la vie militaire. Bientôt, Fargue n'aura plus qu'une seule pensée : se faire réformer, et, en attendant, décrocher le plus possible de permissions.

Pour une de ces permissions, il ne faudra rien moins que la mort d'un président de la République. Le 16 février 1899, Félix Faure trépasse dans des circonstances à la fois tragiques et voluptueuses, pour lesquelles son amie Mme Steinheil fut surnommée par Jean Lorrain « la Pompe-Funèbre ». Ce décès subit valut au soldat Fargue de bénéficier d'une permission de trois jours, à l'occasion des obsèques du Président. D'autres permissions se succéderont ensuite : Pâques, Ascension, Pentecôte... À chaque fois, Fargue réclame de sa mère un petit mandat, qu'il désigne dans sa lettre par un curieux hiéroglyphe : un superbe papillon, soigneusement dessiné ! On en vient à se dire que ses parents passèrent ces trois années à envoyer des bons de poste à Toul ou à Nancy. Lorsqu'il ne peut pas décrocher de permission, Fargue cherche des distractions : « Dimanche je me suis embêté, pour ne pas changer, cafés, beuglants, etc. ; voir les lettres précédentes. Il fait un temps atroce, froid et pluie. Enfin, je puis dormir un peu et rêver à vous, aux douceurs du chez moi, à mes oiseaux, à mes poèmes dont ce bon Francis prépare une édition artistique, etc.[151]. »

Ce passage laisse entendre que Fargue projetait alors de publier un livre de poèmes qu'aurait illustré (ou décoré et mis en pages?) son ami Francis Jourdain. Projet jamais réalisé. Nous ignorons donc ce que pouvaient être ces poèmes : un embryon de ce que seront les *Nocturnes,* futurs *Poèmes* de 1912? Ou bien des poèmes d'allure différente, comme « À la portière », paru dans *La Plume* du 15 août 1900 et dans lequel Fargue évoque justement des retours en train de Toul :

« "Quand l'express de Strasbourg passe Toul, on va vite !"

Comme un regard qui pleure entre des mains croisées,
On suit de longs rubans d'eau triste
Où pense du ciel mort entre des peupliers.
C'est joli, c'est plus gai, quand on brûle des gares,
Que l'express au vent noir tourne comme des pages
Tous ces gens attentifs en groupe sous l'horloge.
On coupe un pont sonore, un sentier clair, des rêves,
Un bout de rue où crient des gosses, pan ! la mer.
Non. La Meuse, ou n'importe mais de l'eau immense
En aile fraîche, au timbre obscur, puis des villages
Comme dans les pastels de Bussy, fins et tristes —
Et l'usine où les lampes brûlent en plein jour.

Après, dame ! Chézy, un tunnel qu'on arrange.
Doucement... Nous marchons... comme un trait de crayon
C'est beau. Les ouvriers font la haie. Ils regardent
Pâles, la lampe au poing, très haut, d'un éclat rauque,
Glisser presque sans bruit la bête aux têtes claires.
Et puis
Une Champagne luit d'églises[152]... »

Mais Fargue avait-il jamais, à la caserne, le temps d'écrire vraiment? Déjà, en septembre 1898, il déclarait à son père qu'il allait « tâcher de placer un article ou deux, payés, à la *Lorraine-Artiste,* de Nancy ». Or, rien de lui ne semble avoir paru dans cette revue. En attendant, son père le mit en relation avec Émile Gallé, le célèbre maître-verrier de l'École de Nancy, qui jouissait déjà d'une grande renommée. Gallé, qui connaissait Léon Fargue, invita deux ou trois fois à Nancy son fils, qui put ainsi parler art, peinture et décoration.

L'été amena quelque détente. Au retour d'une permission passée à Paris, Fargue apprit soudain qu'on l'avait de nouveau affecté au fort de Villey-le-Sec. Adieu le calme des bureaux du Dépôt... Se faire réformer s'imposait donc de plus en plus. Marie Aussudre se rendra par deux fois à Toul pour effectuer — en vain — des démarches en ce sens (fin août et mi-octobre 1899). Le souvenir de ces visites maternelles se retrouvera dans *Poèmes* : « Il trouve l'auberge où l'attend la voyageuse. Il y entre. Il parle. Il voit sa mère. Il voit des visages attristés et pâles trembler dans l'onde d'un poêle au fond d'une vieille chambre... Sa mère le regarde infiniment sans voir qu'il déserte. On l'exhorte. Il pleure et court sur la route. [...] La côte encore, qu'il faudra monter vers le Fort en courant dans la nuit fiévreuse... »

Fargue tombe malade : fluxion de poitrine. Serait-ce une chance de se faire réformer ? Un Conseil de réforme doit justement avoir lieu fin novembre. « Je m'ennuie à périr [...]. La triste vie continue. Je n'ai pas d'argent. Il fait très froid. » (17 novembre 1899). Hélas, le malade n'est point inscrit sur la liste des soldats proposés au Conseil de réforme : « Tout est fini... Ah ! que tout ça finisse », gémit-il à bout d'espoir.

L'année 1900, tant célébrée à Paris par les fêtards, débute pour notre soldat par les mêmes lettres, implacablement monotones, aux parents : demandes d'argent, espoir de permission, plaintes sur la vie de caserne, etc. Mais l'Exposition universelle est sur le point de s'ouvrir, et Fargue exulte : son commandant, pour le récompenser de son zèle, lui a spontanément concédé trois jours de permission ! « Alors, ça fait trois beaux jours : le Salon de peinture, l'ouverture de l'Exposition, et le Concert de Pâques, dirigé par le fils Wagner ! À nous l'Art ! » (6 avril 1900). Des lettres ultérieures sollicitent des nouvelles des amis peintres : « Tu ne me parles pas de Launay. Comment est le travail de Jourdain ? Comment le conçoit-il ? D'une exécution très riche de fond, très voisine du Chéret, n'est-ce pas, presque pas transparente ? » (6 mai

1900). Peu après, Fargue, qui a réussi à obtenir une permission de dix jours, demande à son père d'écrire de son côté au commandant : « Tu as besoin de moi, Exposition etc. — D'ailleurs c'est convenu. — Mais... Diplomatie usuelle. »

Une telle diplomatie cessa bientôt d'être nécessaire. À l'automne 1900, Fargue voit enfin arriver la libération tant espérée. Dès sa sortie du régiment, il va avec son père s'acheter un chapeau et visiter l'Exposition universelle. Tel est du moins ce qu'il nous assurera dans *Lanterne magique.* Mais il ne nous précise pas qu'un grand changement venait de survenir dans sa vie, changement dont les lettres à ses parents ne contiennent d'ailleurs aucune trace.

À Toul — ou à Nancy? — Fargue s'était en effet lié avec une jeune fille du peuple nommée Ludivine Létinois et qui habitait Sézanne, en Champagne. On ignore tout des circonstances de cette liaison, la première, semble-t-il, de Fargue. Tout ce que nous savons de Ludivine Létinois, nous le devons à Francis Jourdain, qui, dans *Jours d'alarme,* a évoqué ce douloureux épisode. À son retour du service militaire, Fargue lui avait confié : « Et tu sais, vieux, je ne suis plus seul... » Même aveu aux parents, qui se montrèrent compréhensifs. Mais Fargue était désespéré. Son manque d'argent l'empêchait de faire venir la jeune fille à Paris et de subvenir à leurs besoins. Il put cependant, grâce à son père, aller la chercher et l'amener à Paris. Jourdain découvrit alors une campagnarde, « saine, placide, de forte carrure, et endurante ». La réserve de Jourdain dans ses souvenirs donne cependant à penser que Ludivine dut déconcerter les amis parisiens de Fargue. De fait, les choses se gâtèrent assez rapidement : « La vie de Paris consistait pour elle à attendre Fargue dans le bureau d'omnibus de la gare de l'Est. Il arrivait avec quatre, cinq heures de retard, parfois davantage[153]. »

Comment trouver de l'argent? De quoi vécut Fargue durant toutes ces années 1900-1910, nous l'ignorons absolument. Travaillait-il dans la fabrique de céramique paternelle, ou bien recevait-il des subsides de ses parents? Toujours est-il que, à son retour du régiment, plutôt que de chercher un travail, Fargue s'ingénia à faire feu de tout bois. Il vendit ses livres, puis ceux de son père, puis de vieux habits de celui-ci, de vieux objets qui traînaient chez ses parents... Il en tirait de quoi offrir quelques repas à Ludivine, qu'il rejoignait sur le tard en brandissant l'argent sauveur. C'est vers cette époque qu'il écrivit au directeur du *Mercure de France* cette lettre désespérée — et probablement inutile :

« Mon cher Vallette — Pour des raisons péremptoires et... "sans réplique" — qu'il serait long et fastidieux de vous exposer ici (divergences de vues... graves, — histoire de femme, etc.) — suis radicalement et pour tout de bon fâché avec mon père — et je ne burine plus chez lui. Je suis DEHORS, *au sens plein du mot.* ! Or il faut que je subvienne à *nos* besoins (puisqu'il y a femme) et je ne sais où donner de la tête. J'avais fait à mon restaurateur un billet à l'échéance d'avant-hier — qu'il m'a mis en demeure de payer sous peine de *rien* — (Et je ne puis le payer.) Mon hôtelier a fait la même chose — Et me voici — Donc : ——>

Avez-vous pour moi une place de colleur de bandes, commis subalterne, employé infirme, enfin, je ne sais quoi, moi ? — Je suis un peu désespéré — Il urge de gagner du temps, pour enjamber cette sale passe — Et le temps presse !

Je vous serre la main

Léon-Paul Fargue.

(Je passerai prendre votre réponse dans l'après-midi)[154]. »

Les privations, les interminables attentes, la lassitude, tout finit par avoir raison de la patience de Ludivine. Elle se fit embaucher comme figurante à *La Cigale*, un music-hall du boulevard Rochechouart. Un spectateur, qui l'avait remarquée, la prit rapidement sous sa protection. Fargue se trouvait évincé. La rage au cœur, il allait, vers minuit, épier Ludivine et son amant à la sortie de *La Cigale* : « Le pauvre Fargue s'imposait ce supplice toutes les nuits et avec une exactitude qui lui coûtait fort[155]. » Il lui fallut bien se résigner. Dans les *Poèmes*, on trouve deux passages qui font — peut-être — allusion à cet abandon : « Elle est partie. J'ouvre sans bruit la porte sur l'escalier sans lumière. [...] J'entrai dans la chambre. Je vis tout de suite quelques vêtements que je connaissais tant et qu'elle avait laissés sur une chaise. J'allai les toucher et les sentir. Elle tremblait vraiment partout dans la chambre crépusculaire. » Et ceci, plus cruel encore : « Les mots, les mots spéciaux qu'elle avait faits pour moi, je l'écoutais les dire à l'Autre. [...] Quelquefois, j'attendais longtemps devant sa porte et dans un décor si connu qu'il m'écœurait[156]. » La nouvelle vie civile commençait tristement.

Fargue se consola comme il put en arpentant de nouveau son cher Paris et en reprenant contact avec ses anciens amis. Dans ses souvenirs sur Rilke, il soulignera cependant à quel point il avait l'impression de revivre après le régiment : « La gorge serrée de rentrer chez soi, de retrouver ses parents toujours jeunes, ses amis des premières pipes, de se remettre à sa chambre, de sentir, après si longtemps, l'odeur du bon café le matin, devant une fenêtre habillée, de voir se rouvrir ses livres et sa ville, d'espérer une vie libre et bonne et peut-être d'en faire un chef-d'œuvre, enfin de rassembler ses premiers jouets, si tôt quittés, cette vocation pour le bonheur que nous croyions qui serait comblée, de reprendre cette chasse au bonheur que nous ne savions pas interminable[157]. »

8

LE GROUPE DE CARNETIN

Amis, vous vous souviendrez toujours des dîners chez Philippe et chez Francis, de Carnetin...

Presque tous les jours, Fargue allait voir Francis Jourdain, qui avait loué un atelier rue de Navarin, à Montmartre. Dans l'atelier se trouvait un piano, que Fargue était seul à utiliser et sur lequel il accompagnait l'amie de Jourdain, Louise, qui chantait des romances. Cette Louise Noé était une Parisienne d'origine extrêmement humble et qui avait un réel talent pour la goualante, talent qu'elle avait hérité de son père, chanteur de beuglant. Fargue et Jourdain ne se lassaient pas de l'écouter. Ils adoraient ce genre de chansons des rues, en lesquelles ils voyaient « un moyen de connaissance... le moyen de [s']intégrer à la foule... l'hymne national de la foule[158] ». Louise révéla ainsi à Fargue un grand nombre de ces chansons des rues, qu'il adopta, comme cette *Titine, va y avoir du tapage*, citée plus haut et « dont la grossièreté, dira Jourdain, a un accent si farouche ».

C'est également vers cette époque que Fargue connut les chansons de Dranem, qu'il devait aimer et prôner à l'extrême, les chantant souvent à Larbaud et à Adrienne Monnier[159]. Dranem faisait alors la joie des spectateurs de *L'Eldorado*. Il y chantait, les yeux fermés, des chansons comme *Ah ! les petits pois*, *Pétronille, tu sens la menthe* ou *Le trou de mon quai*. Extrêmement célèbre, le chanteur aura des admirateurs de choix : Valery Larbaud, André Breton, Raymond Queneau et Boris

Vian, qui dira de son *Ah! les petits pois* : « À n'en pas douter, ceci est un texte où scintille le génie à l'état pur[160]. » Citons au moins un couplet de ce chef-d'œuvre :

« Dans un grand bal de ministère,
J'dansais avec une gross'douairière,
À chaq'fois que j'la faisais valser,
Je r'cevais ses nichons dans l'nez.
Je m'disais en soul'vant c'tonneau
Qui pesait plus d'deux cents kilos :
[Parlé] En voilà une qui m'a fait suer.

Ah! les p'tits pois, les p'tits pois, les p'tits pois,
C'est un légum'très tendre
Ah! les p'tits pois, les p'tits pois, les p'tits pois,
Ça n'se mang'pas avec les doigts. »

Plus tard, Fargue sera touché par Édith Piaf, dont il vantera la « voix en perpétuel et intime contact avec les phénomènes des entrailles et du cœur. Ne s'improvise pas qui veut, du jour au lendemain, remueur de tripes, poursuit-il. Il y faut un certain passé, un certain regard, une longue fréquentation de paysages et de détresses, et ce rien dans la voix qui nous indique que les nostalgies sont de la partie, et les hôpitaux des banlieues désossées, et l'odeur de la Légion étrangère, et les drames des trains, et les nerfs des gares, et les chagrins de l'homme. [...] Que de fois, tandis que j'écoutais, tandis que je la [Piaf] voyais se débattre au milieu d'un drame de soldats, d'une poésie d'hommes du milieu, que de fois n'ai-je pas senti l'appel strident qui filait de là comme un obus de canon, l'appel d'une poésie hautaine et plus dépouillée, mais accrochée au monde par les mêmes racines et nourrie par les mêmes sèves[161]. » Très touchée par ce bel article, la chanteuse écrira à Fargue pour le remercier : « ... la simple petite fille que je suis ne saurait trouver les mots qui conviennent pour traduire son émotion. Je me contente de vous dire Merci, mais je le fais du plus profond de mon cœur[162]... »

Une des originalités de Fargue, et qui le rapprocherait de Jarry, est précisément cette passion pour ce qu'on appelle la « paralittérature », si importante en son temps. Celui que nous avons vu, en son adolescence, se livrer aux pires tarabiscotages de l'écriture symbolarde, était aussi un enfant des rues, épris des goualantes et des scies de café-concert, qui faisaient partie de la poésie de son enfance. Fargue n'hésitait pas, à l'occasion, à interpréter tout un répertoire d'obscénités et de chansons de salle de garde. On l'imagine sans peine chantant à pleine voix :

« Le troutrou de la grandmama
Fait lever la bite [bis]
Au grandpapa. »

Ou bien ce *Dékiouskoutage*, qui, après avoir égayé Apollinaire, inspirera la « Sonnerie Saint-Victor » composée par Adrienne Monnier pour Fargue :

« Je me suis fait dékiouskouter
Le rondibé du radada,
Le bout du frogn' du rognognone.
Du dig et bag m'en tire la bête
Et la rue Rochechouart.

Dag ! dag ! voilà Colibar,
La glougloute du placard,
Le rad, le zab, le figne du chien-chien,
Sur le mont vénérien[163]... »

Souvent, Fargue allait, le dimanche, se promener en banlieue en compagnie de Louise et de Francis Jourdain. Un sonnet, non repris en volume, nous a conservé le souvenir d'une promenade à Saint-Ouen :

« *Louise, Francis et moi, tous les trois, ce dimanche...*

Louise fait des bouquets d'herbe et de toutes sortes
De choses. Nous marchons, tristes, contre la Seine.
Il fait une chaleur énorme. Je lui porte
Sa pèlerine et tout ce dont elle a assez.

L'usine dort son sommeil rouge. Une cohorte
De cyclistes sans bruit penche maint strict éclair.
Toute foule éclatante tremble et ronfle aux portes
Des fortifs. Mainte idylle ronronne. On boit vert.

Aux glauques carrefours strident les frites blondes.
Les trains noirs hors les gares lâchent des colombes...
Voyons, Louise, marchons ? Nous n'y serons jamais,

Lui dit Francis. Ensuite on prit l'absinthe à l'ombre,
Une lampe parut, celle — quand le soir tombe —
Et on pensa tous deux à celles qu'on aimait... »

En réalité, ce sonnet remonte à une époque légèrement antérieure ; il parut, avec deux autres poèmes de Fargue, dans *La Plume* du 18 avril 1900, c'est-à-dire alors que le poète achevait son service militaire. Comme deux autres poèmes publiés un peu plus tard dans la même revue (15 août et 1er novembre 1900), il était annoncé comme « fragments [de] *Tancrède,* volume à paraître ». Fargue n'avait donc pas abandonné l'idée de donner une nouvelle édition, à la fois purgée et augmentée de poèmes plus récents, de son texte de 1895.

Après sa sortie de la caserne, Fargue s'était fait de nouveaux amis, au premier rang desquels l'écrivain Charles-Louis Philippe (1874-1906), un des êtres qu'il aimera certainement le plus. Fils d'un sabotier de Cérilly (Allier), Philippe était alors un modeste employé de la Ville de Paris. Après avoir publié quelques plaquettes, il venait de donner son chef-d'œuvre, *Bubu-de-Montparnasse* (1901). Ce roman, qui conte l'histoire d'une prostituée du boulevard de Sébastopol et de son « protecteur », aura un grand succès et sera admiré aussi bien par Barrès que par Larbaud, Apollinaire et Gide, pour ses qualités d'émotion et d'humanité. Dès qu'il lut le livre, Fargue fut conquis. « C'est précisément, expliquera-t-il à Lilita Abreu, ce que je cherchais à faire à cette époque, où nous étions tous préoccupés du tragique intime, du tragique pauvre, des objets usuels, du charme des saisons de Paris, de l'éclairage mystérieux des rues, des fêtes foraines, des banlieues, des idyllles de barrière, etc. [...]. J'avais déjà noté quelques sensations analogues dans une petite nouvelle intitulée *Marie Pamelart ou la Rue Lepic*[164]. » En 1913, Fargue donnera une longue préface émue à *Charles Blanchard,* roman posthume où Philippe contait la vie de son père et qu'il définira comme « le livre du Pauvre ».

Outre Philippe et Jourdain, la petite bande de Fargue comptait Michel Yell et Charles Chanvin. D'abord étudiant en droit, puis employé aux chemins de fer de l'Est, Michel Yell (de son vrai nom Iehl), qui finira magistrat, ébauchait alors son roman *Cauët* (1912). Cette terrible histoire d'un pauvre hère broyé par le service militaire ne pouvait que toucher l'ex-soldat Fargue. Charles Chanvin, lui, autrefois lié avec Vallette et Jarry, poursuivra une carrière d'avocat et restera un des plus fidèles amis de Fargue. Bourguignon, Chanvin (1877-1953), « grand, beau, cordial, désinvolte et sensible », sera avocat au barreau de Paris et collaborera à *L'Humanité* de Jaurès. « Il ne se lia de façon durable qu'avec des écrivains ou des peintres, et pendant un demi-siècle, il s'est désintéressé des affaires publiques pour conseiller les artistes. » Cet homme discret préférait en effet la compagnie de ses amis Marguerite Audoux, André Gide, Charles-Louis Philippe, Signac, Marquet et Fargue. Comme le soulignait un de ses confrères du barreau en prononçant son éloge funèbre, Chanvin « a préféré la conversation des gens d'esprit à celle des gens en place. Il ne se prenait pas au sérieux — poursuit-il — quand il avait fini de plaider. Il ne vaticinait pas dans les couloirs. Il souriait volontiers. Il n'était candidat à rien. Il avait beaucoup de relations, et n'était même pas décoré[165]... » Fargue appréciait cet homme fin, qu'il allait souvent visiter dans son appartement du 30, quai de Béthune, garni de livres et de tableaux : des fenêtres, on voyait le panorama des quais. Chanvin était également, avec la même discrétion, poète. Peu avant de s'inscrire au barreau, il publia dans *L'Ermitage* des vers musicaux et sensibles :

« ... Le matin qui glissait sur toi, ô languissante,
Et ton beau sein tremblant dans l'onde de la lampe.
Ainsi le temps coulait, monotone et charmant.
On entendait au loin des chants d'accordéon.

Nos têtes se touchaient ; debout vers les fenêtres,
Nous étions embrassés et regardions l'orage
En averses d'azur, crouler sur les villages[166]... »

Philippe demeurant lui aussi dans l'île Saint-Louis, toute la bande prit l'habitude de se réunir à la crémerie Brunat, 88, rue Saint-Louis-en-l'Île, « où nous dînions pour trente sous, Charles Chanvin, Francis Jourdain, Charles-Louis Philippe et moi, parmi des ouvriers du bâtiment et des inspecteurs de police ». Un jour, Yell amena une amie, qu'il avait connue par son travail : Marguerite Audoux. Originaire du Berry, et âgée de trente-huit ans, elle ne savait pas encore qu'elle serait écrivain et auteur de *Marie-Claire*, roman qui enthousiasmera Fargue, Mirbeau, Alain-Fournier et bien d'autres. Enfant de l'Assistance publique, elle avait gardé les moutons en Sologne, puis était montée à Paris, où elle avait travaillé dans un atelier de couture tout en connaissant le froid, les privations et la solitude. Femme à la fois simple et enjouée, très fine, elle fut instantanément adoptée par le groupe. Et Fargue écrira que l'ancienne bergère fut « extrêmement surprise de rencontrer, au lieu des écrivains très intimidants que son imagination lui avait fait concevoir, de bons garçons tout simples, joyeux de vivre une vie souvent difficile, et qui ne furent pas longs à découvrir que c'était pour d'autres raisons que celle de l'âge qu'ils lui devaient quelque chose comme du respect ». Fargue sera pour Marguerite Audoux un ami très proche et très affectionné, tout comme Yell et Philippe. Tous trois avaient reconnu dans l'humble couturière un être proche d'eux par la sensibilité et une certaine expérience de la vie. Ils allaient souvent la visiter dans son petit logement de la rue Victor-Considérant, près de Denfert-Rochereau, et le dimanche allaient avec elle se promener dans la vallée de Chevreuse.

Yell, à qui son travail à la compagnie de l'Est permettait de voyager gratuitement en train, explorait les environs de Paris et fit ainsi la découverte d'un petit village au bord de la Marne, Carnetin. Une demeure y était justement à louer, « un petit castel de cinéma dont les tourelles étaient à l'envers et la cave au grenier, mais qui n'était pas à vingt mètres d'une belle tranchée de la Marne ». Toute la bande se cotisa et loua le château. Chaque dimanche, ils s'y rendaient en train, jusqu'à Lagny, faisant le reste du chemin à pied. Yell venait avec Marguerite prendre Fargue chez ses parents, rue du Faubourg-Saint-Martin : « Marguerite monte embrasser la maman du poète, qu'elle appelle tendrement sa Farguette[167]. » À Carnetin, tous goûtaient le bonheur de se retrouver ensemble en pleine nature, loin de Paris ; on connaît des photos montrant Yell, Fargue et Philippe dans les bois de l'endroit. « Nous discutions ferme, se souviendra Fargue, d'art et lettres, bien entendu, mais aussi de la dureté du monde. Mais Marguerite nous écoutait avec une sorte d'avidité. Nous admirions les jolis traits d'observation que, tout à coup, elle nous faisait entendre. » Songeant à ces séjours, Fargue pourra écrire que ces années-là furent « peut-être les meilleures de [s]on existence, et certainement de [s]a jeunesse ».

Francis Jourdain et sa famille connaissaient bien Paul Gallimard, père du futur éditeur de la N.R.F. et qui possédait à Bénerville, tout près de Deauville, un manoir, la *Villa Lucie.* C'est là que, durant tout l'été 1901, Fargue séjournera avec les Jourdain, à qui Gallimard avait prêté la villa. Ce fut pour lui une période heureuse, dont nous connaissons le détail par ses lettres aux siens. « Le soir, un peu tard, la mer est phosphorescente ; (c'est la saison). Elle jette sur la grève des myriades de lucioles qu'on peut prendre avec la main par chapelets. C'est merveilleux. » (12 août 1901). Fargue se promène et reçoit la visite de son ancien ami Maurice Thomas, accompagné du peintre Vallotton. Le 22 août, très belle lettre sur ses occupations : « L'après-midi, travail — Francis dessine et moi j'écris — le Livre de la Vie, de la joie, de la douleur, du rêve, etc., etc. ! — On va souvent à Deauville. [...] Enfin ça va pas trop mal. Il est étrange et douloureux que tous les bons moments que je passe et tout le mieux qui m'arrive, je les doive aux autres, que ces autres soient vous ou d'autres : je ne suis même pas fichu de me faire plaisir à moi-même tout seul ! Mais je crois que ça viendra, et que ce jour-là, je serai peut-être l'homme normal qui peut être heureux comme tout le monde et qui vous donnera peut-être autant de bon temps qu'il vous a fait de chagrin — je crois que ce jour n'est plus éloigné. Il serait temps, direz-vous ? En effet ! »

Aiguillonné par Jourdain, Fargue travaille cependant. Il écrit *La Rue Lepic*, cette longue nouvelle dont nous avons parlé plus haut et qu'il ne publiera jamais. « Ce n'est pas un livre où il est question de la mer que je fais, explique-t-il à sa mère le 5 septembre, c'est un livre sur Paris, qui se passe à Paris, et dont le drame se déroule dans des milieux différents. » Plus étonnante est cette longue lettre à la même, qui contient, après des directives domestiques très précises, une diatribe contre le tsar :

« Ma mère chérie. Jourdain va, pour un ou deux jours, à Paris, pour affaires. — Il pourra sans doute passer à la maison. (Si des fois tu avais quelque chose à me remettre, donne-le-lui.) — Moi, je compte partir vers le 20. — Je t'enverrai demain des effets à préparer : une jaquette et un pantalon à nettoyer et à repasser complètement; (ça c'est l'affaire du tailleur et du teinturier. Ce n'est pas toi qui peux faire ça.). Et aussi une paire de bottines pour y faire mettre des talons, mais soignés, légers, et pas de ces talons énormes à peine dégrossis. Il faut aussi redresser leurs bouts, qui sont cassés. C'est facile, je pense. Excuse-moi, je t'en prie, de tous ces détails si ennuyeux. Mais sois donc assez bonne pour donner tout ça tout de suite, pour que je le trouve prêt en rentrant.

Il a plu ces jours-ci et il fait moins chaud. —

Nous sommes allés au Havre, comme Francis pourra vous le raconter, et nous sommes rentrés Mercredi.

Quoi de neuf là-bas ? Crois-tu que le public et les journaux sont assez dégoûtants avec le tzar ? Sont-ils plats et lèche-bottes, pour ne pas dire autre chose, devant cet avorton colossal et sa visite intéressée ! Et ces préparatifs ridicules, et ces "lettres de reconnaissance" des fonctionnaires et des municipalités — grotesques ! On a peine à croire qu'il y ait autant de gens qui ont l'âme d'un larbin ! Quelle servilité et quel amour d'un Maître ! Dans tout ça, naturellement, le soldat va trimer pour sa bonne part, aux manœuvres ou ailleurs, et on a déjà reculé le jour de la libération de la classe à une date indéterminée ! Charmant ! Enfin, parlons d'autre chose...

À bientôt donc.

Et mille baisers à tous deux du meilleur de mon cœur —

Léon P. F. —

(P-S. Le coup de fer aux effets, tu pourrais le faire donner, par exemple, aux *15-20, Rue de Strasbourg*)[168]. »

Rappelons qu'en septembre 1901, on était aux beaux temps de l'Alliance russe. Nicolas II et l'impératrice avaient fait un voyage officiel en France, voyage qui avait notamment suscité un virulent article de Laurent Tailhade, « Le Triomphe de la domesticité » (*Le Libertaire*, 15 septembre 1901), véritable appel au meurtre contre le tsar. Traduit en justice, Tailhade écopa d'un an de prison et de 1 000 francs d'amende, et fut écroué à la Santé. La lettre de Fargue, écrite trois jours seulement avant le célèbre article du *Libertaire*, participe du sentiment d'indignation qui saisissait alors des écrivains comme Tailhade et Mirbeau. Cette lettre est d'autant plus remarquable que Fargue ne donnera guère, par la suite, des exemples d'une telle véhémence politique. Mais peut-être était-il justement, à cette époque, gagné par les idées anarchistes de certains de ses amis comme Jourdain et Philippe. Il aurait même écrit pour le journal *Le Libertaire* un article, qu'il retira à la dernière minute, alors que le texte en avait déjà été composé par l'imprimeur[169].

9

LES « APACHES D'AUTEUIL »

Nous avions besoin de cette atmosphère
pour vivre heureux et pauvres.

À Paris, Fargue retrouve son ami Levet. Celui-ci, qui se fait toujours remarquer par ses accoutrements, avait un peu délaissé Montmartre pour les bars du quartier de l'Opéra. Et le voici, grâce aux relations de son père, sur le point d'entrer dans la Carrière. En 1902, il sera nommé vice-consul à Manille. Auparavant, il publiera en revue ce qui est peut-être le plus original de sa production : les « Sonnets torrides » (1900), le poème « Afrique Occidentale », dédié à Fargue (1901), et enfin les cinq « Cartes postales » (1902). Sa manière s'était élargie et assouplie. Ses vers, plus désinvoltes, plus ironiques, sont pleins d'un air léger, « l'air que l'on respire lorsqu'on sèche le bahut », dira Pascal Pia. Il faut citer le début du fameux « Outwards », dédié à Jammes :

« L'ARMAND-BÉHIC (des Messageries Maritimes)
File quatorze nœuds sur l'Océan Indien...
Le soleil se couche en des confitures de crimes,
Dans cette mer plate comme avec la main.

— Miss Roseway, qui se rend à Adélaïde,
Vers le *Sweet Home* au fiancé australien,
Miss Roseway, hélas, n'a cure de mon spleen ;
Sa lorgnette sur les Laquedives, au loin[170]... »

Mais c'est plus nostalgiquement que, dans *D'après Paris*, Fargue évoquera certaines promenades parisiennes en compagnie de Levet et de Jourdain. « Nous longions tristement des régiments de grilles. Les roseaux étaient de feu blanc. Levet, sous sa casquette de marin d'eau douce, Francis rehaussé d'un col chevalière, et moi coiffé d'un chapeau peintre, nous désirions beaucoup, nous ne demandions rien. »

Ces premières années du siècle sont aussi celles où Fargue va se mettre à fréquenter assidûment certains cercles musicaux de la capitale. Il y fera la rencontre de Paul Sordes, Maurice Delage et Ricardo Viñès. En 1902 a lieu la première de *Pelléas et Mélisande* de Debussy, et Fargue nous dira qu'avec Ravel, Delage et Sordes, il ne manqua « pas une des trente premières représentations du chef-d'œuvre ». Trente représentations, c'est peut-être beaucoup ; néanmoins, le *Journal* de Viñès atteste qu'en novembre 1903, Fargue assista, avec celui-ci, Ravel et Sordes, à la reprise de *Pelléas* à l'Opéra-Comique[171]. Ce qui est certain, c'est que la musique fait désormais partie intégrante de sa vie. Avant Debussy et Ravel, Fargue avait commencé par apprécier Chabrier, « dont, disait-il, ma jeunesse fut remplie ». Et le titre *Pour la Musique* de son second recueil de poèmes semble bien répondre à l'ode *À la Musique* du compositeur, dont l'audition en 1894, peu de temps après la mort de celui-ci, l'avait « remué ». Dans *Méandres*, il évoquera « ce morceau aux rouages suaves et doux, tout en audaces imperceptibles, en brusques envolées, en jeux de trapèze, dont les plus difficiles ont toujours goûté le charme et l'empressement à se plaire qui est au fond de cet art pimpant, solide et léger, où il y a de la ritournelle[172]... »

Imprégnation profonde et qui marquera sa poésie. N'intitula-t-il pas longtemps *Nocturnes* ses *Poèmes* de 1912, dont il enverra à Debussy un exemplaire sur grand papier[173] ? Et ce n'est pas non plus un hasard s'il choisira d'intituler *Pour la Musique* son second recueil : clin d'œil à ses amis musiciens, mais aussi invite à mettre ces vers en musique. Dès *Poèmes*, il avait hautement reconnu sa dette : « Certaines grandeurs et valeurs. Je ne saurais te les exprimer que par la musique, ou par des noms propres remplis de tendresse. La musique dira

Nocturnes aromatiques.

à Ricardo Viñes

I

La statue de bronze.

La grenouille du jeu de Tonneau
S'ennuie le soir sous la Tonnelle…
Elle en a assez d'être la statue
Qui va prononcer un grand mot, le Mot…

Elle aimerait mieux être avec les autres
qui font des bulles de musique
avec le savon de la lune
au bord du lavoir mordoré
qu'on voit là-bas luire entre les branches…

On lui lance à cœur de journée
une pâture de pistoles
qui la traversent sans lui profiter
Et s'en vont sonner
Dans les cabinets
De son piédestal numéroté.

Et le soir, les insectes couchent
Dans sa bouche…

ces mots de lumière pour lesquels sont faits tous les autres, qui les coiffent de leurs feuilles sombres. Elle passe d'une valeur à une autre, sur un fond de mer aux tons sourds qu'on sent là, derrière toutes choses. Les pensées se disputent des fantômes qu'elle masque, et dont notre âme est la citadelle. Elle protège des secrets qu'entoure sa course. [...] Un piano s'allume. Une femme chante. Des harmonies qu'on cherche et qu'on tâte ornementent des voix étranges. Elles semblent venir d'un autre astre. Et nos pensées tremblent au bord d'un abîme. »

Trois hommes furent, pourrait-on dire, les intercesseurs de Fargue dans le monde de la musique : Paul Sordes, Maurice Delage et Michel Calvocoressi — auxquels on joindra le grand pianiste catalan Ricardo Viñès. C'est chez Paul Sordes, « peintre discret et raffiné, épris de musique, peu friand des consignes et des inflations de la mode », que Fargue rencontra, en 1903, Maurice Ravel et Ricardo Viñès, qui deviendront rapidement ses amis. Intimement lié avec des musiciens comme Falla, Duparc et Satie, Ricardo Viñès (1875-1943) était surtout très proche de Ravel, dont il jouait au concert les œuvres pour piano, parfois en première audition. Divers passages de son *Journal* consignent le souvenir de soirées passées chez Sordes, 58, rue Dulong, avec Fargue : « Je suis allé chez Sordes [...] où se trouvaient également Ravel, Fargue » (12 août 1903) ; « Je suis sorti avec Ravel, Sordes, Fargue, qui m'a dit qu'il était en train de finir un "Nocturne" (poème) qui m'est dédié » (12 novembre 1903). Fargue lisait en effet aux commensaux de Sordes ses *Nocturnes*, que Viñès appréciait fort : « Fargue nous a lu ses *Nocturnes* qui sont divins : un autre poète de valeur » (5 décembre 1903) [174].

Il y avait aussi le musicien Maurice Delage (1876-1961), compositeur exigeant, que Fargue, en décembre 1903, invitera à se joindre au groupe de Sordes[175]. Delage habitait à Auteuil un petit cottage, rue de Civry, où se réunissait autour de lui tout un groupe d'amis, qui fut bientôt surnommé les « Apaches d'Auteuil ». C'est là que Fargue rencontrera pour la première fois Léon Pivet, qui deviendra un de ses intimes. Citons encore le *Journal* de Viñès : « Le soir, chez Delage avec la bande habituelle. J'ai joué à quatre mains avec Ravel. Je suis rentré à pied avec Fargue et Ravel » (9 avril 1904). Dans ces réunions où l'on discutait beaucoup, Fargue s'initiait aux débuts de tout un groupe de compositeurs férus de musique russe et qui, suivant l'exemple de Debussy, voulaient s'affranchir de l'influence de Wagner. Musique plus intime, plus nuancée, dont la pureté cristalline n'est pas sans évoquer justement les poèmes de Fargue, et qui avait été révélée au public par la première audition, fin 1900, des *Nocturnes* de Debussy. Tous ces musiciens : Vuillermoz, Ingelbrecht, Florent Schmitt, Ravel, Caplet, Delage, Viñès, cherchaient des voies nouvelles, où la modernité s'allierait avec une certaine tradition française. Tout cela donnait matière à de longues conversations chez Michel Calvocoressi, musicologue, auteur d'études sur Liszt et Moussorgski, et qui réunissait ses amis pour des soirées musicales où Fargue apparaissait souvent. Le poète fréquentait aussi un autre petit cercle, celui du sculpteur Cipa Godebski, rue d'Athènes, où il retrouvait Viñès. Autant de réunions où poésie, peinture et musique se mêlaient étroitement. Un soir, Fargue s'en va dîner à la Porte Maillot en compagnie de Viñès, du peintre Odilon Redon et du musicien Déodat de Séverac. « Fargue est venu, note Viñès, et nous a récité des poèmes de lui, divins, qui ont plu aussitôt à Redon, qui ne les connaissaient [*sic*] pas. [...] Redon, Fargue et moi avons parlé de Paul Claudel[176]. »

Tant de rencontres cimentèrent aussi l'amitié de Fargue avec Ravel, amitié qui se poursuivra jusqu'à la mort du musicien. Entre les deux hommes, il y avait une sorte d'osmose, tant ils s'admiraient mutuellement. Valentine Hugo, qui fut leur amie, l'avait bien senti : « Leur entente était parfaite, ils se complétaient, ils s'adaptaient l'un à l'autre et cela depuis des années nombreuses. [...] Pour Maurice Ravel, ces contacts poétiques duraient depuis plus de dix ans [en 1914]. Il me semble impossible que ces cascades d'humour parfois délirant, de poésie fluide et rocailleuse, de magie bleue pointée d'or et de sang n'aient point profondément marqué ce muscicien, si fertile terrain rêvé pour l'éclosion de telles orchidées[177]. » En 1927, Ravel mettra en musique un poème de Fargue, « Rêves », dont les deux derniers vers : « ... des choses brèves/qui meurent sages », paraissent résumer l'idéal esthétique du compositeur[178]. On peut regretter que n'ait point abouti un projet de collaboration avec le poète, pour un ballet qui se serait appelé *Les Violons de Paris,* Fargue ne se décidant jamais à en écrire le livret, Ravel n'en composera pas la musique... Toutefois, comme le remarque Jacques Moussarie, c'est à Fargue et aux amis de celui-ci que Ravel dédiera les cinq morceaux de ses *Miroirs* (1906). Le poète se verra ainsi dédier *Noctuelles,* « le plus déroutant, sans doute, des morceaux du recueil [...], page toute en fusées discontinues dans l'aigu, [qui] préfigure surtout nombre de recherches ultérieures, de Ravel lui-même et plus encore celles des années 1960 sur les paquets d'accords et leurs ramifications harmoniques[179]... ».

De Ravel, Fargue sera le premier à signaler l'idéal de perfection, sa recherche presque artisanale du fini lisse : « Comme Hokusaï était fou de dessin, Ravel était fou de perfection. Il n'a laissé sortir en public que des choses achevées, parfaites, comme de beaux objets, joyaux, ivoires chinois, laques [...]. Ravel, du premier coup, d'une phrase de fleuret se plaçait comme un indépendant de première volée, un grand seigneur de la conception personnelle, isolée et secrète. » Et il poursuit, évoquant un Ravel familier : « Mais on n'a pas assez dit que l'homme, froid en apparence et qui paraissait sec et compassé à ceux qui le connaissaient imparfaitement, était profondément sensible et bon et qu'il était l'ami le plus sûr qui fût. [...] Je le vois encore, semblable à un sorcier débonnaire, enfoui dans son coin du *Grand Écart* ou du *Bœuf sur le toit* et me contant d'inépuisables historiettes qui avaient la richesse, l'élégance et la clarté de ses compositions. Il réussissait l'anecdote comme il réussissait une portée, une valse, un adagio[180]. » Mais leur amitié fut aussi profitable pour Ravel, comme le soulignera Émile Vuillermoz : « Fargue fut pour lui un incomparable professeur de goût. L'éducation littéraire du musicien n'était pas extrêmement poussée. [...] Mais la fréquentation de Léon-Paul Fargue, dont la magnifique sincérité ne s'embarrassa jamais d'aucun préjugé et d'aucune discipline, lui fut extrêmement salutaire[181]. »

Autre rencontre importante, qui doit se situer autour de 1905, bien que nous ne puissions la dater exactement, celle de

Première et dernière pages de « Rêves », mélodie inédite de Maurice Ravel sur un poème de Léon-Paul Fargue.

Pierre Haour (1880-1920), qui sera à la fois l'intime et le mécène de Fargue. Haour, qui disparaîtra prématurément à l'âge de 40 ans, appartenait à une famille de l'Est, originaire de Bohême. Son père Johannes Haour, d'abord marchand de bois, s'était converti en fabricant de charpentes métalliques et avait fait fortune dans cette industrie, obtenant notamment des commandes pour l'Exposition universelle de 1900. Mais Pierre Haour ne voulait à aucun prix succéder à son père dans l'entreprise ; seule, la littérature l'intéressait. « Je suis un fanatique de la littérature, proclamait-il déjà à 17 ans. Je connais sur le bout du pouce tous mes auteurs... contemporains[182]. » Bon gré mal gré, il dut cependant reprendre l'usine paternelle, tout en s'intéressant de plus en plus à la littérature, sa vraie raison de vivre. Nous verrons qu'en 1907 il assurera la souscription et les frais d'édition du fameux *Premier Cahier* de *Poèmes* de Fargue, ouvrage qui ne vit le jour que grâce à son amicale obstination. Nous le retrouverons également en 1918, lorsqu'il fondera avec Adrienne Monnier la Société de la Maison des Amis des Livres. Sa disparition soudaine, en 1920, sera ressentie par le poète comme un coup très dur.

Fargue fréquentait aussi, autant que le lui permettaient ses maigres ressources, certains lieux de plaisir et certains bars de la capitale :

« Sur les fausses portées d'un bar, auprès des kummels et des Old Judge, des coupes de couleur contiennent Puck, Ariel et tout le Songe.

[...] Une femme en costume tailleur, aux traits parfaitement décidés et froids, sans un bijou. Deux marchands lourds, à l'encolure de buffles, les doigts pleins de bagues, un énorme fer à cheval aux caillots de la cravate, excitent mal son sourire par des grimaces grasses, vivantes comme une foule.

Une aigre musique énerve et tisonne[183]. »

Ces endroits, Georges Bottini les a évoqués dans ses petites aquarelles aux tons sourds, si captivantes, et Jean de Tinan les avait déjà célébrés dans ses chroniques du *Mercure de France.* Peut-être est-ce de ce dernier que Fargue, à un mardi de Rachilde, fin 1902, parla avec Régnier et Léautaud[184]. Si Fargue avait éprouvé le besoin de fréquenter à nouveau *Le Mercure*, c'est sans doute parce qu'il s'était remis à écrire. Poursuivait-il la rédaction de *La Rue Lepic*? Il semblerait que ce fût plutôt ses *Nocturnes* (futurs *Poèmes*) qu'il était alors en train de composer. À la fin de l'édition de 1912, ne fera-t-il pas figurer, comme date de rédaction, celle de 1902? Il est vrai que cette date aura pu être mise là pour montrer, en 1912, qu'il s'agissait d'anciens textes, composés bien avant les innovations qui commençaient à se faire jour en poésie. Un an plus tard, en 1913, ne verra-t-on point paraître à la fois *Alcools*, *Stèles* et la *Prose du Transsibérien*?

Nous n'avons pourtant, reconnaissons-le, aucune raison valable de suspecter cette date de 1902, qui est d'ailleurs corroborée par un passage du *Journal* de Ricardo Viñès[185]. Vers 1905, Marcel Schwob tancera Fargue de ne rien publier, en lui écrivant : « Je vous le répète, il y a longtemps que vos poèmes sont au point[186]. » Fargue avait donc, en 1902, écrit sinon la totalité des *Poèmes*, du moins une bonne partie du livre, ce qui représente le plus gros effort littéraire encore jamais tenté par lui. Car les textes de *L'Art littéraire*, « Les Pays » et même *Tancrède*, tout cela n'avait été que des bribes, des hors-d'œuvre, en comparaison avec la masse des *Poèmes*, qui attestent une réelle et imposante unité.

1902-1904 : années sur lesquelles nous ne savons pratiquement rien, sauf les rencontres musicales dont nous venons de parler. Seul indice : une carte postale de Fargue à sa mère (Beauvais, 1er septembre 1904), portant cette recommandation mystérieuse : « Ne pas donner mon adresse. » Puis, en janvier 1905, Fargue va lire ses poèmes à Schwob, qui lui fait de vifs compliments, mais ne tardera pas, on vient de le voir, à le gourmander de tant hésiter à les publier : « Je veux maintenant, lui mande-t-il, qu'ils soient publiés. » Ils ne le seront cependant que deux ans plus tard, mais partiellement, sous la forme du *Premier Cahier*. En juillet 1905, Fargue fait, avec son ami Yell, un voyage en Alsace et en Allemagne. « Il faut absolument que tu voies ces pays-là », écrit-il à son père d'Ulrichsbourg (16 juillet 1905). Songea-t-il alors aux mornes semaines passées en 1893 à Cobourg ? Sans doute préféra-t-il rêver dans la Forêt-Noire, et la vision d'un château en Alsace lui inspirera un texte recueilli dans *Poèmes* :

« Les festins qui sonnaient aux terrasses du soir attendent ce que les gestes fatals vont écrire. Il se fait au ciel de grands signes d'écume...

Un château s'étage. Une forme inquiète ouvre une porte au bord de la nuit qui s'égoutte. Elle regarde en face un regret de lumière isolée et douce. Elle vient se taire et voir au large... »

À Paris, Fargue menait, surtout la nuit, une existence parfois agitée, qui lui faisait oublier aussi bien ses intérêts que ses rendez-vous. Témoin cette lettre à Eugène Montfort, qui était un ami de Charles-Louis Philippe et rédigeait alors à lui tout seul une excellente petite gazette littéraire, *Les Marges* :

« Cher ami, pardon — Je me suis réveillé à 3 h après-midi — Je m'étais couché à 8 h du matin — Je vous ai raté, naturellement, à *La Place Blanche* — de là je suis allé à *La Galette* où on m'a répondu que Vidam (le patron) n'était pas visible de la journée. Bien. Nous n'avons rien perdu. Si, votre temps. Nous irons, si vous voulez, demain. Rendez-vous au même endroit, à la même heure — Si vous ne me répondez pas, c'est entendu. — (Je vous attends en bas — je vais chez Benedictus — Venez-y ?). Je vous raconterai mes aventures, et vous les vôtres. —

Léon-Paul Fargue.
156 fg St Martin[187]. »

Un certain disparate présidait à cette époque aux fréquentations de Fargue, car nous le voyons fréquenter non pas simultanément, mais parallèlement, deux autres hommes bien différents : le sculpteur Manolo et le poète Rainer Maria Rilke. Catalan pittoresque, le sculpteur Manolo (de son vrai nom Manuel Martínez Hugue) était alors l'ami de Picasso. Il devint aussi celui de Fargue, au grand étonnement d'André Salmon, qui reconnaît cependant que le poète et le sculpteur étaient tous deux « de résolus noctambules ». Le même

Salmon raconte que Fargue, pourtant assez démuni, n'hésitait pas à faire cadeau de ses vieux vêtements à l'indigent Manolo, lequel allait les vendre à des chiffonniers[188] ! À peu près du même âge que Fargue, le sculpteur en était alors à ses débuts et connaissait des moments extrêmement difficiles. On ignore comment lui et Fargue purent se rencontrer ; probablement dans quelque café.

Bien différent était le cadre où Fargue, vers 1907, fit la connaissance de Rainer Maria Rilke. C'était à l'hôtel Biron, qui servait d'atelier à Rodin, « ce baobab de la sculpture contemporaine », dira Fargue. En fait, celui-ci venait pour y admirer les créations du sculpteur animalier Pompon, qui servait alors de praticien à Rodin. C'est ainsi qu'il eut l'occasion d'apercevoir le frêle Rilke, qui était depuis quelque temps le secrétaire particulier de Rodin. À en juger par l'article que Fargue écrira en 1934 en hommage à Rilke, leurs rapports ne furent point intimes ni même vraiment amicaux, mais courtois et intermittents. Fargue se souviendra d'un jour où, sortant de chez Rodin avec Rilke, ils allèrent tous deux s'asseoir dans un café de la place de l'Alma : « Rilke, à cette époque, était maigre et pâle, avec de jolis yeux qui changeaient de couleur. [...] Le menton fuyait, la moustache tombante, parfois retenue par les dents. [...] Les mains étaient lentes et bonnes, et timides. Qu'il y avait donc de timidité dans ces mains et dans ces épaules. [...] Le propos de Rilke était d'un apôtre noué, d'un prophète doux et sans portefeuille, d'un jardinier qui cultiverait la sensitive en forcerie, d'une belle âme au timbre sourd[189]. » Sur l'œuvre même de Rilke, Fargue se montrera plus réservé, écrivant à Marie Monnier que cette poésie ne l'« affole pas[190] ». Dans son article, il précisera : « Rilke fatiguait la sensible, il raffinait sur l'élevage sentimental. Je crois qu'il en attendait trop. »

Dans les milieux symbolistes parisiens, que Rilke ne fréquentait guère, on n'avait pas oublié Fargue ; mais on ne se souvenait que de l'auteur de *Tancrède*, c'est-à-dire d'un poète qui n'avait pratiquement rien publié depuis 1895. Un soir de novembre 1906, Paul Léautaud voit entrer, dans son bureau du *Mercure de France*, Fargue, qu'il n'avait pas revu depuis plusieurs années. Ils se mettent à bavarder. « Une jolie sensibilité, ce Fargue ! » s'exclamera, le soir, dans son *Journal*, Léautaud, tout en remarquant à quel point le Fargue de 1906 est différent de celui de 1895 : « Maintenant, il a un air trop homme. Où est le temps où il écrivait *Tancrède* dans *Pan*? me disait-il. Loin, et triste ce lointain, et une angoisse à y songer, me disait-il aussi. C'est toute une séparation entre deux individus écrivant, quand l'un s'est arrêté et que l'autre a continué[191]. » Mais Fargue, on l'a vu, venait au contraire d'écrire l'essentiel de ses *Poèmes*; son amertume venait du fait qu'il se rendait compte, à voir d'autres écrivains, que, lui, il était resté plus de dix ans sans écrire ni publier...

Cette période sera d'ailleurs tragique pour Fargue, qui perdra successivement Levet, Philippe et son père. C'est Levet qui partira le premier, en 1906. L'auteur des « Cartes postales » avait, les années précédentes, vécu hors de France. D'abord vice-consul à Manille de 1902 à 1905, il venait, début 1906, d'être nommé à Las Palmas (îles Canaries). Mais sa santé était chancelante; la tuberculose le minait. Lorsqu'il revint à Paris, à l'automne 1906, il était déjà très atteint. Fargue et Jourdain allaient souvent le voir à l'*Hôtel du Printemps*, où il était descendu. Sur le conseil de son médecin, Levet partira en novembre pour le Midi et s'installa à Menton, où il mourra le mois suivant. Dans sa « Carte postale » sur Nice, n'avait-il pas eu le pressentiment de sa fin :

« ... Novembre, tribunal suprême des phtisiques,
M'exile sur les bords de la Méditerranée...

J'aurai un fauteuil roulant "plein d'odeurs légères"
Que poussera lentement un valet bien stylé,
Un soleil doux vernira mes heures dernières,
Cet hiver, sur la Promenade des Anglais... »

Fargue apprit par Jourdain la mort de Levet et en fut très affligé. Quelques années plus tard, avec son nouvel ami Larbaud, qui adorait les poèmes de Levet, il se mettra en devoir de rassembler les œuvres de ce dernier. La visite qu'ils feront tous deux, en 1911, à Montbrison, aux parents de Levet, se soldera par un échec. Ce n'est qu'en 1921 que paraîtront les *Poèmes* de Levet, précédées d'une conversation entre Fargue et Larbaud.

Une bribe de la vie sentimentale de Fargue à cette époque nous est par ailleurs révélée par ce passage d'une lettre de Ravel à Maurice Delage : « Aventure galante de notre sympathique bourreau des cœurs L.P.F., avec une jeune dame hanovrienne. On est au courant par les indiscrétions des deux parties, si j'ose dire[192]. » Mais nous ne savons rien de plus sur cette aventure, probablement passagère.

1907. Pour Fargue, ce sera une année importante, car elle verra l'impression de son premier livre : le *Premier Cahier* de *Poèmes*. Nous disons impression et non publication, car l'ouvrage ne fut pas mis dans le commerce et semble même n'avoir été tiré que partiellement, à un nombre infime. De fait, les exemplaires de ce *Premier Cahier* sont aujourd'hui rarissimes[193].

Cette publication qui tourna court est une bien curieuse histoire, d'ailleurs très significative, mais sur laquelle on en était, jusqu'à présent, réduit aux hypothèses. Fargue ne s'est pas fait faute, par la suite, de nous imposer sa version de l'histoire, en inscrivant de sa main sur un exemplaire : « Quelques amis (les Dédicataires) les firent imprimer par Royer, de Nancy, sans m'en avoir parlé. Je l'appris, j'allai à Nancy, j'arrêtai; je fis distribuer la composition[194]. » Or, Fargue était, nous le verrons bientôt, parfaitement au courant... La découverte des papiers inédits de Pierre Haour nous a, par chance, permis de reconstituer assez exactement cet épisode, grâce à la correspondance de Haour avec l'imprimerie nancéenne Royer, à qui avait été confiée l'impression du *Premier Cahier*[195].

Rappelons tout d'abord que, depuis près de cinq ans, Fargue avait donné lecture, chez divers amis, de ses *Nocturnes*, qu'il perfectionnait sans cesse[196]. Le temps était donc venu de les faire imprimer. Mais Fargue le voulait-il vraiment? Le rôle capital joué par Pierre Haour dans l'impression du *Premier Cahier* donne à penser que cet ami dut sans doute forcer la main au poète hésitant. Mais peut-être Fargue préférait-il, au fond de lui-même, réaliser ce qu'il n'avait pu faire avec *Tancrède* : une plaquette, plutôt qu'une publication en revue[197]. Francis Jourdain prétend que le père de Fargue « lui avait ouvert un petit crédit pour publier un premier recueil de poèmes en prose ». Or, nous savons que Royer avait demandé près de 600 francs pour le devis, et cette somme (environ 20 000 francs actuels) ne représentait pas précisément, à l'époque, un « petit crédit »... Tout indique au contraire que ce fut Pierre Haour qui se chargea de toutes les démarches auprès de Royer. Il suffit, pour s'en convaincre, de lire l'importante correspondance qu'il échangea avec l'imprimeur durant tout le printemps et l'été de 1907[198].

Tout se mit en place au mois de mai. Peut-être fut-ce Fargue qui pressentit l'imprimeur de Nancy. N'avait-il pas autrefois été soldat dans cette ville ? Il pouvait donc connaître, au moins de réputation, cet important établissement, fondé en 1868 et situé 3, rue Salpêtrière — et qui existe d'ailleurs toujours. Graveur-imprimeur, Royer imprimait catalogues, étiquettes commerciales, menus, cartes de visite, programmes, etc. Fargue dut penser qu'il pourrait ainsi obtenir très exactement ce qu'il voulait pour sa plaquette. Nous verrons que les exigences du poète, puis ses dérobades continuelles, auront au contraire le don de déconcerter l'imprimeur.

Pierre Haour se chargea pratiquement de tout. Fargue le laissa faire, tout en s'ingéniant, selon ses fantaisies, à le contrer auprès de Royer. Début mai, Haour reçut de Royer le devis d'impression d'une plaquette de 96 pages : 600 francs environ[199]. Pour rassembler cette somme, Haour s'adressa aux amis de Fargue, afin d'ouvrir une souscription. Détail à retenir, des exemplaires sur Japon étaient déjà prévus. Dans la seconde quinzaine de mai, des réponses, toutes favorables, parvinrent à Haour : G. Jean-Aubry, Magnus Synnestvedt, Paul Sordes, Maurice Thomas, Cipa Godebski, etc.[200]. La plupart souscrivaient des exemplaires sur Japon, à 20 francs pièce. Ce tirage de luxe était fixé à 30 exemplaires, le reste devant consister en 500 exemplaires sur Hollande. Le manuscrit fut envoyé à Royer, qui fit composer et, fin mai, adressa à Haour les premières épreuves. Entre-temps, ce dernier se mit en devoir de chercher un éditeur qui voulût bien prendre en dépôt la plaquette. Peut-être sur le conseil de Fargue, il s'adressa à Alfred Vallette, en pensant que le Mercure ne refuserait probablement pas. Il en alla bien autrement :

« Je sais que Paul Fargue [*sic*] a du talent et je suis d'ailleurs un de ses vieux amis, répondit Vallette. Nous devions même, si j'ai bonne mémoire, éditer le livre dont vous nous proposez le dépôt[201]. Mais il y a fort longtemps de cela, et maintenant il ne nous est plus possible, pour des raisons qui seraient un peu longues à développer, de mettre en vente le petit livre[202] ... »

Après avoir énuméré d'autres raisons, Vallette suggérait de s'adresser à Edward Sansot, « maison qui, bien menée par son directeur, qui s'occupe de tout lui-même, me paraît être en très bonne situation ». Sansot avait édité Péladan, Barrès, Jarry, et des comptes d'auteur comme Renée Vivien. Il faut par ailleurs préciser que, à l'époque même de la proposition de Haour, Vallette se trouvait fort gêné par un livre de Jarry, *Le Moutardier du Pape*, qu'il avait accepté de prendre en dépôt et de diffuser. La suggestion de Haour ne dut donc pas lui parvenir comme marée en carême.

Du côté de Royer, les choses commençaient à se gâter. Tout d'abord, protestait Haour, l'imprimeur n'avait pas suivi les indications données sur la maquette ! Le papier retenu pour les exemplaires ordinaires ne convenait pas non plus. Ensuite, pourquoi a-t-on augmenté le prix du devis ? Réponse de Royer : le volume compte à présent 132 pages, au lieu des 96 primitives[203]. Fargue et Haour n'arrivent pas à se mettre d'accord. Alors que celui-ci réclame à Royer « du vergé TRÈS BLANC », Fargue écrit sur les épreuves :

« — Peut-on gagner 0,01 en hauteur et en largeur, au maximum — 5 mm. au minimum ?

— Sinon à quel format cela nous mènerait-il ?

— papier NON ABSORBANT.

— vergé apparent de préférence crème[204]. »

Désormais, Fargue va bombarder Royer de mercuriales contredisant formellement Haour, et retarder ainsi indéfiniment l'impression. Étaient-ce sa phobie du définitif et ses scrupules littéraires qui lui faisaient ainsi multiplier les faux-fuyants ? Comment s'expliquer alors qu'il ait, dans le même temps, donné cinq poèmes à la revue belge *Antée*, qui les publia dans son numéro d'août? Il y a plus retors encore. Le 10 juillet, profitant d'un voyage en Alsace avec Yell, Fargue passe chez Royer, lui donne de nouvelles instructions et emporte avec lui le manuscrit du livre, sous prétexte de le retoucher. Or, Haour tenait absolument à ce que le livre, déjà prévu pour le 20 juin, parût le plus vite possible. Voyant cela, Fargue déclenche un nouveau tir de barrage, et, le 10 août, Royer avertit Haour :

« ... Mais en même temps que [*votre lettre*], je reçois une lettre de Monsieur P. FARGUES [*sic*], ainsi conçue :

"Cher Monsieur,

"Je vous renverrai avant jeudi prochain, le manuscrit de "mon Livre-Poèmes et le premier fascicule que nous recom-"mençons comme c'est convenu, mais surtout n'imprimez "rien avant une dernière lettre de moi."

Je ne sais donc plus que faire !... »

Nullement dupe de la manœuvre, Haour ordonne à Royer de continuer le tirage et de ne plus tenir compte des messages de Fargue. Celui-ci emploie alors les grands moyens et télégraphie à l'imprimeur : « TIREZ RIEN SANS LETTRE[205]. » Télégramme renvoyé par Royer à Haour, avec ce commentaire : « Inclus je vous remets une nouvelle dépêche que je reçois de Monsieur FARGUE, qui me dit de ne rien tirer. Je suis vos instructions et j'effectue le tirage du troisième fascicule. » Fargue s'agitant de plus belle, Haour eut alors recours à un stratagème. Il demanda à Royer de lui adresser une lettre fictive, qu'il montrera à Fargue pour justifier la hâte et obtenir aussi restitution du manuscrit. Nullement convaincu, Fargue revient à la charge, et Haour reçoit une nouvelle lettre de Royer : « Inclus je vous remets une lettre que je viens de recevoir de Monsieur FARGUE, que veuillez être assez aimable pour me retourner [*sic*] et dont je ne tiens naturellement pas compte, suivant vos instructions » (27 août 1907). Sans hésiter, Fargue se rend à Nancy avec Marguerite Audoux, pour tenter de fléchir Royer, lequel prend soin de demeurer invisible. Il ne reste plus au poète qu'à supplier son ami et mécène :

« Vieux, je vous ai téléphoné avant-hier, sans pouvoir obtenir la communication, pour vous dire que, profitant d'une occasion, je partais pour Nancy avec Farguette, porteur du manuscrit complet. Je comptais m'entendre avec Royer. Nous nous sommes présentés plusieurs fois chez lui sans parvenir à être reçus. Nous nous sommes heurtés à des bafouillages d'employés. Cela fleure la mauvaise volonté. Ne veut-il plus nous voir ? Que faire ? Nous resterons à Nancy jusqu'à ce que nous arrivions à le joindre. Répondez-moi immédiatement.

Amitiés vives à Jeanne.

Paul Fargue[206]. »

Chef-d'œuvre d'inconscience ou de duplicité, cette lettre provoqua une réponse indignée de Pierre Haour : « Un mot de Royer me fixe sur la véracité de tout ce que vous m'avez affirmé ces jours derniers. Ces derniers mensonges me sont plus douloureux que tout. Ce n'est plus de l'enfantillage. C'est un plan de tromperie organisé avec beaucoup d'art. Je n'aurais jamais cru cela de vous. — Je télégraphie à Royer de tirer le troisième fascicule et d'arrêter tout. Je vais écrire dès demain matin à tous les amis qui s'étaient intéressés à votre livre pour les mettre au courant de ce qui s'est passé. Moi, je suis désolé plus que vous ne pourrez jamais le comprendre[207]. »

Même si nous manquons de documents, la suite des événements n'est pas difficile à reconstituer. Fargue parvint à ses fins : l'impression du livre ne fut jamais terminée. N'en avaient été tirées, en feuilles, qu'une cinquantaine de pages, soit dix poèmes. Comme nous n'avons pas retrouvé de lettres de Royer à Haour postérieures à la seconde visite de Fargue à Nancy, nous pensons que ce fut effectivement ce dernier qui fit, de sa propre autorité, stopper sur place l'impression. Haour se serait donc vu obligé de verser à Royer sinon le prix convenu, du moins une indemnité. Les souscripteurs furent-ils remboursés ? Vraisemblablement. De son côté, Fargue dut se faire confectionner par Royer une dizaine environ (?) d'exemplaires, constitués des quarante-huit premières pages, les seules tirées et qui correspondaient aux trois premiers cahiers du livre. Ces trois « fascicules » furent ainsi brochés sous couverture muette vert foncé[208]. Répétons qu'il ne s'agissait là que de dix poèmes, et que le recueil complet aurait dû comprendre, en tout, cent trente-deux pages. Le *Premier Cahier*, tel que nous le connaissons, ne représente donc que le tiers environ du manuscrit qui avait été confié à Royer.

Ce *Premier Cahier* n'ayant pas circulé, nous n'en parlerons que brièvement. Il avait cependant de quoi satisfaire Fargue par sa présentation : textes correctement imprimés, avec des caractères fort lisibles. Le titre choisi par Fargue pouvait néanmoins surprendre, car on sait qu'il s'agit non pas de vers, mais de poèmes en prose. Il est vrai que c'était là un genre que les symbolistes avaient cultivé à la suite de Baudelaire, Mallarmé et Rimbaud, et qui, à l'époque même de Fargue, sera repris par Claudel, Segalen et La Vaissière. Toutefois, dix poèmes, cela pouvait paraître maigre, et l'on comprend que Fargue n'ait point considéré comme un véritable livre cette réunion provisoire et due aux circonstances. Son premier « livre » ne paraîtra d'ailleurs que quatre ans plus tard : ce sera *Tancrède*, dont la publication fut entreprise et financée par un autre ami — et mécène, en l'occurrence : Valery Larbaud.

Même si elle tourna court, l'entreprise du *Premier Cahier* eut un grand mérite. Elle secoua la léthargie de Fargue. Son nom n'avait plus figuré aux sommaires des revues depuis 1900, et ceux qui, comme Léautaud, l'avaient connu autrefois, pouvaient penser qu'il était fini et ne donnerait plus rien. Or, Fargue va se ressaisir et opérer une véritable rentrée sur la scène littéraire. En cinq années, nous le verrons, de 1907 à 1911, publier ses poèmes dans les plus importantes revues d'alors, celles qui comptaient vraiment : *Antée* (1907), *La Phalange* (1911-1912), *Vers et Prose* (1911) et *La Nouvelle Revue française* (1909-1911). Le 25 avril 1908, Apollinaire prononçant au Salon des Artistes indépendants sa conférence sur *La Poésie symboliste*, peut y citer avec éloges « Paul Fargue », à côté de Max Jacob, Salmon, Marinetti, etc.[209].

Le paysage littéraire était, il est vrai, en train de se modifier sensiblement. La réaction contre le symbolisme s'était atténuée. On cherchait au contraire à renouer avec ce mouvement, comme le montre le succès de la revue *Vers et Prose*, fondée en 1906 par Paul Fort et dont le sous-titre annonçait fièrement : *Défense et Illustration de la haute littérature et du lyrisme en prose et en poésie.* L'année suivante, Jean Royère crée *La Phalange,* dont le néosymbolisme élargi attirera divers poètes comme Apollinaire, Jules Romains et, un peu plus tard, Valery Larbaud. Dans ces deux revues, Fargue sera bien accueilli : ne restait-il pas l'auteur de *Tancrède,* un des plus beaux fleurons de la seconde génération symboliste ? Mais un renouvellement encore plus important se manifestait dans une nouvelle revue, qui aura la fortune que l'on sait : *La Nouvelle Revue française,* fondée à l'automne 1908 par un certain nombre d'écrivains groupés autour d'Eugène Montfort et de Gide. Fargue dut être mis au courant du projet, sinon par Montfort, qu'il connaissait assez bien à l'époque, du moins par Charles-Louis Philippe, qui collabore au premier numéro, paru en novembre 1908. On s'étonnerait de voir le nom de Fargue absent de ce premier numéro, d'ailleurs assez hétéroclite, si l'on ne savait que les symbolistes en avaient été exclus[210]. Surtout, ce numéro fut un faux départ; reprise en main par Gide, mais sans Montfort, la revue publiera un second numéro 1 (1er février 1909), qui inaugure la ligne définitive. Cette fois-ci, Fargue fera son entrée à *La Nouvelle Revue française,* qui publiera en juin 1909 des poèmes de lui. Il continuera à y collaborer assez régulièrement jusqu'en 1914. Rappelons aussi que ce sont les éditions de la revue qui publieront en 1912 les *Poèmes.*

10

DEUILS ET RENCONTRES

Vieille soupière d'art, écris à ton vieux café-filtre poétique !

Durant l'été 1908, Fargue voyage en Normandie : Dieppe, Saint-Valery-en-Caux, Caudebec, Jumièges, Honfleur. Mais le temps est catastrophique, écrit-il à son père : « Il n'a pas cessé de pleuvoir depuis Chantilly ! Arrivée au Tréport sous l'averse. Déjeuné au buffet de la gare horriblement mal et cher ! » [23 août 1908.] Autres regrets, exprimés cette fois-ci à la mère : « Quelles nouvelles à la maison ? Pas de lettres ? pas de visites ? Delage est-il revenu ? S'il n'était pas si flemme, il viendrait nous voir en auto, c'est si près ! Il y a bien un tas de jolies choses pas trop chères que je voudrais rapporter de Caudebec, mais dame... Il y a surtout une horloge normande... oh, mes enfants ! » Revenu à Paris début septembre, Fargue y trouve une carte postale expédiée de Nantes par Charles-Louis Philippe :

« Je vais aller dans un instant visiter une petite rue voisine du quartier de la Fosse. Ces dames Hélène et Quasi m'attendront dans un café.

Philippe.

Mme Quasi a fait des poèmes en prose qui sont du plus pur Léon-Paul Fargue, et tu sais pour moi ce que cela représente[211]. »

Autour de Philippe se réunissait à Paris le même groupe d'amis : Fargue, Marguerite Audoux, Chanvin, Yell, auxquels étaient venus s'adjoindre Marcel Ray, grand ami de Larbaud, et l'écrivain et critique Léon Werth. Groupe qui constituera en quelque sorte l'embryon de ce qui s'appellera plus tard les « Potassons » et que viendra, à partir de 1910, renforcer Larbaud. Dans un texte en hommage à Werth, intitulé « Kriegspiel », Fargue évoquera nostalgiquement ces réunions : « Amis, vous vous souviendrez toujours des dîners chez Philippe et chez Francis, de la crémerie Brunat, de la proue sur la Seine et des soirs d'été dans l'île Saint-Louis, pauvres poètes, quand les bateaux-mouches glissaient comme des silures aux bouches tristes ! »

L'année qui suit — 1909 — sera funeste pour Fargue, qui ira jusqu'à s'écrier vingt ans plus tard, dans *Vulturne*, en apostrophant Dieu : « Pour cela que vous m'avez pris, dans la même année, mon père, Charles-Louis Philippe et ma maîtresse ? » De ces trois deuils qui le briseront, nous ignorons malheureusement tout du troisième. De quelle maîtresse s'agissait-il ? Impossible de le préciser, car nous n'avons aucune trace d'une liaison féminine de Fargue à cette époque — ce qui ne veut d'ailleurs rien dire, car nous avons déjà vu avec quel soin le poète s'appliquait à cacher ses amours. En revanche, on conçoit sans peine combien put le meurtrir la double disparition, à quatre mois d'intervalle, de son père et de Philippe. Avec son père, il perdait toute son enfance ; avec Philippe, l'un des êtres dont il se sentait le plus proche.

Léon Fargue allait mourir le 10 août 1909, au retour d'un voyage en Italie ; au dire de Léon Pivet, il était tuberculeux. La dernière lettre connue de son fils lui fut précisément adressée alors qu'il se trouvait en Italie :

CÉRAMIQUES ET VITRAUX
Léon FARGUE
156, Faubourg St Martin, Paris

Paris, le « 16 juin 1909

Mon bon père, je t'envoie ton courrier. Nous faisons le nécessaire.

La maquette que Chaisserau a faite n'a pas été acceptée par la maison Leys : "Elle ne ressemble en rien au travail exécuté par M. Charussot pour le quai d'Orsay; il a fait du Louis XVI ayant l'aspect de celui qu'il a l'habitude de faire et que nous exécutons en émail. Il y a de nombreux filets avec quelques ornements Louis XVI et de guirlandes. Le tout pour être fait en découpé, ce qui fait un travail compliqué. — Il serait peut-être préférable qu'il voie le travail déjà exécuté, pour mieux comprendre ce qu'il a à faire, à moins de faire exécuter le nouveau travail par l'auteur du premier, auquel on ferait parvenir les mesures (et qu'on préviendrait par lettre...)"

Ainsi parle la maison Leys.

Au surplus, rien de particulier.

Nous t'embrassons.

LPaul Fargue.

P. S. Je suppose que tu donnes aux hôtels le moyen de te faire suivre tes lettres en cas de ton départ avant ton arrivée[212]. »

Lettre d'affaires, mais émouvante, car elle montre l'attention dévouée avec laquelle Fargue renseignait son père. La brusque disparition de celui-ci le laissait orphelin, avec sa mère âgée de soixante-sept ans et qui n'avait plus que lui au monde. Fargue reprendra alors la fabrique paternelle, tâche qui lui apportera souvent plus de soucis que de satisfactions.

Son père mort, Fargue dut se rappeler bien des moments de son enfance. Malgré la difficulté de leurs rapports à certaines époques, son père, dont la vie n'avait pas toujours été facile, l'avait profondément chéri. Le remords envahit le poète. Peut-être se souvint-il alors de certaines scènes survenues durant les années 1893-1894 : « Il m'avait dit un jour, tout pâle, et la bouche tremblante, il était malade : tu auras des remords terribles; — Oui, j'en ai[213]. » Quelques années après, Fargue composera, à la mémoire de son père, le déchirant poème « Æternæ Memoriæ Patris ». Il y tenait assez pour, après l'avoir publié dans *La N.R.F.* en 1914, le reprendre en tête de la réédition de ses *Poèmes* en 1919 et de toutes celles qui suivront :

« ... Mon père, je te vois. Je te verrai toujours étendu sur ton lit,

Juste et pur devant le Maître, comme au temps de ta jeunesse,

Sage comme la barque amarrée dans le port, voiles carguées, fanaux éteints,

Avec ton sourire mystérieux, contraint, à jamais fixé, fier de ton secret, relevé de tout ton labeur,

En proie à toutes les mains des lumières droites et durcies dans le plein jour,

Grisé par l'odeur de martyre des cierges,

Avec les fleurs qu'on avait coupées pour toi sur la terrasse ;

Tandis qu'une chanson de pauvre pleurait par-dessus le toit des ateliers dans une cour,

Que le bruit des pas pressés se heurtait et se trompait de toutes parts,

Et que les tambours de la Mort ouvraient et fermaient les portes ! »

On trouvera par la suite, dans l'œuvre de Fargue, de fréquentes allusions à son père, dont la figure le hantera toujours. Dans un poème intitulé « Trouvé dans des papiers de famille en 1909 » (date significative), il évoque, sans jamais le nommer, le fantôme paternel :

« ... Il a une permission de la mort, et il arrive.
Au tournant de la rue qui mène à la nuit, je l'attends...
Un pas sur le pavé. Son ombre le précède
Et se couche sur moi, la tête sur mon cœur.
Il est là[214]... »

Le destin n'avait pas fini de s'acharner sur Fargue. Après son père, c'est Charles-Louis Philippe qui disparaît, le 21 décembre 1909. Disparition prématurée, puisque l'auteur de *Bubu-de-Montparnasse* n'avait que 35 ans et qu'il venait successivement de publier *Le Père Perdrix*, *Marie Donadieu* et *Croquignole*. L'enterrement devait avoir lieu à Cérilly, dont Philippe était originaire. Fargue nous a, dans *Portraits de famille*, conté le singulier voyage qu'il fit à cette occasion avec un ami journaliste. Ayant raté le train pour Moulins à la gare de Lyon, ils parvinrent à apitoyer un employé, qui fit accrocher un vieux wagon de première à un train de marchandises en partance pour Moulins ! Voyage cependant assez lent et qui fit que Fargue n'arriva au cimetière qu'à la fin de la cérémonie... Il était décidément écrit qu'il arriverait toujours en retard. Mais, au cimetière, Fargue rencontra André Gide, Jacques Copeau, Marcel Ray, Émile Guillaumin, et celui qui allait devenir un de ses plus grands amis : Valery Larbaud.

Dans sa belle préface au roman posthume de Philippe, *Charles Blanchard*, Fargue, tout en livrant ses souvenirs sur l'auteur, a insisté sur l'humanité de celui-ci et la valeur si particulière de l'œuvre. Mais c'est peut-être dans une lettre plus tardive à Lilita Abreu, qu'il a parlé avec le plus d'émotion de son ami disparu. Admirable portrait, à la fois précis et ému : « Philippe était aussi foncièrement bon qu'il était intelligent. Il aimait l'émotion sentimentale aussi passionnément que l'émotion de pensée. Il était faible et cherchait parfois à se prouver sa force en faisant de petites choses qu'il n'aurait pas dû faire et qui étaient loin de sa nature. Mais il en éprouvait une confusion terrible et se punissait si durement qu'il rachetait toutes les erreurs du monde. Je lui ai connu des remords... qui n'ont d'égaux que les miens[215]. »

Par une singulière conjonction, c'est en cette veille de Noël 1909, à Cérilly, aux obsèques de leur ami commun Charles-Louis Philippe, que Fargue et Larbaud firent vraiment connaissance. Ils s'étaient à vrai dire déjà rencontrés à Paris, grâce à Marcel Ray, autre ami commun, et Larbaud avait, comme le notera G. Jean-Aubry, « entrevu [Fargue] une ou deux fois chez Philippe[216] ». Grand ami de jeunesse de Larbaud, Ray avait également, en 1906, fait connaître celui-ci à Philippe, lequel sera un grand admirateur des *Poésies de A. O. Barnabooth*. Outre Ray et Philippe, Larbaud et Fargue avaient en Marguerite Audoux une amie commune. Tout cela ne pouvait que préparer leur rencontre.

Dans son introduction à la correspondance croisée Fargue-Larbaud, Th. Alajouanine a souligné les affinités des deux hommes en même temps que « leurs dissemblances de nature et de comportement ». À Cérilly, en tout cas, le contact fut immédiat et chaleureux. Fargue s'en souviendra plus tard, qui écrira : « Quelque chose venait de naître entre nous deux de très nuancé et de très violent. J'ai encore l'image de ce Larbaud-là tout au fond du regard : il m'était apparu dans son obésité de milliardaire de la poésie et du sentiment. Il était bon, pénétrant, et je vis bien du premier coup qu'il savait comme pas un ce que c'est qu'un ravage de l'âme[217]. »

Leurs tempéraments, leurs vies, leurs origines, leurs familles étaient cependant fort différents. Bien que Larbaud, né en 1881, eût alors vingt-huit ans, on ne saurait dire qu'il fît véritablement, auprès de Fargue, figure de cadet. Certes, celui-ci avait, à ses yeux, le prestige d'avoir fait partie de la seconde génération symboliste, celle du *Mercure de France*, et « d'avoir approché des écrivains d'une exceptionnelle originalité, morts avant l'âge : Alfred Jarry, Jean de Tinan, Marcel Schwob, Henry J.-M. Levet » (P. Pia). Mais, bien qu'ayant fréquenté aussi des hommes comme Gourmont et Valéry, Fargue ne s'était guère vraiment signalé à l'attention que par *Tancrède*, paru en revue quelque quinze ans auparavant. Larbaud, lui, venait de publier les *Poésies de A. O. Barnabooth* et avait donné des essais critiques à *La Phalange*, ainsi que deux nouvelles. Son premier roman, *Fermina Marquez*, paraîtra l'année suivante dans *La N.R.F.* Tout cela était bien plus que des balbutiements ou de simples prolégomènes : les premiers éléments d'une grande œuvre.

Il n'empêche que, tout en étant conscient de sa propre valeur, Larbaud devait, au début de leurs relations, considérer un peu Fargue comme un aîné, ou du moins comme un poète dont on pouvait attendre beaucoup. Leurs noms ne voisinaient-ils pas, en 1909, au sommaire de la jeune *N.R.F.* ? Larbaud fut ébloui par la fantaisie, les côtés excentriques et le bagout de son nouvel ami. Un Parisien complet et tout à fait émancipé, voilà comment dut lui apparaître d'emblée Fargue. C'est un fait que Larbaud n'avait guère mené jusqu'alors cette existence de déambulations parisiennes où Fargue ne tarda pas à l'entraîner et qui fut pour lui comme une révélation[218].

L'existence de Larbaud avait jusque-là été bien différente de celle de Fargue. Issu d'une très riche famille bourgeoise de Vichy (son père était propriétaire des sources Saint-Yorre), il avait eu une enfance non pas comblée, mais aisée et cossue. De nombreux voyages lui avaient permis de connaître toute l'Europe : Suisse, Espagne, Italie, Russie, Allemagne, Belgique, Hollande, Angleterre... Sa vaste curiosité lui avait également fait fréquenter les littératures les plus diverses, la française comme les étrangères — anglo-saxonne et latine, notamment. Toute sa vie, Larbaud ne cessera de s'affirmer non pas comme un érudit, mais comme un véritable connaisseur et un admirable essayiste. Toutefois, il se rencontrait aussi avec Fargue sur bien des points, tant à propos de poètes comme Levet, Laforgue, Rimbaud et Ducasse, que de toute une sous-littérature et d'activités ludiques, comme on le verra plus loin à propos des « Potassons ». Donnons cependant sans attendre une idée de leur complicité par cette lettre de Larbaud à Fargue, qui doit dater de 1920 environ et dont nous respectons l'orthographe : « Si tu est libre, vien dont ce soire ché Nicole, vers 10 heure. Il y ora Gaston [Gallimard] et Cocteau, Giraudoux, etc. C'est M [arie] Laurencin que j'aie rencontrer hier soire par azart, qui m'a chargée, de la part de Nicole, de t'ainvité ! À ce soir. Valri[219]. »

Le point noir dans l'existence de Larbaud sera toujours sa situation familiale. Devenu orphelin de père alors qu'il n'avait que huit ans, il était tombé sous la coupe de sa mère et de sa tante. La première, protestante aux idées rigides, le bridera souvent et cherchera — en vain — à le marier avec une riche héritière[220]. Surtout, elle lui imposera un conseil judiciaire, et Larbaud se retrouvera, à 21 ans, dans une situation un peu analogue à celle de Baudelaire. De là qu'il prendra toujours soin de cacher une partie de sa vie, et surtout ses amours, dont nous ne connaissons souvent qu'un simple prénom : Isabelle, Gladys... De là aussi qu'en 1911 Larbaud ne fera point de difficultés pour profiter de l'adresse, fournie par Fargue, de certain « nid de puellules » parisien — entendez une maison close particulièrement accueillante pour l'amateur de jeunesses qu'était le fils de Nicolas Larbaud Saint-Yorre. À cet égard, une précieuse complicité s'installa avec Fargue, dont le parisianisme bohème était pour Larbaud une véritable bouffée d'air frais. Il n'est que de contempler telle photo représentant Mme Larbaud mère et sa sœur jumelle Jane Bureau des Étivaux, sorte de double « daromphe » bourgeoise, pour imaginer combien les escapades parisiennes en compagnie de Fargue introduisirent Larbaud dans un univers nouveau. Il en alla ainsi durant une douzaine d'années, jusqu'à ce que, avec le temps, le naturel discret et secret de Larbaud reprît peu à peu le dessus.

De poète à poète, d'homme à homme, les deux amis n'avaient fait, en définitive, que se communiquer leur solitude à chacun. Si Fargue assumait la sienne propre, que dire alors de Larbaud, possédé par sa passion du secret et de la « retirance » ! Mandiargues pourra, non sans raison, écrire de l'homme Larbaud que « ce fut l'un des plus retirés qui eussent jamais vécu, un solitaire incomparable et dont les amitiés restaient superficielles. Ou plutôt — ajoute-t-il —, dont les amitiés aiguës n'étaient que de rencontres, celles de la rue, celles des bibliothèques, nées dans la foule des êtres ou des livres[221]. »

Commencée ainsi sous de merveilleux auspices, et scellée par la rapide complicité dont nous parlions, l'amitié de Fargue et de Larbaud connaîtra ses années fastes de 1910 à 1920 et sera attestée par une très belle correspondance croisée. Ce sera précisément au moment où les deux écrivains, chacun de leur côté, s'affirmaient pleinement, que surviendra, en 1924, la rupture. Due, nous le verrons, à de profondes divergences de caractère autant qu'à divers incidents, cette rupture sera malheureusement définitive. À peine Fargue et Larbaud échangeront-ils, durant tout le quart de siècle suivant, quelques lettres. Lorsque son ami sera terrassé par la paralysie, Fargue lui rendra une ou deux fois visite[222]; mais, dès 1924 au moins, le ressort était bel et bien cassé. Il semble donc difficile d'admettre, comme le fait Th. Alajouanine, qu'il y eut « amitié retrouvée » et « réconciliation » des deux amis, ce qu'attesteraient divers passages de leurs œuvres respectives. C'est là oublier que Larbaud tout comme Fargue savaient très bien, le premier surtout, faire chez l'autre la différence entre l'écrivain et l'homme privé[223].

Autre poète que Fargue connut à cette époque : Jules Romains. Celui-ci avait publié en 1909 *La Vie unanime*, recueil de poèmes chantant la vie collective et le monde moderne, un peu dans la lignée de Whitman et de Verhaeren. Fargue appréciait cette poésie, et on le verra même, un temps, se mêler aux « dîners de Valois » qui réunissaient, autour de Romains, des membres du groupe de l'Abbaye comme Vildrac, Arcos, Durtain et Duhamel. Romains se souviendra qu'au sortir d'une de ces réunions, Fargue blâmera devant lui les excès symbolistes d'un autre poète : « Oui, déclarait-il, il y a un peu trop, chez lui, de grottes smaragdines[224]... » En 1910, un tel symbolisme pouvait en effet paraître totalement dépassé.

Si Fargue restera par la suite lié avec un écrivain comme Durtain, c'est bien davantage de Larbaud qu'il va, à cette époque, se rapprocher. Les *Poésies de A. O. Barnabooth* n'exprimaient-elles pas une modernité rêveuse qui le touchait bien plus que tout l'unanimisme ? Ne soyons donc pas surpris de trouver, fin octobre 1910, Fargue à Vichy, chez Larbaud. « Nous sommes arrivés jeudi soir à Vichy après un excellent voyage, écrit-il à sa mère. Les Larbaud sont absolument parfaits pour moi. Aux petits soins. Mais, ajoute-t-il, Vichy est une ville où il y a des gens riches, trop riches, de tous les pays, qui viennent soigner leur estomac aux sources » (29 octobre 1910). De Vichy, Larbaud et Fargue se rendirent à Cérilly faire une visite à la mère de Charles-Louis Philippe : début d'une série de voyages en auto que feront les deux amis dans le centre de la France. Fin novembre, après avoir retrouvé Larbaud à Paris, Fargue part avec celui-ci pour le Berry, afin de découvrir le pays de Marguerite Audoux et aussi de revoir les lieux de sa propre enfance. Les cartes postales qu'ils envoient tous deux à Mme Fargue mère nous renseignent sur les étapes de leur voyage : Bourges, Châteauroux, Argenton-sur-Creuse, Saint-Benoît, Chaillac, Guéret, Montluçon.

Tant de moments passés en commun ne font qu'accroître l'amitié entre les deux hommes, qui, bientôt, se tutoieront. Cette intimité croissante pousse Fargue à confier le manuscrit de ses *Nocturnes* à Larbaud, qui s'emballe et n'aura dès lors de cesse de le voir publié. Fouetté par ces encouragements, Fargue confie justement à sa mère qu'il travaille : « Pour le moment, je ne pense qu'à finir mes Nocturnes pour pouvoir les publier et me débarrasser de ce "chef-d'œuvre" qui m'empêche de faire quoi que ce soit d'autre depuis dix ans ! Et après nous tâcherons de gagner de l'argent, s'il plaît aux dieux ! » L'hospitalité de Larbaud ne cesse de l'émerveiller : « Larbaud, poursuit-il, a une bibliothèque magnifique, et nous avons des bureaux somptueux. Il est toujours très bon pour moi. C'est un homme délicieux. — Il pense que mes Nocturnes pourront paraître fin février, commencement de mars ; je pense comme lui » (7 décembre 1910). Rappelons que, malgré tous les efforts de Larbaud, le livre ne sera publié qu'en 1912.

La correspondance Fargue-Larbaud prend alors un tour plus enjoué. Les deux amis se traitent l'un l'autre de « Gross bibisch » ; Larbaud signe *Felice Finja*, et Fargue, *Polemon*. Il est souvent question des « *potassons* », les chats de Fargue, dont celui-ci recommande par ailleurs à sa mère : « ne pas bauffuter les potassons ! » Larbaud préfère célébrer les « papotames », mot forgé à partir d'hippopotame (animal qui lui fut toujours cher) et désignant sans doute ses chiens. Plus tard apparaîtront d'autres animaux : iguanodons, ptérodactyles, etc. À côté de ces jeux de langage, on échange des nouvelles des amis communs : Michel Yell, Cipa Godebski, Arthur Fontaine, Régis Gignoux, Francis Jourdain, Marguerite Audoux. En décembre 1910, et après avoir raté le Goncourt, cette dernière obtient le prix Fémina-Vie heureuse, pour son roman *Marie-Claire*. Préfacé par Octave Mirbeau, le livre connaît un énorme succès : plus de 70 000 exemplaires en sont vendus[225].

Larbaud allait justement, début 1911, consacrer tout son zèle à deux entreprises éminemment amicales : rééditer *Tancrède* et obliger Fargue à mettre au point ses *Nocturnes*. Les lettres qu'ils échangent à cette époque mêlant inextricablement les deux projets, on se dit que l'action de Larbaud fut décisive auprès d'un Fargue qui se surnommait lui-même « cunctator » : temporisateur... Nous évoquerons d'abord ce qu'on a appelé le « complot littéraire » de la publication en plaquette de *Tancrède*. Fargue, avec sa poétique insouciance, voudra nous faire croire que Larbaud avait tout manigancé à son insu, et qu'il avait découvert un exemplaire du livre sous sa serviette, lors d'un déjeuner[226]. Il n'en était évidemment rien ; mais Fargue ne faisait, par de telles affabulations, que suivre la ligne de conduite que Larbaud et lui s'étaient fixée d'un commun accord. Comme l'écrit fort bien Jean-Philippe Segonds : « Plus ou moins satisfait de *Tancrède,* Fargue ne veut pas en patronner la publication et les deux compères combinent la mise en scène de l'édition "faite à l'insu de l'auteur"[227]... »

Ajoutons que Larbaud avait, pour des raisons stratégiques, fait croire à sa mère et à des amis comme Gide, Royère et Marcel Ray, que Fargue ignorait tout de son projet. « Je vais éditer le *Tancrède* de Fargue sans lui en parler, annonçait-il à sa mère. Je l'ai copié à la Nationale et maintenant je vais l'envoyer à Raymond. Quand tout sera fini, je lui ferai la surprise[228]. » Larbaud avait cependant déjà, « sans barguigner », acheté des rames de beau papier, qu'il expédia avec le manuscrit, à Raymond, son imprimeur de Saint-Pourçain-sur-Sioule. En moins d'un mois, le livre était composé et tiré. Fargue ne l'ignora pas, qui fit sauter (sur épreuves ?) les dédicaces de certains chapitres, telles qu'elles figuraient dans *Pan.*

L'achevé d'imprimer de *Tancrède* porte la date du 20 février 1911. L'ouvrage avait été tiré à 212 exemplaires (200 vergé d'Arches et 12 Japon), sous couverture blanche imprimée en noir et or. Au grand dam de Larbaud, Fargue avait insisté pour que la couverture portât l'indication de « Paris » comme lieu d'origine. Larbaud en expédia les premiers exemplaires début mars. Le 12, Gide reçoit le sien et félicite Larbaud pour son édition : « L'aspect en est délicieux[229]. » De son côté, Fargue dut, mais un peu plus tard, en offrir quelques exemplaires à de rares amis. Sur celui destiné à Régis Gignoux, il crut bon de préciser : « Hein ! le tour est bien joué ! Mais ne lisez pas, cher vieux, la première vie de Tancrède[230]. » C'est dès cette époque que Fargue se mettra à arracher de certains exemplaires les pages contenant le chapitre en question, où « il donnait à entendre qu'il avait des passions contre nature », expliquera Larbaud à Marcel Ray, qui s'était étonné de recevoir un exemplaire mutilé[231].

Peu à peu, le bruit s'était répandu de la réédition de *Tancrède*, que l'on prétendait publiée « malgré l'auteur ». Dans son « Courrier littéraire » de *Paris-Journal*, Alain-Fournier peut écrire : « Aujourd'hui seulement ce livre est réimprimé par les soins de *La Phalange*. Les amis de Paul Fargue ont voulu, malgré lui, rompre le silence auquel il s'était condamné[232]. » La mention de *La Phalange* vient d'une confusion. Larbaud avait fait passer dans la revue de son ami Royère, le 20 février, une annonce déclarant que, pour cette plaquette venant de paraître, « on souscrit à *La Phalange* ». Confusion favorisée par les publicités incluses dans la revue et qui, dès 1912, mentionneront *Tancrède* comme une publication de la maison — erreur reprise plus tard par bien des critiques. Larbaud avait prié Royère d'en prendre une quarantaine d'exemplaires en dépôt à *La Phalange*. Royère aimait beaucoup le livre, dont il fera, le 20 août, un éloge sans restrictions : « une étonnante réussite, un condensé d'art pur, une chose délicate et savante [...], un art si aisé et si souple ». Dans son feuilleton de *Comœdia*, G. de Pawlowski, après de grands éloges, reproche vivement à l'auteur sa paresse : « ... il est absolument déplorable de voir un littérateur comme Léon-Paul Fargue, doué d'un indéniable talent, d'un sens artistique très complet et très sûr, se complaire dans une paresse aussi irréductible et l'ériger en dogme[233]. »

Alain-Fournier, qui avait parlé à plusieurs reprises de Fargue dans ses échos de *Paris-Journal*, déjeune avec celui-ci chez *Maxim's* le 21 avril 1911. Ils passent ensuite la soirée ensemble, et, le lendemain, Alain-Fournier écrit à Jacques Rivière ces lignes sévères : « Paul Fargue : la faiblesse compliquée, la paresse et la timidité damnées, prétendre trouver quelque chose là où c'est le plus facile d'aller et où il n'y a rien, dans le lieu, par exemple, où fut assassiné van Zohn [= un bordel][234]. » Pourtant, et même s'il se montrait aussi réservé devant l'homme et son éloge des bouges, Alain-Fournier restera très sensible à la poésie de Fargue. L'année suivante, il lui écrira une lettre très élogieuse au sujet de ses « Hymnes » et, en 1913, lui enverra « fraternellement » un bel exemplaire du *Grand Meaulnes*[235]. Et, de fait, certaines pages de ce roman sont assez proches de certains poèmes de Fargue.

Début mars 1911, Fargue et Larbaud avaient fait ensemble un nouveau voyage en auto, véritable pèlerinage littéraire. L'auto, c'était la fameuse « Quasie », « une jeune limousine peinte en bleu de roi à filets bleu clair », dira Larbaud dans son *Journal de Quasie*, en précisant : « But du voyage : Montbrison, pour avoir une entrevue avec M. Levet au sujet de la publication des œuvres de son fils Henry J.-M. Levet[236]. » Désireux de publier les *Reliquiæ* de Levet, Fargue et Larbaud voulaient obtenir des parents l'autorisation nécessaire, mais aussi des renseignements biographiques, et surtout communication d'un roman inédit intitulé *L'Express de Bénarès*, dont Fargue, qui en connaissait des extraits, disait merveilles[237]. Or, le voyage se solda par un fiasco complet. Des pages de Larbaud nous restituent l'atmosphère fantomatique de l'entrevue chez les parents de Levet, où le père donna son accord sans rien promettre. Rentrés à Vichy le lendemain 2 mars, Larbaud et Fargue y trouvèrent une lettre de M. Levet, qui se rétractait totalement. Déçu, Fargue regagna Paris le 6 mars, dans « Quasie », en compagnie de Larbaud et du romancier bourbonnais Émile Guillaumin. Ce décevant pèlerinage à Montbrison marquera assez Fargue comme Larbaud pour que, dans leur édition de 1921 des *Poèmes* de Levet, ils en situent la préface dialoguée « le 2 mars 1911, à l'intérieur d'une limousine en marche sur la route nationale, entre Montbrison et Saint-Étienne ».

D'autres voyages vont successivement réunir et séparer les deux amis. Le 27 avril, Larbaud devant prononcer une conférence sur Charles-Louis Philippe à Moulins, Fargue s'y rend de son côté, puis repart de Vichy pour Paris. À la mi-mai, ce sera Larbaud qui gagnera Londres, où il restera jusqu'à fin juillet, travaillant sur Walter Savage Landor et Coventry Patmore. Puis c'est Fargue qui, à la mi-juillet, s'en va passer quelques jours chez son ami Pierre Haour, à Villebon, près de Vendôme. Dans ses lettres de cette époque, il décrit à Larbaud ses occupations quotidiennes, fort variées. Soirées chez la baronne Brault, femme de lettres qui, dit-il, « est bien gentille, mais avec sa revue, elle n. fait n. déféquer des ronds de chapeaux carrés dans du nitrobetanopholate de barium[238] ». Ce sont aussi des soirées chez une autre femme de lettres,

Mme Aurel ; des visites à *La Phalange*; la première du *Martyre de saint Sébastien* de D'Annunzio et Debussy, œuvre que Fargue n'aime guère ; une exposition Ingres, etc. D'une lettre du 16 juin 1911, détachons cet admirable passage sur le Bois de Boulogne, à cette époque endroit fort élégant :

« Les Acacias et le Sentier de la Vertu sentent les gâteaux chauds et sucrés, l'œillet avec quelque chose de poivré, et le feuillage semble vaporisé. Du côté du Jardin d'acclimatation, il y a une grande écharpe bleue qui tremble dans l'air, comme du côté de la mer. Les femmes s'avancent toutes voiles dehors, avec leurs yeux marins, pleins de colibris, qui ont l'air de marcher au crayon électrique, leurs cils noirs battant sous les silences, leur cœur peint sur la bouche, et leur toilette calligraphique. Il y a de belles filles à l'œil sûr, à la poitrine fructueuse, flanquées de petits crevés à la voix nasonnante. Et il y a de belles Juives toutes dents dehors... D'extraordinaires autos laquées de sang, de vert pomme, ou de gris perle, avec des groins monstres et d'énormes bésicles, conduites par un jeune homme étique et rasé jusqu'aux morpions dans son complet merdoie, et qui contiennent tout un panier de femmes et de fleurs — s'élancent comme des canons emballés ! Les bouffées de musique, les miaulements des violons d'Armenonville se glissent par intervalles entre le bruit des moteurs. Le soir, les arbres éclairés en dessous sont saupoudrés de lumière jusqu'aux plus hautes dentelles. Et les cafés avec leurs huttes, leurs paillotes et leurs musiques font penser aux abords d'un village nègre en fête. »

À côté de *Tancrède*, il y avait aussi ces fameux *Nocturnes*, dont Larbaud souhaitait accélérer la publication. Il savait que Fargue avait besoin d'être constamment épaulé, relancé, et il s'y employa avec la plus amicale obstination. Tout d'abord, il fallait décider sur quel papier serait imprimé le recueil. Fargue hésitait sans cesse : vergé, vélin ou alfa ? Il se disait également très pris par toutes sortes d'affaires, des procès, etc. Et quel éditeur choisir ? L'Occident ou La N.R.F. ? Grâce aux bons offices de Larbaud auprès de Gide, ce sera le second. Mais, avant tout, il fallait obtenir que Fargue fît dactylographier son manuscrit, ce qui lui valut de nouvelles remontrances de Larbaud. Le 23 janvier 1912, ce dernier annonçait à Marcel Ray : « Fargue, tout en continuant sa vie de noctambule, donne de deux à trois poèmes par semaine à la maison Remington qui lui en a fait des copies parfaites (deux points de suspension et pas trois !) [239]. »

Gide accepta de publier quelques poèmes dans *La Nouvelle Revue française,* mais le sens tout musical du titre « Nocturnes » lui échappait complètement, puisque nous le voyons écrire à Larbaud : « Vu les sujets, "Nocturnes" n'est pas possible[240]. » Il est vrai que Fargue aurait, quant à lui, préféré « Mangwa » ou, tout simplement, « Poème ». En fin de compte, ce sera « Songes », paru dans le numéro d'avril 1911. Mais le plus important, aux yeux de Larbaud, restait la publication en volume. Or, il manquait encore trois poèmes à la dactylographie, et Fargue semblait piétiner. « Fargue est le seul obstacle à la publication de ses œuvres ! Le cas est rare », confie amèrement Larbaud à Gide[241].

Soit qu'il n'ait eu qu'une confiance mitigée en ce dernier, soit qu'il fût soucieux de l'opinion de certains anciens amis, Fargue décida de remettre des copies dactylographiées du manuscrit à trois personnes choisies : Pierre Louÿs, Henri de Régnier et Paul Valéry. N'était-ce pas là renouer avec sa jeunesse et *Le Mercure de France* de ses débuts ? Peut-être escomptait-il aussi de ces trois amis quelque recommandation auprès d'un éditeur. À la mi-février 1911, Fargue fit, semble-t-il, une visite à Louÿs ; mais l'affaire paraît avoir traîné ensuite. Ses poèmes ne lui semblaient pas totalement au point, et lui-même traversait, déclara-t-il à Larbaud, une « crise de tristesse ». Fin mars, il assure à Larbaud qu'il remettra le lendemain les dactylographies aux trois amis pressentis. Le fit-il jamais ? Nous l'ignorons, tout comme nous ignorons quelles furent les éventuelles réactions de Louÿs, Régnier et Valéry[242].

Hésitations et atermoiements n'empêchaient pas Fargue de publier des extraits de ses poèmes en revue. Le 20 mars, *La Phalange* donne un long « Poème », tandis qu'on peut lire, dans le numéro d'avril de *La N.R.F.,* des « Poèmes » ; enfin, le numéro d'avril-mai-juin de *Vers et Prose* contient des

« Poèmes », dédiés à Pierre Haour. Fargue avait pris très à cœur la correction des épreuves et avait même fait l'effort inhabituel d'aller en personne à Bar-le-Duc, où s'imprimait *La Phalange*, et, trois jours plus tard, à Bruges, en compagnie de Paul Sordes, pour voir Verbecke, imprimeur de *La N.R.F.*[243]. Une lettre à Larbaud donne ses impressions de voyage en Belgique : « Traversée des usines qui veillent la nuit, remplies de cubes d'or en fusion, avec les grandes cheminées qui tirent une langue de feu bleu courbe. Mons avec les pyramides de charbon et les fanaux qui jouent à cache-cache les uns derrière les autres dans la plaine. Arrivée à Bruxelles... la grand'place (ses beffrois, sa dentelle noire), pareille à un sanhédrin de cyclopes pétrifiés, avec un œil unique à horloge couvert d'une espèce de taie bleuâtre[244]. »

Fargue aura la satisfaction de constater que, dans *La N.R.F.*, ses poèmes ne contenaient pas une seule coquille. Il en trouva par contre quelques-unes dans *La Phalange*, où il eut la joie de voisiner avec des poèmes en prose de sa chère Marguerite Audoux. Il écrivit sur-le-champ à celle-ci pour la féliciter chaudement, lui signaler des coquilles dans son « Poème » et lui confier en passant que, par ces brusques voyages, il avait essayé de se changer les idées : « Il faut vraiment que je me remue pour ne pas m'abandonner à des crises de désespoir. Et encore[245]... »

Mais ce n'était pas seulement la littérature qui requérait Fargue et Larbaud. La complicité instaurée entre les deux amis s'exerçait dans d'autres domaines, plus intimes encore. Se sentant toujours bridé ou surveillé par sa mère, Larbaud vit en Fargue le complice idéal non pas pour de nouvelles amours, mais pour des visites à des maisons particulièrement hospitalières. Leur correspondance en garde çà et là des traces éparses, auxquelles nous avons déjà fait allusion. Dès décembre 1910, soit aux premiers temps de leur amitié, Fargue avertit son ami : « Je me suis déjà mis en quête d'une nautique puellule (*arrigis impurissime*) mais il n'en est point encore dans le champ visuel. » Était-ce pour lui, ou bien pour Larbaud ? L'incertitude demeure, jusqu'à ce que, deux mois plus tard, Fargue annonce à Larbaud : « Ah ! j'ai trouvé un nid de puellules. Ah ! mon ami. Et j'y suis allé. Et j'ai bien gardé l'adresse. Je te raconterai cela. Et quelles ! » Point n'est besoin d'être grand latiniste pour savoir que « puellules » signifie « tendrons ». Et Larbaud, qui finissait de recopier *Tancrède* à la Bibliothèque nationale — non loin de la rue des Moulins et du *Chabanais* —, accuse réception du message : « Garde bien l'adresse du nid dont tu me parles. J'irai dès que je pourrai[246]. » Les deux amis durent se livrer à des escapades en commun, et Fargue s'en sera, à son habitude, vanté à mots plus ou moins couverts. La chose arriva aux oreilles de Marcel Ray, par le canal de Francis Jourdain. Réponse amusée de Larbaud à Ray : « Dites à Francis que Fargue et moi avons été calomniés : nous n'avons jamais fréquenté une maison où on trouve des petites filles. Nos mœurs sont pures... au moins en ce qui concerne les niñas[247]. »

11

UN LIVRE LONGTEMPS ATTENDU

L'art est une question de virgules.

Fargue consacra une partie de l'automne 1911 à mettre au point un poème intitulé « La Boulange », qui évoquait les temps du boulangisme, soit les années 1885-1889. Comme il ne publiera jamais rien sous ce titre, on ignore de quoi il s'agissait précisément. Peut-être des souvenirs d'enfance, qu'il aurait ensuite réutilisés dans *Banalité*? Il sera encore question de « La Boulange » début 1912 dans la correspondance Fargue-Larbaud; mais le projet, probablement éclipsé par la préparation de l'édition des *Poèmes*, n'eut pas de suite.

Rentré d'Angleterre, Larbaud appelle à cor et à cri Fargue à venir le voir à Vichy. Celui-ci, qui ne peut quitter Paris, lui conte les derniers potins et donne ses impressions sur des expositions de peinture. Dans les toiles de Laprade, il décèle « un côté assiette mal essuyée où il y aurait eu de l'oseille et des œufs durs »; quant aux œuvres exposées par Sacha Guitry, ce ne sont, déclare-t-il, que « de grosses vesses que ce gros serin insolent prend pour des ampoules électriques » (novembre 1911).

C'est sur ces entrefaites que Fargue va faire une rencontre qui le marquera. Le 16 janvier 1912, chez Yvonne Redelsperger (future Mme Gaston Gallimard), il fait la connaissance d'une jeune femme d'origine cubaine, Rosalia Sanchez Abreu, *dite* Lilita (1886-1955). Appartenant à une

1

2

3

4

1. Fargue à huit ans (1884).

2. Fargue durant son service militaire à Toul (1897).

3. Ex-libris de Fargue de sa main.

4. Portrait d'Alfred Jarry par Cazals (octobre 1897).

5

5. Fargue dans les années 1900.

6. Avec Maurice Ravel et Pierre Haour (vers 1910).

7. Marguerite Audoux.

8. Fargue, Michel Yell, Valery Larbaud et le maire de Fronton (1911).

6

7

8

9

9. Fargue à Paris (1919).

10. Emmanuel Couvreux, Fargue et le chauffeur (1919).

10

11

12

13

11. Paul Valéry, Fargue et Roffredo Caetani à Bénerville (1924).

12. Valery Larbaud, Fargue, Marie Monnier, Sylvia Beach et Adrienne Monnier à la foire du quai d'Orsay (1924).

13. Fargue entre le prince et la princesse de Bassiano (vers 1925).

14 

15 

14. Fargue entouré de sa dactylo, Cécile Gardey, et de Marie Monnier à sa broderie. Huile de Paul-Émile Bécat (1927).

15. Fargue dans l'atelier familial de céramique en compagnie d'Adrienne Monnier et de Sylvia Beach (à gauche) et de Léon Pivet (à droite).

16

16. De gauche à droite : Fargue, Maurice Ravel, Georges Auric, Paul Morand. Juin 1927, deux heures du matin, à la sortie du *Grand écart*.

17. Fargue vers 1945.

Crédits photographiques

1, 2, 3, 4, 6, 8, 15 : Coll. particulière-D.R. 5 : Archives Éditions Gallimard-D.R. 7 : Coll. particulière © Georges Besson. 9, 10 : Coll. Muriel Toso. 11 : Coll. Agathe Rouart Valéry. 12, 13, 14 : Coll. Maurice Imbert. 16 : Coll. Bernard Delvaille. 17 : Coll. Médiathèque V. Larbaud, Vichy.

riche famille cubaine de souche espagnole[248], celle-ci avait vécu à Cuba et aux États-Unis avant de venir, en 1907, s'installer à Paris. Très belle, d'une beauté créole particulièrement fascinante, elle deviendra l'amie intime d'Yvonne Redelsperger, grâce à qui elle connaîtra bientôt tout le milieu de la N.R.F., où elle fera de nombreuses conquêtes. À l'époque, son soupirant le mieux placé paraissait être Jean Giraudoux. Fargue, qui s'était violemment épris de Lilita dès les premières rencontres, se trouvait ainsi avoir un rival, et même plusieurs, car l'écrivain Jean-Louis Vaudoyer se montrait également sensible aux charmes de la jeune femme.

Si la passion de Fargue pour Lilita tourna rapidement court, comme on va le voir, il n'en alla pas de même de celle que la Cubaine inspirera à Saint-John Perse près de vingt ans plus tard : amour partagé attesté par une correspondance et des relations suivies[249]. Mais Lilita fut une femme très courtisée. Ne s'était-elle pas divertie à dresser elle-même la liste de ses soupirants ? Il y en avait soixante-dix... On a publié trois des nombreuses correspondances qu'elle reçut : celles de Giraudoux, de Fargue et de Saint-John Perse. Peut-être est-ce précisément la dizaine de lettres de Fargue qui en constitue le plus beau bouquet, le plus humain et sensible. Malheureusement, nous ne connaîtrons jamais les réponses de Lilita ; sur l'injonction de celle-ci, Fargue les brûla.

Plutôt que des lettres d'amour à proprement parler, celles de Fargue constituent des confidences, d'ailleurs très révélatrices sur le poète lui-même, sa vie d'alors, sa vision du monde, ses amitiés, ses sentiments les plus personnels. Détachons-en trois lettres, dont la première raconte une visite au Muséum, lieu chéri de Fargue : « Il y a eu un moment où une écharpe de soleil a glissé des fenêtres, et alors il s'est produit un mouvement imperceptible dans tout ce monde et comme une espèce de respiration. [...] Et tout cela était de la tristesse gonflée d'espoir, du pardon, comme un réveil après la pluie, comme un sourire après les larmes » (15 mars 1912). La seconde, du 21 avril 1912, est une extraordinaire évocation visionnaire du naufrage du *Titanic*, que Fargue recrée avec un art qui préfigure *Vulturne* :

« ... On voit tout : le vaisseau — grand comme un quartier en fête dans une grande ville, avec son sang, avec ses muscles, avec tout son réseau de feu, toute sa circulation de lumière, toute sa rumeur, sa profonde salle de bal où l'on danse encore (on imagine les animaux étranges des profondeurs attirés par toute cette clarté, par tous ces spectres danseurs, venant par bandes se coller aux hublots, convoyant et suivant longtemps le vaisseau). [...] Et alors — voilà l'autre : le grand fantôme blanc, transparent, phosphorescent comme un corps astral, l'iceberg de cinquante mètres de hauteur, qui s'avance en glissant à sa rencontre, — qui le touche de la pointe d'un immense couteau de glace qui crève tout ce luxe chaud, toute cette intimité, qui traverse une vingtaine de cabines et de chambres, tuant ceux qui veillent, et ceux qui dorment, et les amants qui s'aiment. [...] Et cet orchestre qui joue, de tout son cœur, tout son répertoire, le vaisseau qui envoie contre la Mort noire, par la voix de son orchestre, tous ses bataillons de souvenirs — ses souvenirs des temps de bonheur, des temps de civilisation sur la terre ruisselante de lumières — ses valses tziganes, ses romances de restaurant de nuit, ses chansons sentimentales, ses fragments d'opéra-comique qui ont fait tant de mariages, et tout le pauvre amour... [...] Et puis... l'enfoncement tout droit dans l'entonnoir, aux sons de la musique, le grésillement terrible de tout ce qui s'éteint, l'aspiration, la succion par un énorme tromblon d'émeraude... »

Non moins extraordinaire est la très longue lettre sur Charles-Louis Philippe (17 mai 1912), suscitée par Lilita, qui avait demandé à Fargue de lui parler de son ami disparu. Nous avons cité plus haut un extrait de cet étonnant portrait, beau complément, encore plus ému peut-être, à la préface écrite par Fargue pour *Charles Blanchard.*

Tous ces épanchements montrent que Fargue pensait trouver en Lilita une sorte de complice. Celle-ci appréciait fort sa poésie et certaines de ses qualités humaines ; mais elle le trouvera justement « trop passionné, trop sensible, trop conscient de sa masculinité[250] ». C'est un fait que, dès le début de leurs relations, ils avaient eu des discussions assez vives. Un carnet intime de Lilita se fait l'écho, à la date du 18 mars 1912, de l'une d'entre elles, lors d'une promenade à Chevreuse, où Lilita s'était employée à « lui ouvrir les yeux sur [s]a façon de faire[251] ». Tout cela ne les empêchait pas de se revoir souvent, soit chez les Gallimard, soit pour des promenades dans Paris, parfois en compagnie de Giraudoux : « Ils l'attendent à la porte du cours de Bergson et flânent à travers Paris et la banlieue, visitant les églises, longeant les canaux, poursuivant les oiseaux dans les parcs et buvant aux fontaines[252]. »

Fargue souffrait d'avoir en Giraudoux un rival visiblement mieux en cour que lui. En décembre 1912, Lilita notait dans son carnet intime, à propos de Giraudoux : « Il est celui qui me rendrait heureuse. » La jeune Cubaine, qui avait une forte personnalité, était déconcertée par certains traits de caractère de Fargue, certaines manies, certaines bizarreries. Tout cela eut pour conséquence de rendre le poète encore plus amoureux d'elle et de le faire s'épancher auprès de ses intimes. Dès février 1912, soit peu de temps après la première rencontre, Larbaud l'exhortait : « Où en es-tu avec celle que tu appelais Fermina M... ? Francis [Jourdain] m'a écrit que tu étais toujours amoureux ? Eh bien, épouse-la ! et dépêche-toi de l'épouser, et emmène-la à Cannes ! » Le mois suivant, Fargue confiera à Larbaud qu'il est « plus amoureux que jamais ».

Fargue pensait-il suivre le conseil de Larbaud et épouser Lilita ? Il eût d'abord fallu, pour y réussir, que celle-ci fût amoureuse de lui. De plus, le poète n'était certainement pas en mesure d'assurer à la jeune femme la vie luxueuse et brillante à laquelle celle-ci était habituée depuis toujours. Constatation qui dut lui serrer le cœur : ne l'appelait-il pas avec quelque regret « cher être de luxe » ? Néanmoins, Lilita ne se montrait pas non plus assez farouche avec lui pour qu'il abandonnât toute idée de l'épouser. Force nous est de reconnaître ici que certains documents nous font défaut. On remarque en effet que les lettres connues de Fargue à Lilita se répartissent chronologiquement en deux séries, qui correspondent à deux moments bien distincts de leurs relations. La première série (mars-mai 1912), celle qui contient les lettres les plus lyriques et les plus belles, date de l'époque où il était violemment épris d'elle ; la seconde (juin-novembre 1916) est d'une période plus distante, ce qui n'empêche pas le poète de continuer à soupirer.

Est-il possible que Fargue soit ainsi resté pendant quatre années sans écrire à Lilita ? Et qui sait si l'un et l'autre n'auraient pas, chacun de leur côté, fait disparaître des lettres attestant que les choses auraient sans doute pu aller plus loin ? Après tout, le poète a confirmé à sa correspondante qu'il avait effectivement détruit toutes les lettres qu'il avait reçues d'elle[253]... Simples soupçons, bien sûr, et peut-être extravagants ; toutefois, certaines confidences de Gaston Gallimard à Louise Rypko Schub attesteraient que la famille Abreu fit prendre des renseignements sur Fargue auprès du milieu Gallimard et qu'elle aurait ainsi appris, par une indiscrétion, l'existence d'une autre femme dans la vie du poète : Marcelle Jeanniot, dont il sera question plus loin[254]. Or, ce n'est que vers le début de 1913 que cette dernière semble être entrée dans la vie de Fargue. L'enquête menée par la famille Abreu, si elle se situe en 1913 (ou 1914 ?), indiquerait donc la persistance de tels projets à une époque pour laquelle nulle lettre de Fargue à Lilita ne nous est parvenue. Si l'on ajoute à cela qu'une lettre de Larbaud à Marcel Ray du 1er août 1913 se lamente de n'avoir pas vu, durant tout l'hiver, Fargue, « occupé par une intrigue mondaine », on serait fondé à croire que, aux alentours de 1913, Fargue caressa bel et bien l'espoir de « faire un riche mariage » et qu'il en fut cruellement désabusé.

Cet échec explique que ses relations avec Lilita aient repris pendant la Première Guerre mondiale, comme si Fargue avait conçu un nouvel espoir. Mais les choses avaient bien changé : Lilita, alors infirmière volontaire à l'hôpital de Gray, jugeait sévèrement l'attitude de Fargue soldat, que n'animait pas une ardeur patriotique excessive. Fargue, jouant son va-tout, se rendra en décembre 1916 à Gray, pour y revoir Lilita, laquelle n'apprécia guère sa visite. Après la guerre, les relations s'interrompront définitivement : en 1921, Lilita épousera le richissime Albert Sancholle Henraux. Lilita ne fut donc qu'un épisode de la vie sentimentale de Fargue, épisode qui, comme bien d'autres analogues, reste un peu mystérieux... Au moins Fargue aura-t-il su nous donner une admirable évocation de la jeune femme, dans le poème « Solitude » (*La N.R.F.*, juillet 1912) déjà cité : « Elle sent la branche verte d'un arbre tropical... »

Reportons-nous à présent au début de l'année 1912, époque où Fargue s'activait pour la publication de ses *Poèmes*, qui devaient paraître aux éditions de La Nouvelle Revue française. Déjà, *La Phalange* avait publié dans son numéro du 20 décembre 1911, une série de poèmes intitulés « Hymnes », ce qui avait valu à Fargue de recevoir une lettre émue d'Alain-Fournier : « Vos "Hymnes" de *La Phalange* m'ont tenu compagnie tout un après-midi de misère. Je me perdais là-dedans comme dans un profond taillis et je prenais si bien goût à m'y retrouver et à m'y reprendre sans cesse — et je m'y plaisais tant que j'en oubliais ma peine. Je vous assure[255] ! » Fin mars, soit peu après l'impression des *Poèmes*, paraîtra dans la revue *Le Recueil pour Ariane* une série de dix poèmes, « Chansons basses », qui, deux ans plus tard, seront repris dans *Pour la Musique*.

Fargue, qui avait déjà corrigé les premières, puis les secondes épreuves de ses *Poèmes*, décida brusquement d'y inclure une dizaine de poèmes nouveaux[256]. Il fila donc, en mars, à Bruges, chez l'imprimeur Verbecke, pour faire recommencer tout le tirage. L'affaire du *Premier Cahier* allait-elle donc se reproduire ? Le 14, Larbaud prévient Gide : « Gallimard m'a écrit que Fargue avait encore fait des siennes ! Comme G. attendait impatiemment un exemplaire des *Poèmes* de Fargue, il a appris de Verbecke que Fargue était retourné à Bruges et avait fait refaire l'impression de son livre[257]. » À l'instigation de Larbaud, mais aussi de l'éditeur et de l'imprimeur excédés, Fargue renoncera aux modifications projetées. En réalité, ce voyage éclair à Bruges aurait surtout eu pour raison l'obsession du poète, qui voulait avoir, pour les points de suspension nombreux dans son livre, non pas les trois points traditionnels, mais seulement deux — ce qu'il obtint, d'ailleurs.

Première œuvre importante de Fargue, *Poèmes* surprit généralement par sa masse et son unité de ton. Fargue en avait fait tirer des exemplaires de luxe, réimposés, qu'il avait adressés à ses amis : Larbaud, Haour, Valéry, Henri Albert, Lilita Abreu, Régis Gignoux, Judith Gautier, Eugène Descaves, Debussy, Henri de Régnier, Edmond Pilon. Des exemplaires ordinaires allèrent à des critiques et écrivains comme Alain-Fournier, André Suarès, Gaston de Pawlowski, etc. Un exemplaire de luxe fut même spécialement imprimé pour Guillaume Apollinaire, « amicalement[258] ». Dans sa lettre de remerciements, après avoir loué Fargue pour ses poèmes « pleins de sentiment et de la plus intense poésie », Apollinaire parle longuement de lui-même, de ses projets et de ses difficultés (*Alcools* ne paraîtra en effet que l'année suivante). En fait, les relations entre les deux poètes resteront toujours intermittentes et assez distantes. Était-ce parce qu'ils appartenaient à deux mondes finalement bien différents? Comme nous le signale Michel Décaudin, Fargue était alors trop lié à l'équipe de *La N.R.F.*, dont Apollinaire et ses amis des *Soirées de Paris* voulaient se démarquer. On chercherait donc vainement entre eux le moindre signe de complicité, et les réticences sont perceptibles dans ces lignes que, plus tard, Fargue écrira dans *Suite familière* : « Apollinaire a joué le hasard, le plus souvent avec bonheur, parfois avec une veine insolente. Il fait un pâté sur sa page, la plie, la raye avec l'ongle dans tous les sens, l'ouvre, et ça a donné de jolies figures, qu'il n'a pas grand'peine à arranger. »

Les *Poèmes* valurent à Fargue une belle lettre d'Henri de Régnier : « Je les trouve de la lignée que vous dites, lui déclarait-il, avec surtout, une couleur, un mouvement qui leur sont particuliers, une recherche, une fréquence d'images, des raccourcis, des arabesques qui vous appartiennent en propre. C'est très beau, très singulier, très surprenant[259]. » Non moins pertinents sont les compliments de Paul Valéry : « Rien ne me prend plus que cette opération longue d'une intelligence qui se distille. — Que de temps-alambics, que de gens-filtres traversés! Et on puise, on sauve, suspend, préserve dans le désordre si naturel, si important des résonances sensibles, — l'essentiel : les extrêmes, les inattendus, les chers échos, absences et commencements; enfin ce dernier objet de nos recherches, le spontané. J'aime et j'aimerai tout ceci dans vos *Poèmes,* — un millier de chances sur peu de pages[260]. »

Le regain d'intérêt suscité par la publication du livre pousse Alain-Fournier, qui fait partie des « Treize » de *L'Intransigeant*, à consacrer à Fargue un petit article : « Si vous n'avez rien de mieux à faire, le prévient-il, voulez-vous être chez Jacques Rivière [...] à 2 heures aujourd'hui. Vous m'y trouveriez et je vous demanderais : 1° de m'emmener à la répétition de *Daphnis et Chloé* au Châtelet... 2° de me dire quels sont les traits de votre physionomie auxquels vous tenez le plus. Je me suis entendu avec *L'Intransigeant* pour votre silhouette. » Parue dans le numéro du 21 septembre, cette silhouette est très évocatrice, quoique journalistique : « ... À la ville, [Fargue] est maintenant un dandy bon enfant, grand chercheur de formules pittoresques et de cravates inattendues. Dans le privé, c'est un céramiste épris de son métier [...]. En littérature, Paul Fargue [*sic*] est un poète de la lignée de Rimbaud — et nous n'en connaissons pas trois qui soient dignes de ce titre[261]. »

La réception de *Poèmes* fut, dans l'ensemble, très favorable, comme on peut le voir par les divers extraits de presse qu'a publiés Louise Rypko Schub. Pourtant, le premier en date de ces articles était plus que réservé. Il émanait de Georges Duhamel, qui tenait alors la chronique de la poésie au *Mercure de France*. Outre que les poèmes de Fargue lui paraissent évoquer « les façons d'écrire charmantes et un peu désuètes d'il y a quinze ans », Duhamel s'affirme choqué par le manque d'« organisation », de « composition » et de « logique » (!) du livre — mais l'auteur des *Pasquier* n'avait guère, avouons-le, d'antennes pour la poésie[262]. René Arcos a par contre bien vu la signification musicale du livre, où il discerne « bien moins de symbolisme que de romantisme ». Éloges également, quoique plus diffus, sous la plume de Gaston de Pawlowski : « M. Léon-Paul Fargue se laisse impressionner par les idées qui se présentent à son esprit. Il ne cherche pas à les diriger [...]. Il y a beaucoup d'effort, beaucoup de travail préparatoire dans ce volume qui paraît spontané[263]. » Citons encore un bel article de Francis de Miomandre dans la revue belge *L'Art moderne* : « Un équilibre mobile, souple, balance entre elles les phrases dans une succession harmonieuse. Une musique secrète, sourde, insaisissable mais certaine, les habite. » Et Alain-Fournier renchérit dans *L'Intransigeant* du 31 octobre : « [Ces poèmes] sont l'œuvre d'un musicien, d'un homme qui, délicatement, sait accorder les mots et leur faire chanter une ronde où passent des souvenirs anciens. »

Mais le plus bel article, peut-être, inspiré par le livre, ne parut jamais. Il était dû à Larbaud, qui, enthousiasmé par *Poèmes*, avait écrit une longue étude de trente pages. Jean Royère, à qui il en envoya le manuscrit pour *La Phalange*, le refusa : trop enthousiaste, trop polémique, trop de digressions, pas assez de critique... Larbaud, qui trouvait à part lui certaines objections de Royère assez fondées, n'insista pas. Vers 1920, il en offrira le manuscrit à Adrienne Monnier, et cette étude restera inédite jusqu'à sa publication, par les soins de Maurice Saillet, dans *Le Mercure de France* de juin 1963[264]. Pages très remarquables et qui sont, Royère l'avait bien vu, riches d'enseignements sur Larbaud lui-même, dont la passion critique est étonnante. N'était-il pas, en 1912, le seul à placer au-dessus de tous les autres poètes d'alors, Fargue, Valéry et Saint-John Perse ? Voici quelques extraits de son étude :

« Un homme raconte sa peine et sa joie et les choses qu'il a vues, et qui continuent à l'accompagner dans sa vie ; l'essence même de sa vie, quelque chose de plus profond que toutes les sciences, auprès de laquelle les idées ne sont qu'un jeu sans importance ; quelque chose de plus secret que la pensée, de plus intime que la passion : une identité irréductible, la sagesse quotidienne de l'âme qui se connaît, la vérité humble et inquiétante, qui nous contredit sans cesse et que nous méconnaissons ; ce qui en nous en sait plus long que nous.

« [...] Fargue sort des profondeurs de l'âme les causes les plus cachées, les moins visibles de la lumière du jour, tout l'obscur des hérédités, et les modes suivant lesquels l'âme immortelle répond au temps et à la limite. Son domaine est proprement ce "fond de mer aux tons sourds, qu'on sent là, derrière toutes choses". Sa poésie, c'est l'intelligence suivant pas à pas la Nature, et résolue à la suivre où qu'elle aille. Et alors nous avons ces grands poèmes de pensée [...]. On est enfermé dans le cercle magique, et toutes les passions, et les penchants et les habitudes, qui parlaient en nous et hurlaient parfois si haut, se taisent, domptées; et le miracle d'Orphée s'accomplit de nouveau... »

Est-ce l'accueil réservé à *Poèmes* qui décida Fargue à présenter son livre au prix Goncourt? Idée nullement farfelue, puisqu'il s'agissait là d'un recueil de poèmes en prose, et non d'un livre de vers. Fargue déposa donc des exemplaires chez divers académiciens Goncourt, dont l'influent Lucien Descaves, à qui il écrivit en s'excusant de vanter son livre : « J'y ai fait un effort qui ne saurait vous échapper, pour réaliser une forme de prose nouvelle où soit maintenu l'équilibre entre la plastique et la musique, entre la vision du peintre et le rythme... Ce recueil appartient à une lignée d'œuvres, telles que les poèmes en prose de Baudelaire, certaines pages de Nerval; le *Gaspard de la Nuit* d'Aloysius Bertrand; les *Moralités légendaires* de Laforgue, les *Divagations* de Mallarmé; pour ne parler que d'œuvres modernes et françaises (Dans la poésie anglaise on peut lui trouver des parentés, Shelley et Wordsworth, par exemple)... Je ne puis m'empêcher de penser à ce que disait un jour Jules Renard, au cours d'une "interview" à propos du prix Goncourt : "Ce que nous attendons, à présent, c'est un livre d'artiste, un livre d'impressions, par exemple, écrit avec soin et plaisir..." Y a-t-il, dans mon livre, quelque chose qui puisse répondre à ce souhait[265] ? »

Le livre était précisément d'une trop grande qualité pour avoir des chances de décrocher le prix. D'ailleurs, Fargue se trouvait en compétition avec divers autres concurrents, dont son ami Michel Yell, qui y avait présenté son roman *Cauët*. Il annoncera cependant à Larbaud que certains jurés lui étaient favorables : Rosny aîné, Élémir Bourges, Judith Gautier, Lucien Descaves — il est vrai que ce dernier promettait souvent sa voix à tout le monde... Quant à Judith Gautier, Fargue la fréquentait depuis quelque temps déjà. Alors sexagénaire, la fille de Théophile Gautier bénéficiait du prestige d'avoir été complimentée par Baudelaire et courtisée par

Wagner et Villiers de L'Isle-Adam. Très éprise de musique et de littérature orientale, elle réunissait ses amis dans son appartement de la rue Washington, où Fargue retrouvait une société assez composite : Péladan, Léon Hennique (alors président du jury Goncourt), la duchesse de Clermont-Tonnerre, et le compositeur Fanelli, qu'il admirait fort. Dans ses souvenirs inédits, Suzanne Meyer-Zundl notera, à la date du 30 décembre 1912, la présence de « Fargue, ce poète de talent qui est fanelliste [*sic*] passionné, c'est un gentil garçon très sympathique[266] ».

Mais le prix Goncourt 1912 n'ira pas à Fargue, dont la candidature n'est d'ailleurs pas mentionnée dans la presse de l'époque. Le 4 décembre, à l'issue d'une réunion fort mouvementée, le prix fut attribué aux *Filles de la pluie*, un recueil de nouvelles d'André Savignon « sur les mœurs assez libres des filles d'Ouessant[267] »... Cet échec, joint aux difficultés qu'il éprouvait alors dans ses relations avec Lilita Abreu, plongea Fargue dans une humeur noire, dont se fait longuement l'écho une lettre écrite le 24 décembre à Lucie Gallimard :

« ... Je me débats dans les plus ignobles difficultés. Ah ! ça n'est pas drôle, la vie, pour ne pas changer et pour radoter. Mais, comme dit l'autre, si je dis toujours la même chose, c'est que c'est toujours la même chose... Est-ce que je n'en sortirai jamais ?

[...] Ah ! je ne suis pas "l'Alceste aux rubans verts", mais je commence à comprendre ceux qui, lorsqu'ils se voient acculés, isolés, dépouillés de toute dignité, exclus de la conscience des autres et de leur propre conscience — préfèrent... s'en aller. Je suis bien noir, hein, ma pauvre amie. Et dire qu'il en est qui me croient "léger, égoïste, amusé uniquement, etc". Non, il est bien vrai qu'on ne peut pas compter sur moi quand je suis dans la mélasse, car je ne veux pas me présenter devant mes amis couvert de cette substance[268]. »

Pour se changer les idées, Fargue avait pris le parti de voyager. Fin août et début septembre 1912, nous le trouvons en Normandie : Trouville, Caen, Houlgate ; puis, à la mi-septembre, séjour chez Larbaud, à Vichy. Début janvier 1913, séjour dans le Valais suisse, à Montana, en compagnie de Lucie Gallimard, de Gaston Gallimard et de sa jeune femme, dont c'était le voyage de noces. Fargue était en effet devenu très intime avec l'éditeur et la famille de celui-ci. Pendant des années, il déjeunera plusieurs fois par semaine chez Gaston Gallimard, rue Saint-Lazare. On raconte même qu'à Paris ils faisaient ensemble de fréquentes visites dans certains lieux d'honneur... Gaston Gallimard avait pour Fargue une réelle amitié, et l'on vient de voir que celui-ci était également lié avec la mère de son hôte. À Montana, Fargue dit à sa mère son émerveillement, dans deux longues lettres dont voici des extraits :

« Ô la mémère, j'ai passé une nuit suffisante... Et voilà les villages suisses qui défilent, avec leurs chalets comme des joujoux. Et on se sent enfermé entre toutes ces montagnes ! [...] Et partout des montagnes et partout de la neige. Ah ! le bon Dieu n'a pas regardé ! Ce qu'il en a fourré... Et puis, ce silence partout. On se croirait oublié de toute la terre... » (10 janvier 1913).

« ... Quel coup d'œil au réveil ! Les branches des sapins ont l'air accablées, elles ressemblent à des mains dans des gros gants de laine blancs ! [...] On aperçoit, en bas, un train qui rampe comme une toute petite chenille. Le facteur vient d'arriver, avec son bâton ferré. Il ne m'apporte rien... Calme profond. Silence. Le chalet est gai, bien verni, bien clos, bien chaud, et coquettement paré, comme une bonbonnière dans cette immense montagne de neige... » (12 janvier 1913).

En novembre, Fargue publie dans *La N.R.F.* un article de critique d'art sur le Salon d'Automne, qui lui vaut les félicitations de Larbaud, alors à Florence : « Tu ne peux pas te figurer avec quel plaisir je l'ai lu. [...] Il est bon de faire voir aux gens qu'il y a des critiques pour qui les lois de l'art n'existent pas ; qui ne jugent que d'après leur amour ou leur dégoût. » Puis c'est la préface à *Charles Blanchard*, que Fargue, harcelé de rappels par Gaston Gallimard, parvient à terminer ; encore avait-il dû, pour y parvenir, aller se cloîtrer à Bénerville, chez l'éditeur. Mais c'est également une époque où la vie sentimentale de Fargue comme celle de Larbaud vont prendre chacune une nouvelle direction.

Larbaud avait en effet connu une jeune Anglaise, Gladys Day, avec laquelle il aura une liaison qui durera de 1913 à 1921. Sa redoutable mère tenant plus que jamais à lui faire épouser quelque riche héritière, il devait à tout prix lui cacher cette liaison. Telle est la raison pour laquelle, début 1913, on voit Larbaud demander mystérieusement à Fargue de lui poster de Paris des lettres, qu'il lui envoie sous enveloppe. Fargue va également servir de boîte aux lettres à Gladys, celle-ci lui écrivant, à son nom et chez lui, des lettres qu'il devra réexpédier à Larbaud. En mai, très accaparé par ce qu'il nomme « une affaire très importante » (sa liaison avec Gladys), Larbaud part pour l'Angleterre, où Fargue voudra bientôt absolument aller le rejoindre. Projet non réalisé, car Fargue avait de son côté connu, dans le milieu Gallimard, une jeune femme dont il s'était épris : Marcelle Jeanniot, actrice de l'Odéon, épouse divorcée de l'écrivain et député André Lebey.

Sur cette liaison de Fargue, nous ne connaissons, il faut l'avouer, que bien peu de chose. Francis Jourdain n'en déclarera pas moins à Louise Rypko Schub que Marcelle Jeanniot (1881-1965) fut « l'une des rares femmes qui devaient vraiment compter dans la vie [de Fargue][269] ». C'était la fille du peintre et illustrateur Georges Jeanniot, qui avait été l'ami de Degas et avait illustré des œuvres de Daudet, Goncourt et Mirbeau. Marcelle Jeanniot se trouvait alors avoir la trentaine. Sa vie sentimentale paraît avoir été assez compliquée. Nous avons nous-même connu sa fille, Mme Geymond-Vital, née Charlotte Lebey, mais celle-ci a souvent éludé nos questions sur Fargue et sa mère. Toutefois, nous avions pu consulter grâce à elle un exemplaire des *Poèmes* portant un envoi à Marcelle Jeanniot daté du 4 avril 1913 — ce qui fournirait un *terminus a quo* pour cette liaison. L'année suivante, Fargue fera imprimer un exemplaire sur Japon, « tiré spécialement pour Madame Marcelle Jeanniot », des deux éditions successives de *Pour la Musique.* Sur la seconde (mars 1914), il inscrivit ce bel envoi :

« C'est par la souffrance que l'homme donne sa mesure et prend toute sa valeur :

À vous, tout ce que j'ai de plus profond, de plus choisi, de plus tendre.

Quand je pense à ce que j'étais, ma pensée me semble un chant d'oiseau, le premier, sur une feuille toute neuve, sur la première feuille qui repousse dans une forêt qui brûle.

Léon-Paul Fargue.

L'amour le prit si fort au cœur
Que pour un sourire moqueur
Il lui vint un mal de langueur.

(Charles Cros)[270]. »

À défaut d'autre document, ces phrases peuvent définir la nature du sentiment éprouvé par Fargue, et aussi tout l'espoir qui l'habitait alors. Sur cette passion, le poète resta fort discret — peut-être parce qu'il n'avait pas, comme on l'a vu plus haut, vraiment renoncé à épouser Lilita Abreu. On trouve cependant quelques mentions de Marcelle Jeanniot dans la correspondance Fargue-Larbaud, car le premier l'avait présentée au second. Il est vrai que, durant une bonne partie de l'année 1913, la correspondance des deux amis est assez lacunaire et ne comporte que très peu de lettres de Fargue. De toute façon, l'un comme l'autre étaient alors visiblement contraints à une grande discrétion dans leurs amours. Si Larbaud, à propos de Gladys, parle dans une lettre à Gide de « grandes complications, tortures, joies, etc., etc. — sentimentales », les choses n'étaient pas plus simples pour Marcelle Jeanniot, qui, en 1914, demandera à Larbaud, alors à Monaco, de poster et de recevoir des lettres pour elle[271]. Après cette date, on trouve diverses mentions d'elle dans la correspondance Fargue-Larbaud, de 1914 à 1917. En septembre 1916, c'est Marcelle Jeanniot qui, avec l'aide de Fargue, trouvera pour Larbaud un appartement à louer, situé 71, rue du Cardinal-Lemoine, ce qui témoigne de relations amicales, attestées également par les lettres qu'elle écrivait régulièrement à Larbaud.

Tout changea brusquement début 1918. Marcelle Jeanniot, sans doute lassée de Fargue, s'éprit de l'acteur Charles Dullin, qu'elle partit rejoindre en Amérique et qu'elle épousera l'année suivante. Très affecté, Fargue, qui avait longtemps laissé Larbaud sans nouvelles, promit à celui-ci de lui raconter en détail « l'histoire de tout ce temps ». La lettre qu'il lui écrira à ce sujet (fin août ou début septembre 1918) n'a malheureusement pas été retrouvée. L'amertume qu'il ressentit à la suite de son double échec auprès de Lilita Abreu et de Marcelle Jeanniot, restera grande. Adrienne Monnier, que Fargue fréquentait beaucoup à l'époque et sur qui nous reviendrons, notera qu'« il était amer et volontairement méchant ». Et elle ajoute : « Il avait gardé tous ses désirs, mais il n'avait plus d'illusions. [...] Il eût vendu son âme au diable pour pouvoir se venger de certaines humiliations[272]... » À en croire Jean Galtier-Boissière, la liaison avec Marcelle Jeanniot se serait achevée de façon tragi-comique : à la suite d'une scène, celle-ci, excédée, aurait tiré une balle dans le derrière de Fargue ! Anecdote dont nous ne saurions garantir l'authenticité[273].

L'année 1913 va permettre à Fargue de faire de nouvelles connaissances, dont un certain nombre procèdent du milieu de la N.R.F. C'est aussi de cette époque que datent ses premières rencontres avec Jean Cocteau. Celui-ci, qui n'avait alors publié que *La Lampe d'Aladin* (1909), *Le Prince frivole* (1910) et *La Danse de Sophocle* (1912), qu'il reniera d'ailleurs plus tard, se rapprochait des milieux littéraires et artistiques d'avant-garde. Fargue aura l'occasion de le retrouver souvent après la guerre, au *Bœuf sur le Toit.* En 1913, il recevait de Cocteau d'insistantes invitations :

« Mon cher Fargue

Je compte sur vous jeudi soir. Il n'y aura que moi d'ennuyeux. Si vous ne venez pas, j'en aurai de la peine — N'importe quel costume, n'importe quelle heure.
Votre

Jean Cocteau[274]. »

Cocteau paraît bien avoir compté sur Fargue pour l'introduire à *La N.R.F.*, où il aurait aimé publier certains poèmes du *Potomak*, qu'il était alors en train de composer ; mais la tentative échoua, ce qui ne veut pas dire pour autant que Fargue fût insensible à la poésie de Cocteau. Ce sont également les débuts du Théâtre du Vieux-Colombier de Jacques Copeau, auxquels Fargue participe bénévolement en copiant des adresses et en collant des enveloppes[275]. Parallèlement, et si nous en croyons Larbaud, Fargue travaillait beaucoup à l'époque; mais rien de tout cela ne semble avoir été mené à bien : *Marie Pamelart,* un « Poème sur Paris », un article sur Rimbaud, un autre sur Isidore Ducasse. Il est vrai que, pour ce dernier projet, Fargue perdra toutes ses notes dans une serviette qu'il égara... S'agissait-il de notes recueillies jadis auprès de Gustave Hinstin? Nous ne le saurons jamais. Et, comme Larbaud publiera dans *La Phalange* du 20 février 1914 un remarquable article sur les *Poésies* de Ducasse, Fargue ne se souciera pas de reprendre son projet.

Si l'on veut se représenter le poète à cette époque, il n'est que de citer le portrait qu'en fit Roger Martin du Gard, qui l'avait rencontré à *La N.R.F.* en novembre 1913 : « Un visage rendu parfaitement ovoïde par la hauteur bombée d'un front dégarni et la pointe de la barbe. Des yeux en amandes, des paupières plissées sur un regard câlin, à la fois observateur et absent. Curieux mélange de sensualité frémissante et d'impassibilité orientale. Entre ses lèvres finement pincées, une cigarette est plantée droit, au centre de la bouche, qu'il entr'ouvre à peine pour parler. La voix est douce, enjôleuse. Il s'écoute, semble dicter un texte et le déguster au passage, en connaisseur[276]. »

Autour de Fargue, les nouveautés surabondaient : *Alcools* d'Apollinaire, la première du *Sacre du printemps* de Stravinski, *Du côté de chez Swann* de Proust... Ce dernier livre ne lui avait pas échappé, d'autant qu'il en connaissait vaguement l'auteur, rencontré jadis; mais il avouera plus tard qu'il avait été « dur à le lire ». Cela ne l'empêcha pas de recommander *Du côté de chez Swann* à Larbaud. Pensant aussi à sa propre production, Fargue réunit les dix « Chansons basses » de 1912, y ajouta une « Romance » datant de 1898, et proposa le tout à Gallimard. L'impression de cette plaquette n'aurait pas posé de difficultés, n'étaient les habituels scrupules de l'auteur. Achevée d'imprimer le 1er février 1914, elle était prête à sortir en librairie, lorsque Fargue s'avisa de vouloir corriger certains vers. On refit donc la composition, et l'édition définitive sera achevée d'imprimer le 1er mars 1914.

En réalité, les épreuves de la première édition montrent que Fargue avait, en un premier temps, réutilisé la composition qui avait déjà servi pour « Chansons basses » et que l'impression en avait été confiée à l'Édition Romane, pour le compte de Gallimard[277]. À l'instigation de Marcel Ray, qui trouvait ces poèmes « d'un "pré-jammisme" effarant », Fargue prit soin d'indiquer à la fin les dates « 1895-1898 », pour bien montrer qu'il s'agissait de poèmes anciens qui ne devaient rien au « jammisme[278] ». En 1914, de telles « romances » pouvaient en effet paraître « délicatement désuètes », comme ne manquera pas de le remarquer Georges Duhamel en rendant compte du recueil[279]. Lisons cependant « Dimanches » :

« Des champs comme la mer, l'odeur rauque des herbes,
Un vent de cloches sur les fleurs après l'averse,
Des voix claires d'enfant dans le parc bleu de pluie,

Un soleil morne ouvert aux tristes, tout cela
Vogue sur la langeur de cet après-midi.
L'heure chante. Il fait doux. Ceux qui m'aiment sont là.

J'entends des mots d'enfant, calmes comme le jour.
La table est mise simple et gaie avec des choses
Pures comme un silence de cierges présents...
Le ciel donne sa fièvre hélas comme un bienfait...
Un grand jour de village enchante les fenêtres...
Des gens tiennent des lampes, c'est fête et des fleurs...

Au loin un orgue tourne son sanglot de miel...
Oh je voudrais te dire... »

12

LES « BOUTIQUES DIVINES »

Les Potassons pressentent les Papotames...

Avril 1914. Dans *La N.R.F.* paraît l'un des plus beaux poèmes de Fargue, « Æternæ Memoriæ Patris », inspiré par la mort de son père. Texte qui vaut à Fargue l'admiration de Gide, lequel, à son habitude, en donne lecture à haute voix à Jacques Rivière et à des rédacteurs de la revue. « Tout le monde les a déclarés [*sic*] admirables, écrit celui-ci à Fargue, et nous étions tous bouleversés[280]. » Curieusement, et malgré cette approbation du secrétaire de *La N.R.F.*, le poète attendra cinq ans pour collaborer de nouveau à la revue.

Il est vrai que la guerre vint tout modifier de fond en comble. Dès le début des hostilités, Fargue est mobilisé au 15ᵉ régiment territorial d'infanterie, à Laon. On imagine son angoisse lorsqu'il se vit revêtu de l'uniforme. Il tente cependant de rassurer sa mère : « Nous sommes armés et équipés. Rien de nouveau. L'attente. Soigne-toi bien, et ne crois pas aux fausses nouvelles. » Malgré sa faible ardeur, Fargue partage avec bien d'autres l'illusion d'une victoire rapide : « Mon impression est que ces gens-là vont, enfin, recevoir une trifouillée[281]. » À Paris, Larbaud s'occupe de la mère de Fargue, restée seule avec sa servante Julienne, tandis que celui-ci s'inquiète des amis communs dispersés : Gaston Gallimard, Francis Jourdain, Michel Yell, Jacques Copeau, Régis Gignoux, Pierre Haour.

Par chance, Fargue se voit réformer, le 17 août 1914, par

la Commission de réforme de Laon. Mis en congé de convalescence, à charge de repasser plus tard une visite médicale de libération, il en profite pour aller à Vannes, où il retrouve les Gallimard et aussi Marcelle Jeanniot. « Vannes est une vieille ville très jolie avec de vieilles maisons et des rues pittoresques », écrit-il à sa mère le 12 octobre. Mais pourquoi Larbaud ne lui écrit-il plus ? Celui-ci, qui s'était engagé volontairement en août, végète alors comme infirmier dans un hôpital de Vichy ; il sera d'ailleurs réformé définitivement en décembre. Dans une lettre à Jean Schlumberger, Fargue décrit les désastres de la guerre, vue de Vannes : « ... quel hôpital ! Pas d'infirmières, pas de dames de la Croix-Rouge, pas d'outillage, pas de pansements. On n'endort pas les malades. Et beaucoup meurent du tétanos alors que leurs blessures étaient en bonne voie de guérison... Les Turcos rapportent des têtes d'Allemands coupées dans leurs musettes... Les territoriaux sont navrants. Les hommes de quarante ans en paraissent soixante, et comme on ne les entraîne pas plus qu'à Lisieux, sans doute, ils passent la journée à boire des bolées de cidre[282]. »

Définitivement installé à Paris, Fargue peut reprendre sa vie habituelle. Son noctambulisme se voit cependant contrarié par la fermeture nocturne de presque tous les bars, à cause du couvre-feu. Joseph Kessel racontera que Fargue avait cependant réussi à en trouver un, près de la gare Saint-Lazare, qui restait ouvert jusqu'à minuit. Il en sera longtemps le dernier client, jusqu'au jour où des agents, le surprenant errant dans les rues après la fermeture, le conduisirent au commissariat. Ayant lié conversation avec le commissaire et les agents, Fargue y resta, enchanté d'une telle compagnie, jusqu'à l'aube : « À partir de ce jour, et jusqu'en 1918, ajoute Kessel, Fargue vint terminer toutes ses nuits au commissariat du quartier Saint-Lazare[283]. » Le jour, après un réveil tardif, il reprend ses visites chez Gaston Gallimard. On le voit souvent aux concerts, et c'est aussi l'époque où il fréquente une femme surnommée « la Roussalka », dont il parle dans ses lettres à Larbaud mais sur qui nous ne savons rien. Sa santé le tracasse : sinusite persistante, et surtout maladie des voies respiratoires, pour laquelle il se décide à consulter un grand spécialiste, le professeur Letulle. Il est également préoccupé de trouver des ressources pour lui et sa mère, la fabrique fonctionnant au ralenti, la plupart des employés ayant été mobilisés. Vendre des vitraux et des céramiques devient de plus en plus problématique, bien que Fargue s'y emploie de toutes ses forces. En août 1915, il implorera son ami Arthur Fontaine — secrétaire général du Bureau international du Travail, à Genève — de lui trouver une place dans ses services. Celui-ci lui ayant proposé un emploi « sédentaire », Fargue ne donnera pas suite[284]...

Le printemps 1915 voit les retrouvailles avec Larbaud, de passage à Paris. L'auteur de *Barnabooth* se montre très désabusé. Se sentant « absolument inutile » après sa réforme, il rentrera se terrer dans une solitude absolue à Vichy. Au milieu de ses activités mondaines, Fargue tâche de répandre la poésie de son ami, à qui il annonce début juin : « J'ai lu dernièrement en soirée tous les Poëmes (*Borborygmes*) de Barnabooth, devant des dames du Faubourg Germain qui en étaient comme quatre sous de tarte!! Et je te f... mon billet que je ne les ai pas mal lus ! » Une lettre à Ricardo Viñès atteste sa persistante passion musicale : « Je vous rappelle l'adresse des Gallimard... Alors 7 h. 1/2, 8 h. moins le quart. Tout ce qu'il y a de plus en veston. Chouette... On aimerait beaucoup que vous nous jouiez aussi des choses d'Erik Satie[285] ! »

De la vie de Fargue durant la seconde moitié de 1915, nous ne connaissons que quelques déplacements. En août séjour à Trouville : « Il y a peu de monde ici, et beaucoup de soldats blessés convalescents, qui se refont à l'air de la mer », écrit-il à sa « grosse petite mémère ». Fin décembre, nous le trouvons quelques jours à Vichy, chez Larbaud, à qui il rapporte le manuscrit de la traduction d'*Erewhon* de Samuel Butler, que son hôte lui avait prêté. Ce séjour est un peu un adieu, car Larbaud, dégoûté de la guerre comme de l'atmosphère de Vichy, s'apprête à partir pour l'Espagne, où il restera jusqu'en 1919. Ce long séjour verra un notable accroissement de sa correspondance avec Fargue, sans que celui-ci lui réponde d'ailleurs beaucoup.

Désormais libre de toute obligation militaire (ce « Marolles » qui continue de faire frémir Larbaud), Fargue se met à fréquenter assidûment le milieu de la N.R.F. : Gide, Copeau, Pierre de Lanux, Alexis Léger. Il fait aussi office de lecteur de manuscrits pour la revue et se lamente d'avoir trop de textes inspirés par la guerre. Un soir, chez Arthur Fontaine, il lit à celui-ci et à Copeau des passages des *Chants de Maldoror*, qui, dit-il à Larbaud, produisent « sensation ». Autre sensation, que nous trouvons indiquée dans une lettre à Gaston Gallimard écrite des bureaux de la N.R.F. : « Ce genre de miñone de Betty Suarès entre bruyamment en balançant des mandarines grosses comme des potirons... »

Dans ce Paris marqué par la guerre mais qui commençait déjà à revivre de sa vie propre, Fargue va faire la connaissance d'Adrienne Monnier, qui, au 7 de la rue de l'Odéon (ô Maurice Imbert !), venait d'ouvrir une librairie de prêt. En 1918, cette librairie deviendra la Maison des Amis des Livres et constituera rapidement un des centres de la vie intellectuelle de l'époque. Nous connaissons la date exacte de la première rencontre de Fargue et d'Adrienne Monnier : le 6 février 1916, chez des amis communs. La jeune femme — qui n'avait que vingt-trois ans — n'ignorait point le nom du poète. Elle avait lu *Poèmes* et *Pour la Musique*, qu'elle appréciait vivement. Dès le lendemain, Fargue fit son entrée à la librairie, avec un paquet d'exemplaires de *Tancrède*... dont, à la date de 1920, dix-sept seulement seront vendus. Très rapidement, Fargue prendra l'habitude de se rendre en fin d'après-midi rue de l'Odéon. Pour lui, cette librairie était un havre inespéré, où il pouvait bavarder tout à loisir. Plaisir particulièrement précieux pour un homme qui ne cessait de se lamenter de voir la guerre le priver de ses conversations habituelles. La personnalité même d'Adrienne Monnier avait également de quoi le retenir.

Issue d'un père jurassien et d'une mère savoyarde, Adrienne Monnier (1892-1955) était une autodidacte, passionnée de littérature et d'art. Elle avait, en novembre 1915, ouvert une librairie de prêt, dont le catalogue, très éclectique, faisait une large place aux écrivains contemporains d'avant-garde, lesquels n'étaient nullement consacrés ni reconnus à l'époque. Sa finesse, son intelligence, son talent pour l'amitié lui permettront de réunir dans sa librairie toute l'élite de la littérature et de l'art du demi-siècle, d'Apollinaire à Prévert, en passant par Fargue, Valéry, Larbaud, Romains, Jammes, Gide, Saint-John Perse, Breton, Aragon, Claudel, Michaux, Char, Reverdy, Joyce, Cendrars, Crevel, Artaud, Leiris, Rilke, Satie, Benjamin, Poulenc et bien d'autres, de Léautaud à Hemingway. Saint-John Perse, qui sera lui aussi son débiteur, pourra écrire : « En elle, sous ce clair regard, tant de libre mouvement et de forte sagesse ; en elle, très prodigue, tant de témérité naturelle et de tranquille lucidité ; et tout ce large sens humain, et toute cette façon d'être elle-même et tous [...] : ouverte à tout, de tout curieuse, prompte à saisir le vif, et l'essentiel, le vrai, dans toute sa nouveauté ; aussi prompte à retrouver ses libres conclusions. » Et le même la décrit au physique : « Assurée dans ses larges jupes de laine crue, coiffée de court et tête ronde, le front têtu contre toute bêtise et contre tout snobisme[286]. »

Cette femme discrète et indépendante, à l'intelligence toujours en éveil, était également un écrivain de race, à qui l'on doit les poèmes de *La Figure* et *Les Vertus*, des *Fableaux* et de très vivants souvenirs, *Rue de l'Odéon*. Après la Seconde Guerre mondiale, elle continuera ses activités, mais, torturée par une cruelle maladie, elle mettra fin à ses jours en 1955.

Sa librairie possédait son originalité propre, qui, encore plus que des livres, venait des visiteurs qu'on y rencontrait, et aussi des activités diverses qu'elle y organisait. Parmi celles-ci, des séances de lectures, souvent faites par les auteurs eux-mêmes. Fargue se verra honoré de deux séances (17 janvier 1919 et 25 mars 1920), tout comme Valéry et Claudel. Il y eut également une séance Levet, en 1921, où Fargue dialogua avec Larbaud ; une séance Joyce avec conférence de Larbaud, etc. On doit mentionner également les revues dirigées par Adrienne Monnier : *Le Navire d'Argent* (1925-1926) et *La Gazette des Amis des Livres* (1938-1940), et la maison d'édition, qui, à partir de 1917, publiera des œuvres de Valéry, Romains, Claudel, Levet et surtout, en 1929, la première traduction de l'*Ulysse* de Joyce.

Autant de raisons, pour Fargue, de se sentir à l'aise dans ce qu'il appelait la « voukike » de la rue de l'Odéon. La libraire fut tout d'abord frappée par certains traits de la physionomie de celui à qui elle trouvait un « air d'homme de cour » : son regard, d'une « étonnante papelardise »; sa voix « superbe »; sa « charmante barbe debussyste »; sa main d'« un moelleux extraordinaire ». Toutefois, lors de leurs premières rencontres, le poète lui parut fort amer, et même « accablant ». Il restait parfois jusqu'à dix heures du soir, contant longuement ses malheurs, les humiliations et tous les déboires qu'il avait subis. « Mais ce sombre climat s'éclaircit vite », ajoute Adrienne Monnier. Fargue se montra bientôt sous son jour le plus séduisant et amusant. Tous les après-midi, rue de l'Odéon, il tenait sous le charme de sa conversation pleine de verve la libraire et son associée Suzanne Bonnière[287]. Il aura également une influence non négligeable sur les destinées de la librairie, où il introduisit, en 1917, Paul Valéry, puis Pierre Haour, et, en 1919, Larbaud : trois amis qui deviendront aussi ceux d'Adrienne Monnier.

En dépit de cette sympathie réciproque, les rapports de Fargue et d'Adrienne Monnier connaîtront une évolution déconcertante. Certains traits de caractère du poète finiront par indisposer la jeune femme, qui alla jusqu'à lui interdire l'accès de sa librairie — ce qui ne veut pas dire pour autant qu'elle cessait de le recevoir dans son appartement. Mais ces événements se situent à une époque plus tardive, vers 1924. Il est d'ailleurs curieux d'observer que c'est précisément vers la même époque que Larbaud commencera à se détacher de Fargue, ce même Larbaud qui, en 1930, rompra définitivement lui aussi avec Adrienne Monnier. Que de ruptures autour de celle-ci! Faut-il y voir le signe de sa forte personnalité? Peut-être; mais ni Fargue ni Larbaud ne lui auront, chacun de son côté, facilité les choses.

Pour se faire une idée de l'atmosphère de ce Paris de 1916-1917, il n'est que de parcourir le *Journal d'un attaché d'ambassade* de Paul Morand. La vie mondaine et intellectuelle avait repris : matinée Claudel au *Gymnase* (à laquelle assista Fargue) ; déjeuners chez *Maxim's*; thés chez Hélène Berthelot; Cocteau partout présent, Satie, Picasso, Stravinski, les premiers films de Chaplin, Proust entre sa chambre calfeutrée et les salons du *Ritz*... Mais Fargue ne fréquentait pas exactement les mêmes milieux que ceux auxquels Morand avait accès par sa situation et par ses relations. Il commençait cependant à se propager dans le monde, mais l'argent lui faisait défaut, et la fabrique paternelle tournait plus que jamais au ralenti. Cette situation difficile le poussa à échafauder de singuliers projets. Nous le voyons ainsi entretenir son ami Arthur Fontaine, grand fonctionnaire international et mécène avisé, d'un mirifique projet d'une « usine de ciment », qu'il a conçu en association avec... Gaston Gallimard. « Nous apportons, assure-t-il péremptoirement, des ingénieurs, des techniciens, des capitaux. » Et il poursuit : « Vous savez que nous étions partiellement tributaires de l'Étranger avant la guerre. (Et, après la guerre, le ciment continue...) Nous savons où trouver du matériel et des terrains à ciment. Mais une usine à ciment coûte cher, et ne peut être intéressante, paraît-il, que si elle produit annuellement environ 60 000 tonnes. Nous ne la monterions donc pas sans savoir si cela répondrait actuellement aux besoins de l'État (ou à des intérêts départementaux). Et l'État avancerait-il une partie des fonds pour commencer l'installation[288] ? »

Projet demeuré sans suite. Pour vivre, Fargue dut s'en remettre à la fabrique paternelle et subsister grâce à des expédients. À la fin de la guerre, et pendant quelque temps, il vivra même d'une petite somme d'argent que lui remet-tait quotidiennement Pierre Haour, lequel avait pris cette précaution pour éviter qu'il n'allât tout dépenser d'un coup.

« Tu m'as bien abandonné ces derniers temps... », reproche Larbaud à Fargue en février 1917. On ne connaît en effet nulle lettre du second au premier entre novembre 1916 et août 1918 — à tel point que Larbaud écrira à la mère de Fargue pour se plaindre ! Son ami prolongeant son séjour à Alicante, Fargue est brusquement saisi du désir d'aller l'y retrouver et intrigue en ce sens auprès d'amis bien placés. Allant un peu vite en besogne, il lui confie en août 1918 : « Je vais avoir une mission du gouvernement en Espagne ; je l'ai. » Il ajoute que, si Larbaud pense aller aux États-Unis, il pourrait l'y rejoindre de la même façon ! Peine perdue... Larbaud n'oubliait pas son ami, même si celui-ci s'obstinait à ne pas lui écrire. Durant le printemps 1917, il avait relu ses *Poèmes* et noté : « Fargue ne laisse rien au hasard. » Il se réjouit également d'apprendre que son ami va dans le monde et y a du succès en lisant ses poèmes : « Les "gens du monde" de Paris seraient-ils en train de comprendre ce qu'est la véritable poésie[289] ? »

Quelque peu honteux, Fargue avoue à Larbaud durant l'été 1918 : « Je pense à toi chaque jour et tu me manques terriblement, mon bien cher Valery. Je vais t'écrire, je te raconterai tout[290]. » Tout, c'est-à-dire ses malheurs sentimentaux, la rupture avec Marcelle Jeanniot et le départ de celle-ci allant rejoindre Dullin aux États-Unis. Comble d'ironie, Dullin allait y retrouver Copeau, que Fargue, en octobre 1917, avait accompagné à Bordeaux jusqu'au bateau, sur lequel le metteur en scène s'embarquait en compagnie de Gaston Gallimard. Si l'on se souvient que, en décembre 1916, le poète avait totalement échoué dans sa tentative auprès de Lilita Abreu, on peut concevoir qu'Adrienne Monnier l'ait, au début de leurs relations, trouvé passablement désenchanté.

Une consolation lui fut peut-être apportée par la dédicace d'un poème — d'ailleurs très rimbaldien — d'un jeune écrivain, André Breton : « Âge », paru dans la revue *Les Trois Roses* en juillet 1918. Breton n'était pas tout à fait un inconnu pour Fargue. En avril 1916, le futur auteur de *Nadja*, alors interne de l'hôpital de Nantes, lui avait écrit, à propos de *Tancrède*, une lettre un tantinet précieuse et mallarméenne, congrûment calligraphiée à l'encre rouge sur papier gris foncé :

« ... Ailleurs encore j'ai trop aimé ces vers qui donnent leur fièvre, aussi, comme un bienfait. À vous écrire tant m'encourageaient de voix amies que je cédai. Voici l'intention du poème : accueillez-la.

Outre une correspondance et au hasard de permissions l'entretien avec Paul Valéry, Apollinaire ou Jean Royère, et jusqu'aux après-dîners chez Madame Bonniot, tout m'entretient délicieusement de vous. Défendez-vous de ce réseau quotidien de pensées[291]... »

Fargue ne répondra pas à la dédicace du poème. Déçu, Breton la supprimera lorsqu'il recueillera « Âge » dans *Mont de Piété.* Il reviendra cependant à la charge début 1918. Il projetait de faire au Vieux-Colombier une conférence sur Jarry. En quête de renseignements sur l'auteur de *L'Amour absolu,* il s'adressa à Valéry, qu'il pria de le recommander à Fargue. À ce dernier, il écrivit pour solliciter un entretien : « Ne dois-je pas me fier à vous seul pour l'exactitude du portrait ? » Il se montrait fort impatient de « recueillir ces confidences inappréciables[292] ». Fargue donna-t-il suite à cette demande ? Le projet de Breton tourna d'ailleurs court, et la conférence n'eut jamais lieu. Mais Fargue n'était sans doute guère disposé à évoquer des souvenirs intimes sur Jarry, et pour cause. S'il en parla à Breton, ce ne fut sans doute que pour lui dire des banalités. Malgré cela, Breton gardera toujours une certaine estime pour Fargue, qu'il reverra aux temps de *La Révolution surréaliste.*

Durant la guerre, à une date que nous ne saurions préciser, Fargue avait fait la connaissance d'un homme dont la grande originalité ne pouvait que lui plaire : Erik Satie. Sans doute avait-il eu auparavant l'occasion d'entendre souvent parler de lui par ses amis Ravel, Paul Sordes et Calvocoressi. Le musicien était aussi l'ami intime d'une jeune artiste que Fargue fréquentait et avec laquelle il restera lié : Valentine Gross, qui en 1919 épousera Jean Hugo et dont les témoins seront justement Satie et Cocteau.

Homme très indépendant, doté d'un humour presque dadaïste (on sait la complicité qui le liera à Picabia), par ailleurs grand noctambule, Satie commençait alors à jouir d'une certaine réputation. Il avait débuté comme pianiste à Montmartre, avant de devenir le zélateur de Péladan à la Rose-Croix. Peut-être Fargue eut-il l'occasion de le rencontrer vers 1895 à la Librairie de l'Art indépendant, dont le musicien était à la fois un auteur et un habitué. Lié avec Debussy, mais surtout, à partir de 1915, avec Cocteau, Satie était devenu célèbre en 1917 avec le ballet *Parade.* Par Cocteau et Valentine Gross, il connaîtra toute l'avant-garde : Picasso, Stravinski, Diaghilev, etc. À l'époque où il rencontra Fargue (1916), il composait ce qui sera peut-être son chef-d'œuvre, le drame symphonique *Socrate*, commandé par la princesse de Polignac (autre future amie de Fargue) et dont il donnera en 1919 une audition chez Adrienne Monnier.

On connaît la drôlerie des titres donnés par Satie à certaines de ses compositions : *Morceaux en forme de poire, Véritables préludes flasques (pour un chien), Embryons desséchés, Croquis et agaceries d'un gros bonhomme en bois.* Nul doute que le poète devait aussi savourer l'humour si particulier de Satie conférencier, celui de « L'intelligence et la musicalité chez les animaux » ou de cet étonnant « Éloge des Critiques » :

« ... Celui qui a dit que la Critique était aisée n'a pas dit quelque chose de bien remarquable.

— C'est même honteux d'avoir dit cela : — on le devrait poursuivre —

— pendant au moins un kilomètre —

— ou deux —

— l'homme qui écrivit une telle chose...

— Peut-être le regrette-t-il, ce propos ? —

— C'est possible ; ... c'est à souhaiter ;... C'EST CERTAIN...

Le cerveau du Critique est un magasin —

— un grand magasin. »

Les premières traces épistolaires des relations Fargue-Satie remontent à mai 1916. Le second envoie au premier une carte postale pour lui demander d'urgence « un truc très court et terriblement cynique [...] pour la soirée Matisse-Picasso-Bonnard[293] ». Était-ce un poème ou un texte de présentation ? Nous l'ignorons. Satie appréciait vivement la poésie de Fargue, surtout les petites pièces ironiques qui formeront plus tard *Ludions.* Mais il comptait également sur Fargue pour lui fournir quelques « ors », ce qui montre à quel point les relations devaient être amicales entre lui et l'impécunieux poète. Très rapidement, ils se tutoieront, comme le montre cette carte du 2 septembre 1916 :

« Cher Brave ami — Il paraît que tu te "grouilles" pour m'avoir un peu d'or en billets. Vas-y, mon bon ; j'en ai grand besoin — très besoin. Je compte sur toi.

Comment vas-tu? Que fais-tu de bon en ce moment? Et nos “trucs” “Vieux-Colombier”? Où en est-ce? En mets-tu? Penses-y, nom de Dieu! Tu peux me faire des choses épatantes.

Ton vieil ami qui te remercie

Erik Satie.

P.S — Vois donc pour les chansons “farces” sur n’importe quel sujet; — le premier sujet venu peut être le bon[294]. »

Même refrain dans une carte de 1918, que Satie signe « Ton vieux camarade et complice ». Satie pensait-il avoir trouvé en Fargue le parolier idéal? Le fait est qu’il mettra en musique « La Statue de bronze », puis cinq autres poèmes des futurs *Ludions* : « Air du rat », « Spleen », « Grenouille américaine », « Air du poète » et « Chanson du chat ». En 1918, lors d’une séance consacrée à Fargue chez Adrienne Monnier, Satie sera lui aussi à l’honneur, Ricardo Viñès interprétant au piano une de ses *Gnossiennes.* Mais, après la guerre, les rapports du poète et du musicien s’aigriront, par la faute du premier, qui aurait pris la mouche pour une question protocolaire. Fargue aurait alors bombardé de lettres insultantes son ami, qui lui répondit tranquillement le 6 juin 1923 :

« Cher ami — On la connaît... “Rogne”, mon gros, mais pas trop fort... Faut pas se fâcher... Oui.

Bien sûr... toi, tu n’es pas aussi “fourneau” que tu en as l’air (malgré ta Légion d’Honneur)... Oui.

J’attends un mot de toi — et des regrets convenablement exprimés. Oui.

Ton vieil ami

ES[295]. »

Fargue semble cependant en avoir gardé rancune à Satie, et lorsque celui-ci lui fit savoir en 1925, par le truchement de son éditeur Lerolle, qu’il voulait le revoir au sujet des cinq mélodies qu’il avait composées sur *Ludions,* il fit la sourde oreille. Satie était déjà à l’hôpital Saint-Joseph, où il devait mourir peu après.

Durant la guerre, Fargue s'était remis à écrire des poèmes, embryons des *Ludions* de 1930. En mai 1916, il en avait lu à Roger Martin du Gard, qui notera sans enthousiasme dans son *Journal* : « Fargue me lit des vers pince-sans-rire que Stern doit illustrer et que Satie doit mettre en musique. Je n'y suis pas du tout[296]. » Il s'agissait de petits poèmes ironiques, qui tranchaient assez sur le ton des deux premiers recueils de Fargue. À l'inspiration familière vient s'ajouter une grande fantaisie, qui manifeste un renouvellement de l'inspiration :

« Les salades d'escarole
Dansent en robe à paniers
Sous la lune blonde et molle
Qui se lève pour souper.

Un couple d'amants s'isole
Gracieux comme un huilier
Et va sous un muflier
Voir pousser les croquignoles[297]... »

Intitulés « Nocturnes aromatiques », ces poèmes étaient dédiés à Ricardo Viñès, et l'on ne peut s'empêcher d'y retrouver, en maint endroit, comme un souvenir de l'humour de Satie. Celui-ci, on l'a dit, mit en musique certains de ces poèmes, qui furent joués dès 1916 par Viñès, et Fargue put annoncer à Valentine Gross : « Viñès est un ange et Satie en est un autre. Nos "nocturnes aromatiques" ont eu un fameux succès. » La fantaisie paraît d'ailleurs surabonder chez le poète, à en juger par cette rêverie préhistorique qu'il déroule dans la même lettre : « Il faut que nous fassions des albums, Valentine, avec des aéroplanes attaqués par des ptérodactyles, des belles noyées peignées par des hippocampes au fond des vaisseaux naufragés, des combats de héros et de scarababys, des rondes d'insectes la nuit avec de jeunes roses mal réveillées qui ont comme fourrure une grosse chenille autour du cou, des chemins de fer pleins de belles madames attaquées par des Peaux-Rouges dans une forêt d'Amérique, des papillons voyageurs sur lesquels on imprime des lettres d'amour, des poëtes qui fumeront leur pipe à cheval sur une

Sirène et des paysages enchantés qui se sauveront pour qu'on ne les photographie pas ! (Et Kodak vous dira encore : "votre photo est bougée !")[298]. »

Fargue se montre également attentif à la poésie des autres. Le 1er mars 1917, il assiste, chez Adrienne Monnier, à la séance Jules Romains, où celui-ci lit son grand poème *Europe*. Auparavant, il avait corrigé les épreuves de *La Jeune Parque* de son ami Valéry, dont il fera, le 29 avril, une célèbre lecture en « avant-première » chez Arthur Fontaine. L'enthousiasme manifesté à cette occasion par Mme Muhlfeld, qui tenait un salon célèbre, contribuera fortement au succès du poème. Fargue payera de nouveau de sa personne pour Valéry, le 5 juillet, chez Mme Aurel, puis, deux ans plus tard, avec une causerie et des lectures lors d'une séance Valéry à la Maison des Amis des Livres. La brusque renommée de l'auteur de *La Jeune Parque* devra ainsi quelque chose à Fargue, qui déclara un jour à Adrienne Monnier : « Notre plus grand poète, c'est Valéry, vous verrez ce que je vous dis, Adrienne, vous savez que mon nez ne me trompe jamais. »

Durant les deux dernières années de la guerre, Fargue sort beaucoup, fréquente quantité de gens. La librairie d'Adrienne Monnier lui sert de point de ralliement, et il y donne rendez-vous à ses anciens amis : Chanvin, Pivet, Delamarche, Haour, comme aux nouveaux : Cocteau, Satie, l'imprimeur Darantière. C'est au sein de ce milieu que se forma la bande des « Potassons », sorte de confrérie informelle dont le nom était une création ancienne de Fargue, qui avait baptisé ainsi ses chats. Adrienne Monnier, qui en donna la définition, dira que les « Potassons » se caractérisent par « la gentillesse et le sens de la vie », leur « bon appétit et bonne humeur », et que, pour eux, « le plaisir est un positif ». En voici la liste, toujours d'après la libraire : Larbaud, Chanvin, Pivet, Daragnès, Delamarche, Satie, Sylvia Beach, Raymonde Linossier, Thérèse Bertrand-Fontaine, Jacqueline Fontaine, auxquels on joindra Valéry, Claudel, Gide, Yell, Durtain, Cocteau, Güiraldes, Gabriel Latombe, Vandérem, Pierre Haour et Adrienne Monnier elle-même. Satie aurait, a-t-on prétendu, écrit une *Marche des Potassons*; en réalité, un simple projet, resté sans suite. Mais il composera une *Marche de*

Cocagne, et l'esprit des « Potassons » coïncide sur bien des points avec le sien.

« Plus jeune potasson du monde » : ainsi se dénommait Raymonde Linossier, amie de Poulenc et de Satie, que Fargue rencontra chez Adrienne Monnier en 1917. Cette jeune fille, qui n'avait que vingt ans et étudiait « le droit Goulifon », venait de publier un tout petit roman fort original, *Bibi-la-Bibiste*, texte burlesque et parodique teinté de satire religieuse, qui plaira fort à Ezra Pound. Les poèmes de Fargue, qu'elle connaissait depuis longtemps, la transportaient d'enthousiasme, et elle se liera rapidement avec celui-ci, qu'elle retrouvait chez son amie Adrienne. Lorsqu'elle mourra subitement en 1930, Fargue écrira sur elle un hommage très ému, *Une Violette noire* : « Elle va venir avec son air juste, avec sa gravité secrète, avec ses yeux sensés et tendres. [...] Il faut aussi que je l'emmène voir, un de ces soirs, les Grands Moulins de Pantin, ce dessin du père Hugo ravalé par Piranèse. [...] Nous tâcherons aussi de trouver un chemin pareil à ce chemin, tout au bout de Neuilly, où nous nous promenions, un jour de vacances, avec Adrienne Monnier, et où vous avez dit, en vous tournant vers nous d'un air si sage : "Je suis heureuse..."[299]. »

Dans ce milieu des Potassons parvenaient les échos du grand changement qui s'annonçait dans les lettres et les arts et qui culminera avec l'irruption de Dada à Paris. Il y avait d'abord la revue *SIC* de P.-A. Birot, éclectique à l'excès, et surtout *Nord-Sud*, que son directeur, Pierre Reverdy, venait apporter lui-même rue de l'Odéon. Mais Fargue, qui venait d'avoir la quarantaine, attachait-il grande importance aux poèmes de ces jeunes gens qui avaient nom Reverdy, Max Jacob ? Il se laissera plutôt séduire par les avances que lui feront, un peu plus tard, Breton et ses amis. D'ailleurs, les nouveautés d'alors étaient perçues bien différemment selon les personnes. Adrienne Monnier avouera que les premiers numéros de la revue *Dada* la laissèrent ahurie et qu'elles les enfouit dans un tiroir. On sait aussi qu'Apollinaire lui-même, alors en plein accès de patriotisme, considérait d'un œil inquiet cette publication suspecte venue de Suisse, pays neutre rempli d'anarchistes...

Fargue préférait fréquenter Cocteau, qu'il voyait souvent chez Adrienne Monnier. Ami de Valentine Hugo, l'auteur du *Potomak* faisait, en quelque sorte, la liaison entre un certain milieu mondain et la rue de l'Odéon. Vibrionnant, connaissant admirablement son Tout-Paris, Cocteau était alors extrêmement empressé auprès de Fargue, à qui il cherchait à plaire. Une lettre de lui au poète restitue assez bien le climat de leur amitié d'alors :

« Mon gros

J'ai couru chez notre bonne Monnier avec Valentine [Hugo] pour t'emmener dîner — cinéma — triste — je voulais te voir et "s'aimer un peu". Oui mon mal brode et tourne — cherche sa place dans la corbeille.

Téléphone au Louvre 21.19, 51 rue des Mathurins — (note) peut-être pourrions-nous dîner après-demain soir mardi ou nous voir après si dîner te dérange — je compte sur un téléphone avant 10 h. ou entre midi 1/2 et 2 heures — Si tu veux les endroits où me trouver je goûte à 6 h. chez Peddy, place de la Madeleine — entre Porché et Fauchon, thé américain — avec Le Grix.

Sinon déjeunons ou dînons mercredi —

T'embrasse

Jean[300]. »

Au milieu de ce tourbillon, Fargue avait d'autres activités, non moins lyriques. Avant de venir presque chaque après-midi rue de l'Odéon, il passait non loin de là, 52, rue de Vaugirard, à l'Institut Jaques-Dalcroze, école de danse rythmique administrée par son ami Emmanuel Couvreux, avec qui il bavardait tout en regardant danser les jeunes filles. Il avait même la clé de l'école, où il venait à l'occasion se reposer sur un divan ou, à défaut, sur des chaises. Couvreux, qui avait beaucoup d'amitié pour lui, l'hébergera après la guerre et l'emmènera souvent en voyage à travers la France, dans son auto. Mais, durant la guerre, Fargue, que sa réforme avait sauvé du champ de bataille, n'en oubliait pas pour autant ses amis demeurés sous l'uniforme. Jacques Porel racontera que, fin 1917, le poète s'était abouché avec un médecin-major, qu'il avait conquis par son bagout, pour faire réformer ou retirer du front ses amis mobilisés[301]. D'autres amis étaient de sa part l'objet d'attentions, tel Henri de Régnier, que le rationnement de tabac affligeait et à qui Fargue fit don de cigarettes, ce qui lui valut de recevoir un madrigal de son aîné :

« Plus heureux qu'un subrécargue
Et presque autant qu'aucun Dieu,
Je fume. Léon-Paul Fargue
M'a fait don d'un paquet bleu[302]. »

La poésie de circonstance était d'ailleurs cultivée aussi par Fargue à cette époque, sans doute pour réagir contre le climat morose de la guerre. En septembre 1918, lors d'un séjour en Berry, il envoie ce mirliton à Adrienne Monnier, sur une carte postale représentant la maison de George Sand à Gargilesse :

« En pensant à George Sand
J'ai brassé mon sang,
Et me suis détourné sens
    Devant-derrière
    À la rivière...
Mais je sentais par derrière
        Dudevant !!!
        Toujours évident.
        Votre Léon-Paul[303]. »

La guerre finie, commencèrent pour Fargue ce que son ami Pierre Louÿs appelait « les désastres de la paix ». La « Belle Époque », le symbolisme, l'ancienne société elle-même, tout avait soudain pris un air préhistorique. Rendue plus aiguë par la révolution russe, la question sociale était passée au premier plan et les conflits se multipliaient. Dès lors, Fargue allait connaître une longue période de difficultés matérielles, qui s'aggraveront avec les années. Par suite de la guerre, la clientèle de la maison de céramiques paternelle avait disparu ou s'était modifiée. Comment continuer à faire tourner la fabrique ? Fargue s'y essaiera quelques années plus tard, dessinant lui-même des coupes d'éclairage en verre qu'il fera fabriquer et tentera de placer un peu partout. Mais la situation littéraire avait elle aussi bien changé. Dada mettait la provocation et la révolte à l'ordre du jour. Debussy venait de mourir. Proust allait recevoir le prix Goncourt, et *La N.R.F.* affirmait son importance grandissante. Mais Fargue, nous l'avons déjà signalé, ne collaborera que sporadiquement à la revue dans l'immédiate après-guerre : un texte de trois pages en 1919, puis plus rien jusqu'à 1923 (un texte sur Proust), et une nouvelle interruption jusqu'en 1927. Cette abstention peut paraître curieuse, étant donné les liens intimes qui unissaient le poète à Gaston Gallimard. Faudrait-il penser que le premier ne se souciait guère de plaire à Gide, dont l'influence était grande à *La N.R.F.* ? Le fait est que les deux écrivains se considéreront toujours un peu en chiens de faïence. L'exubérance, le picaresque, la verdeur de l'homme Fargue, certains traits de son caractère aussi, ne pouvaient guère emporter l'adhésion de Gide. D'un autre côté, bien des choses séparaient Fargue de l'auteur de *La Porte étroite*, dont il ne soufflera pratiquement mot dans ses souvenirs. On peut également penser que, comme l'a souligné Maurice Saillet, Fargue supportait assez mal « le prosélytisme martial d'un Ghéon et d'un Schlumberger », dont l'influence contrecarrait alors à *La N.R.F.* celle de Gide et de Rivière.

Quant à Proust, dont l'étoile ne cessait de monter, Fargue aura l'occasion de le revoir à plusieurs reprises en 1918-1919, car ils avaient au moins un ami commun : Jacques Porel, le fils de la grande actrice Réjane. Un passage des souvenirs de celui-ci nous montre même, fin 1919, Fargue s'endormant chez lui sur l'épaule de Proust en écoutant Ricardo Viñès jouer du Debussy[304] ! Il est vrai que ce genre de sommeil, loin de traduire quelque ennui, exprimait chez Fargue un grand contentement... Dans *Suite familière*, Fargue se souviendra d'une rencontre avec Proust chez Misia Sert : « Nous trouvâmes enfin une table et nous causâmes une partie de la nuit. La voix de Proust était couverte, et je n'y retrouvais plus ces harmoniques... Il parlait abondamment, avec une lassitude amusée. Il étendait vaguement les bras...

Ruskin, du travail, un grand ouvrage à pied d'œuvre. Il était au bord de la confidence, il y entrait avec douceur, avec une sorte de chaleur triste. Depuis, je le revis souvent, notamment chez Jacques Porel, qu'il aimait beaucoup. »

Le mois de juillet 1919 verra de fréquentes rencontres avec Larbaud. Adrienne Monnier annonce aux Hoppenot : « Nous comptons sur vous pour la soirée du lendemain samedi ; il y aura Fargue, Larbaud et 2 ou 3 potassons pur sang. » La même Monnier organise chez elle, le 25 juillet, un « goûter dînatoire », au cours duquel Larbaud lit des extraits de son *Luis Losada*. Lecture fréquemment interrompue par Fargue, lequel se lance dans de longues digressions, et qui, durant plusieurs jours, poursuivra son ami un peu dépité en lui serinant cette sonnerie de caserne de son cru : « T'as-t'i abouti ? T'as-t'i abouti ? »

Indulgent, Larbaud se réjouira le mois suivant de voir Fargue reprendre le travail. Mais l'inspiration était-elle vraiment revenue ? Lorsque Fargue publie en septembre dans la *Revue de Paris* des « Hymnes », et même si ces pages sont annoncées comme « inédites », ce n'est que du réchauffé : le poème écrit à la mémoire de son père, déjà paru en 1914. Notons cependant qu'en octobre de la même année 1919, les éditions de la N.R.F. font paraître un volume intitulé *Poëmes* [*sic*] et qui regroupe, avec quelques additions et changements, les *Poèmes* de 1912 et *Pour la Musique*. D'un prix accessible, et tiré à un plus grand nombre que les éditions originales, ce recueil courant de l'essentiel de l'œuvre a son importance, car, très répandu, il fera connaître Fargue d'un plus large public.

Fargue continue de venir régulièrement en fin d'après-midi à la librairie d'Adrienne Monnier, où il introduit Larbaud, lequel ne tarde pas à se lier d'amitié avec la jeune femme. Se sentant en confiance rue de l'Odéon, Fargue s'y laissait souvent aller à des propos assez libres, et Adrienne Monnier pourra écrire à Larbaud : « Grâce à Fargue, nous n'ignorons rien de tout ce qui se peut dire et s'inventer inépuisablement sur le noble sujet du Sexe. » Mais, déjà, certaines fêlures apparaissent dans ses relations avec la libraire, du fait de son caractère à la fois bizarre et complexe. Des questions de préséance dans une anthologie des poètes modernes composée par Vandérem pour la *Revue de Paris* obligent Adrienne Monnier à prendre ses distances et à avertir Fargue en août 1919 : « Pour moi, vous savez que je vous aime bien et je souffre seulement de votre caractère qui vous fait d'ailleurs souffrir, vous le premier. — Mais soyez sûr que je ne dirai jamais à personne mes raisons et que je vous garderai toujours à la Maison le prestige très grand que vous y avez acquis[305]. » Premières escarmouches d'une brouille qui n'éclatera qu'en 1924.

Depuis quelque temps, les rencontres avec Larbaud se sont, par la force des choses, espacées. Larbaud passe en effet l'automne 1919 à Londres, puis, en janvier 1920, il part pour Alicante, où il restera jusqu'à fin avril. Lors de rapides séjours à Paris en septembre, puis en octobre 1919, il reverra cependant son ami. À Alicante, enfin sorti de la publication de sa traduction d'*Erewhon* de Samuel Butler, Larbaud caressait un autre projet, auquel il va bientôt associer Fargue : la publication des *Poèmes* de Levet. Après en avoir proposé un choix à la revue *Littérature*, qui ne les publiera pas, Larbaud songe, sur la suggestion d'Haour et de Monnier, à une plaquette qui serait éditée par la Maison des Amis des Livres. Il comptait précisément, mais bien à tort, sur Fargue pour l'aider dans des recherches bibliographiques, et les choses traînèrent. Il fallait aussi écrire la préface, qui consisterait en une conversation entre les deux amis. Cette fois non plus, Fargue ne parvenait pas à se mettre au travail... Ce n'est qu'en novembre 1920 que Larbaud réussit à tirer de lui, en les écrivant sous sa dictée, quelques pages de souvenirs sur Levet. Victoire ? Non pas, car, une fois la préface mise au net, Fargue ne cesse de la reprendre et de la corriger, retardant ainsi sans cesse l'impression. Un dernier incident nous est conté par Maurice Saillet : « ... au début d'avril [1921], Fargue frète un taxi pour se rendre chez Darantière à Dijon, en compagnie de Paul-Émile Bécat, Marie Monnier et Léon Pivet. Cette équipée a pour objet l'insertion, dans la préface, du membre de phrase : *les frites gazouillent*. Fargue le fait composer et tirer sur épreuves, puis, tout bien pesé, le supprime[306]. »

Cette belle publication, qui parut en avril 1921, n'aura vu le jour, il faut bien le reconnaître, que grâce aux efforts et à l'obstination de Larbaud. Malgré cela, Fargue s'associera à celui-ci pour, lors d'une séance Levet qui eut lieu à la Maison des Amis des Livres le 13 avril, lire en public avec Larbaud l'extraordinaire conversation qui sert de préface aux *Poèmes* de Levet. L'année précédente, le 25 mars 1920, Fargue s'était vu honorer, à la même librairie, dans une séance qui lui était consacrée. Après une brève, trop brève, « préface parlée » prononcée par le poète lui-même, des extraits de ses œuvres furent lus par Gide, Miomandre, Adrienne Monnier, Jacques Porel et la grande actrice Réjane. Celle-ci, née en 1856, mourra quelques mois plus tard, et ce sera l'une de ses dernières, sinon sa dernière apparition en public. Fargue fut particulièrement ému de l'entendre : « Elle dit mes poèmes avec un tel sanglot de l'intelligence, avec une telle création du cœur que je crois les entendre comme quelque chose de neuf et qui ne serait pas de moi. » En revanche, il constata avec dépit que les deux places de premier rang réservées à Proust étaient restées vides — ce qui, plus tard, ne l'empêchera pas de mentionner, dans *Portraits de famille*, la présence de celui-ci !

Cette période voit se produire, dans la vie affective de Fargue, divers changements d'importance. Le 18 septembre 1920 était brusquement mort Pierre Haour, à peine âgé de quarante ans. Cette disparition affectera également beaucoup Adrienne Monnier, dont Pierre Haour était l'ami intime autant que l'associé à la Société des Amis des Livres. Fargue, lui, se voyait privé d'un grand ami doublé d'un mécène généreux, qui savait le soutenir efficacement. Désormais réduit à ses seules ressources, qui étaient maigres, Fargue attendra jusqu'en 1924 pour trouver un autre mécène, en la personne de la princesse de Bassiano. Autre événement, remontant à 1919 : c'est chez Adrienne Monnier qu'il fait la connaissance de la sœur de celle-ci, Marie Monnier, *dite* Rinette, qui avait épousé le peintre et graveur Paul-Émile Bécat. Fargue deviendra rapidement un ami intime du couple, chez qui il allait souvent le soir, bavardant et finissant souvent par dicter à Marie des textes qu'il improvisait. L'intimité devint bientôt si grande que l'amitié avec la jeune femme se changera en un autre sentiment et qu'elle deviendra la maîtresse du poète.

Celui-ci était d'ailleurs, en tout bien tout honneur, l'ami de Paul-Émile Bécat, qui nous laissera plusieurs beaux portraits de lui.

La liaison avec Marie Monnier-Bécat — qu'Adrienne n'ignorait certes pas — dut se nouer vers 1921 ou 1922. Sur cet épisode de la vie amoureuse de Fargue, nous n'avons guère, comme documents, qu'une vingtaine de lettres de lui à Marie, qui ne donnent pas de détails vraiment intimes et se caractérisent surtout par leur grande fantaisie. Fargue fera avec celle qu'il appelait sa « suave Rineton » de fréquents voyages, et des séjours en Savoie, où les sœurs Monnier passaient l'été dans un chalet au-dessus de Chambéry. Après la fin de leur liaison, Fargue et Marie resteront toujours en rapports très suivis. Marie Monnier sera d'ailleurs un sujet de discorde avec Adrienne, du moins dans la pensée de Fargue, qui prétendait — sans doute à tort — que celle-ci lui reprochait de lui préférer sa sœur.

13

BROUILLES ET EMBROUILLES

Tant aimés, je les ai tant aimés, et ils m'ont tant balafré !

L'horreur de la guerre s'estompant peu à peu, un véritable tourbillon semblait s'être emparé des lettres et des arts : poésie, peinture, musique. Dada et les prodromes du surréalisme ne pouvaient laisser indifférent Fargue, qui en entendait souvent parler à la N.R.F., par Gaston Gallimard, Gide et Rivière. Il va donc se remettre à collaborer aux revues, de manière d'ailleurs assez éclectique. En mars 1919, *Littérature,* revue dirigée par Aragon, Breton et Soupault, publie, sous le titre « Écrit dans une cuisine », deux des futurs *Ludions* :

« La grenouille
Du jeu de tonneau
S'ennuie, le soir, sous la tonnelle...
Elle en a assez !
D'être la statue
Qui hurle en silence un grand mot : Le Mot !... »

Deux autres seront publiés en 1922 dans *Les Écrits Nouveaux,* revue commanditée par le richissime André Germain et à laquelle collaboraient aussi Breton et Soupault. C'est précisément en compagnie de Germain que l'on voit Fargue, le 9 décembre 1920, au vernissage de la retentissante exposition Picabia, à la galerie *La Cible,* où se pressent aussi Picasso, Satie, Marie Laurencin, Breton, Aragon et Cocteau. Que pensait

Fargue des tableaux de Picabia, et celui-ci, des œuvres du poète ? Peut-être les deux hommes sympathisèrent-ils, car l'auteur de *Jésus-Christ rastaquouère*, très lié avec Satie, faisait preuve d'un grand humour et avait des aspects cocasses susceptibles de séduire Fargue.

Larbaud étant désormais fixé à Paris, Fargue et lui se voient bien plus fréquemment. Un menu du restaurant Delaborde, quai Malaquais, garde les traces d'un repas sans doute bien arrosé. Larbaud s'amuse aux dépens de sa tante : « Recevai, Mademoisel Dézétivot, mes caincaire sallutassions », tandis que Fargue s'abandonne à sa fantaisie :

> « Quand les Burgraves de la merde
> Se réunissent en conseil
> Pour vendre un savon de Marseil'
> Ou des rasoirs marque Shepherd
> (Vendus par la maison Von Erd)
> Ils disent : Perçons un tunneil
> Quand les Merdaves de la Bergue etc. etc.[307]. »

Se mêlant de concert à la vie littéraire, ils fréquentent écrivains et critiques. On les voit dîner ensemble chez Bernard Grasset, chez Émile Henriot, et aussi chez la baronne Brault ou chez Arthur Fontaine. Chez le diplomate-poète Henri Hoppenot également, où Fargue lit jusqu'à deux heures du matin *La Soirée avec M. Teste.* Plus ludique est cette autre soirée, passée au cirque Médrano, où Fargue se délecte à regarder les Fratellini, en compagnie de Gide, Larbaud, Adrienne Monnier et la belle Iris Tree. Cependant, Larbaud s'inquiète pour son ami et, de Valbois, interroge Adrienne Monnier : « Fargue travaille-t-il un peu ? » Il se réjouit de lire dans *Les Écrits Nouveaux* trois poèmes de lui, tout en pensant sans doute que c'est là trop peu de chose. Durant l'été 1921 est agité un projet — non réalisé — de séance Larbaud à la Maison des Amis des Livres, et Fargue est pressenti pour le rôle de Tournier de Zamble dans le *Journal de Barnabooth.* Sur ces entrefaites, Fargue exprime le désir de venir passer quelques jours à Vichy. Larbaud lui répond que, n'étant pas chez lui, mais chez sa mère, à Valbois, il ne peut le recevoir comme il voudrait. Pourquoi ne pas se retrouver à Saint-Amand ou à Montluçon ? De son côté, Jacques Rivière, secrétaire de *La N.R.F.*, aimerait bien y publier des textes de Fargue et s'en ouvre à Larbaud, qui pourrait peut-être lui confier *La Rue Lepic*. « Je ne l'ai pas, et je lui dis ce que j'en sais », avoue Larbaud à Adrienne Monnier, en ajoutant non sans à-propos : « Je lui conseille comme seul moyen de tirer quelque chose de Fargue, de lui offrir de grosses sommes[308]. »

Il est vrai qu'à cette époque les rapports du poète avec Gaston Gallimard s'étaient aigris, à cause de ragots colportés par le premier. « Je ne tiens pas essentiellement à la guerre, lui réplique l'éditeur. Ayons une explication, si tu le désires, mais je crains qu'elle ne donne rien. Celles que nous avons eues précédemment n'ont amené aucun résultat puisque tu as continué à me déchirer malgré la cordialité que je te montrais et que les apparences me faisaient croire réciproque. [...] Depuis deux ans je n'ai cessé de me montrer extrêmement amical à ton égard malgré les potins de la maison Monnier, malgré l'espèce d'isolement où tu as essayé de me faire reléguer après mon retour d'Amérique. [...] Mais c'est la dernière expérience que je veux faire avec toi[309]. »

Larbaud, qui était alors tout à la joie de sa découverte d'*Ulysses* de Joyce, avait entrepris d'en traduire des fragments, destinés à être lus en décembre lors d'une séance Joyce chez Adrienne Monnier. Fargue avait déjà eu l'occasion de rencontrer l'écrivain irlandais, qui était très lié avec Adrienne Monnier et plus encore avec l'amie de celle-ci, la libraire Sylvia Beach, qui avait publié l'édition originale de son roman. Appréciant vivement la fantaisie de Fargue, Joyce insistera pour qu'on associe celui-ci à la traduction des passages d'*Ulysses*, pour qu'il « les truffe de locutions plus ou moins débridées » (M. Saillet). Emporté par sa verve, Fargue, après avoir, à son habitude, fait échouer par ses retards plusieurs séances communes de traduction, n'hésita pas à introduire dans le célèbre monologue final de Molly Bloom quantité d'obscénités particulièrement énormes. Obligé de reprendre et réviser entièrement la traduction, Larbaud déclara à Adrienne Monnier : « Molly Bloom n'est pas aussi plébéienne que l'avait faite Fargue. » Mais Joyce, à qui ce genre de vocabulaire n'était nullement étranger (il suffit, pour s'en convaincre, de lire ses lettres à Nora), n'en tiendra pas rigueur à Fargue, avec qui il maintiendra des relations fort cordiales. En plus d'amis communs comme Larbaud et Monnier, les deux écrivains avaient un goût partagé pour le langage, la création lexicale et les jeux de mots, et les contrepèteries dont Fargue était prodigue dans sa conversation ravissaient l'auteur de *Finnegans Wake*. Plus prosaïquement, Fargue aura l'occasion, en 1925, de recourir à Joyce pour placer quelques-unes de ces coupes d'éclairage qu'il fabriquait. Joyce s'avéra efficace et lui adressa à ce sujet divers messages très techniques : « Je ne sais que faire avec ces coupes — je veux dire pour les poser. Nous avons essayé partout mais les électriciens sont si bêtes — ils nous proposent des chaînes impossibles ! Résultat — une des coupes s'est déjà cassée ! Sauvez-moi les autres, je vous en prie, car autrement elles périront de mort inglorieuse[310]. »

Survint alors l'incident qui sera à l'origine de la rupture avec Larbaud. Celui-ci avait passé toute la première moitié de l'année 1922 en Italie, où il avait fait la connaissance d'une Italienne, qui sera plus tard sa femme, Maria Angela Nebbia. Il était cependant contraint à de multiples précautions, aussi bien du côté de sa mère que de son amie, celle-ci étant mariée et mère d'une petite fille. C'est donc en grand secret qu'il l'amena avec lui à Paris et l'installa dans son appartement de la rue du Cardinal-Lemoine. Inquiet de la « clôture » de son ami, Fargue, qui avait pris l'habitude de venir le voir impromptu, se décida à lui rendre visite. Le hasard voulut que, Larbaud étant sorti, ce fût Mme Nebbia qui le reçût. Au lieu de repasser plus tard comme elle l'y invitait, Fargue n'hésita pas à s'installer. Comme Larbaud ne l'avait pas, et pour cause, mis dans la confidence, il s'imagina que la jeune femme n'était qu'une simple amie ou connaissance italienne de passage à Paris. Il en vint à la traiter assez familièrement et se serait même, prétendent certains, permis un geste qui la choqua fort[311]. Trouvant à son retour Fargue chez lui, Larbaud explosa et le mit brutalement à la porte.

Lorsque Mme Nebbia lui raconta ce qui s'était passé, il fut encore plus outré. S'en expliqua-t-il avec Fargue ? Plus probablement avec Adrienne Monnier, qu'il avait déjà mise dans la confidence à propos de Mme Nebbia et qui recueillit aussi les aveux gênés de Fargue. Nullement étonnée de la conduite de ce dernier, la libraire essaya néanmoins de réconcilier les deux amis en les invitant à un dîner chez elle, le 1er août, en compagnie des Hoppenot. Courtoisement, mais fermement, Larbaud déclina l'invitation, ne tenant pas à revoir Fargue en compagnie de Mme Nebbia. Auparavant, il avait fait rudement chapitrer son ami, qui avait dû promettre de ne révéler à quiconque la présence de la jeune femme à Paris et encore moins son installation chez Larbaud. Fargue promit, et il tiendra parole. Mais, comme l'écrit Maurice Saillet, « malgré cette assurance, ou pour qu'elle soit respectée, Larbaud mande à Adrienne Monnier qu'il ne veut plus voir Fargue à la Maison des Amis des Livres, où ils ont l'habitude de se rencontrer, ni à plus forte raison chez lui[312] ».

Fargue accusa durement le coup. Il tenta de se faire pardonner; rien n'y fit. Certes, il aura par la suite l'occasion de retrouver Larbaud chez certains Potassons ou à des dîners chez Adrienne Monnier; mais Larbaud ne reviendra jamais sur sa décision de ne plus l'admettre dans son intimité. Dès lors, leur correspondance se raréfiera et finira par cesser : une douzaine de lettres, et très brèves, jusqu'en 1924; puis plus rien. Encore ne fut-ce le plus souvent qu'à cause de la revue *Commerce* que les deux hommes auront l'occasion de se revoir en 1924-1927. Larbaud ne retirera en rien son estime à Fargue poète, mais notera que celui-ci était « dans la vie trop bruyant ». La véritable rupture, nous le verrons, n'interviendra toutefois qu'en 1924.

Devant désormais faire attention avant d'entrer à la Maison des Amis des Livres, ayant également perdu l'amitié de Larbaud, Fargue se retrouvait assez seul. Il essaya de se raccrocher aux souvenirs de son amitié avec Larbaud en célébrant les fastes des « Potassons ». C'est ainsi qu'il donna à la revue *Intentions*, pour le numéro d'hommage à Larbaud, un texte intitulé « Les Potassons » (repris dans *Suite familière*) et qui, « à grand renfort de noms cités (plus de trente, en comptant ceux des personnages et institutions imaginaires), dresse une sorte de "plus haute tour" contre toute espèce de mésentente », dira Maurice Saillet :

« ... Un soir, ils descendirent d'un train bizarre à la locomotive en forme de trombone, puis, quand la musique fut finie, ils prirent un transatlantique, un rapide, un tortillard, un bac, et arrivèrent dans la nuit, sans être reconnus, à Saint-Pourçain-sur-Sioule où ils virent de la lumière chez Raymond l'Imprimeur qui avait sorti sa presse à bras sous le bolet vert de la lampe et travaillait à la main, oui mon vieux, pieusement, au premier volume des Œuvres posthumes de Valery Larbaud et de

Léon-Paul Fargue. »

Fargue s'était lié d'amitié avec Pierre André-May, jeune directeur de l'excellente revue *Intentions,* qu'il voyait souvent rue de l'Odéon et dans des promenades nocturnes dans de vieux quartiers ou le long du canal Saint-Martin. Parfois, Fargue venait dîner chez les parents d'André-May, qu'il tenait sous le charme de sa conversation : « On aurait voulu tout noter, nous écrit ce dernier, de récits dont l'un allait de Rabelais à telle anecdote au bord des larmes[313]. »

L'interdiction signifiée à Fargue de ne plus remettre les pieds à la Maison des Amis des Livres lorsque Larbaud s'y trouvait ne signifiait nullement, répétons-le, que le poète ne continuait pas à voir Adrienne Monnier. Ne poursuivait-il pas d'ailleurs, dans le même temps, sa liaison avec la sœur de celle-ci ? Malheureusement, la première lettre conservée de Fargue à Marie Monnier ne remonte qu'à 1925, ce qui nous prive de renseignements sur les débuts de leur liaison. Une lettre de Marie à sa sœur, datée du 16 août 1923, nous donne néanmoins quelques précisions suffisantes : « Paul-Émile est parti mardi soir pour quelques jours au bord de la mer [...]. Fargue est venu de Deauville hier soir pour 24 heures, comme Paul-Émile était heureusement parti il a couché avec moi cette nuit, il est parti ce matin mettre sa mère dans le train car elle part en vacances, il revient déjeuner à midi et reprendra, après avoir fait quelques commissions, le train de 4 heures 20, il restera là-bas sans doute jusqu'à la fin de la semaine prochaine, car il n'a pas de linge à Paris, et pas de femme de ménage pour s'occuper de lui[314]. » Reparti à la mer, Fargue, qui s'ennuie de Paris, écrit amicalement à Adrienne Monnier :

« J'ai reçu les trois bouquins. Merci mon cher cœur. Si vous n'étiez pas une v..., vous m'écririez une petite lettre où vous me donneriez de vos nouvelles. Et qui avez-vous vu ces tancis ? Est-ce qu'on commence à rentrer ? Si vous avez le temps, lisez donc *Mlle de la Ferté,* de Pierre Benoit ? Il y a des choses pas mal du tout[315]. »

Auparavant, en juillet, Fargue avait eu l'occasion de faire un de ses rares voyages hors de France. La princesse Edmond de Polignac l'avait invité à une croisière en Méditerranée, de Marseille à Venise, sur son yacht *Zara.* Américaine richissime, née Winnaretta Singer, la princesse de Polignac (1865-1943), qui possédait un palais à Venise, s'était signalée par son mécénat musical et ses relations d'amitié avec des compositeurs tels que Debussy, Fauré, Stravinski. Elle était aussi liée avec des amis de Fargue : Ravel, Ricardo Viñès, Erik Satie. Peut-être est-ce par ce dernier que le poète l'avait connue. En tout cas, il avait assisté à la première audition, le 21 mars 1919, chez Adrienne Monnier, du *Socrate* commandé à Satie par la princesse. Pour en revenir à la croisière, il existerait une sorte de journal que Fargue aurait tenu à bord du yacht à cette occasion ; mais ce manuscrit, qui n'a jamais été retrouvé, reste inconnu. Dans sa biographie de la princesse, Michael de Cossart assure que, durant toute la croisière, Fargue n'aurait pas dessaoulé[316]... Vérité ou exagération ? Il semblerait aussi que, sur le yacht, Fargue aurait eu un flirt avec la romancière Daisy Fellowes, auteur des *Dimanches de la comtesse de Narbonne.* De Capri, il adressa une carte postale à Gide, et une autre à Adrienne Monnier : « Temps splendide. Nous venons de bombarder Gênes. À présent nous faisons notre petitibère. » Par la suite, Fargue restera en relations affectueuses avec la princesse, qui appréciait fort son esprit et son humour. Elle ne l'oubliera pas dans son testament, lui léguant une somme de 150 000 francs, qui dut être particulièrement bienvenue lorsque, en 1944, Fargue en sera mis en possession.

De retour à Paris, Fargue continue de faire preuve d'une humeur fort allègre. Larbaud l'ayant entraîné à dîner au parc Montsouris avec Léon Delamarche et Marie Monnier, celle-ci raconte à sa sœur : « ... Larbaud n'a bu que de l'eau de Vichy mais il a été ravissant comme d'habitude. En douce, il me conseillait de faire travailler Fargue et de l'encourager à voyager, croyant sans doute que les femmes n'étaient bonnes qu'à troubler les poètes. En revenant à pied afin de nous faire digérer, nous sommes passés devant une maison qui s'appelle *L'Élan Spirituel*. Fargue afin d'illustrer ce superbe titre a fait le petit dessin que voici [phallus en érection avec deux ailes]. Ensuite comme nous passions deux maisons plus loin devant une porte avec une plaque indiquant Lapina, il a recommencé ce dessin en mettant une flèche à côté et ces mots : *voir à l'Élan Spirituel*. Larbaud s'en étranglait de rire car ces choses le comblent de joie[317]. » Les relations avec Larbaud n'étaient pas encore, on le voit, définitivement envenimées.

À cette époque, Fargue mène une vie parisienne particulièrement active. On le voit notamment, et très souvent, au célèbre cabaret *Le Bœuf sur le Toit*, « lieu géométrique de Paris, sorte de point merveilleux de la Capitale », où il retrouve Cocteau, Morand et quantité de célébrités. Même assiduité dans le salon de Mme Muhlfeld, femme très influente que fréquente aussi Gide. Celui-ci note avec étonnement dans son *Journal* : « Après le départ des autres visiteurs, Fargue et Valéry s'amusent à débiter d'énormes obscénités pas très neuves[318]. » On voit aussi le poète, au printemps 1923, au dîner offert par Arthur Fontaine pour le retour en France d'Alexis Léger, alias Saint-John Perse. Fargue s'y joint à Larbaud pour encourager — mais en vain — Léger à lire de ses poèmes chez Adrienne Monnier. L'auteur d'*Anabase*, qui appréciait vivement la poésie de Fargue, intercédera auprès d'un peintre pour tâcher de lui faire obtenir le Prix des Peintres : « C'est un très pur poète », écrivait-il à un membre du jury[319]. Les lettres reçues à cette époque par Fargue témoignent également de ces fréquentations multiples. Le peintre Jacques-Émile Blanche l'a attendu en vain chez Arthur Fontaine : « On m'a présenté à une petite Dame japonaise, en l'énonçant ou dénonçant comme telle, ce à quoi les signes de sa race suffisaient; enfin le lamentable père d'un enfant exquis tué à la guerre, qui ne se console pas de son "sacrifice" — étrange expression, car on le lui a pris, son fils, et il ne l'a pas donné [...]. J'ai attendu; j'ai cru que c'était vous qui sonniez, à

7 heures 1/4 — c'était Léger St. Léger de Léger, conseiller d'ambassade et pourvu d'un prénom — avec les mêmes yeux effrayants dont il m'avait fixé jadis, un jour que me l'amenait Sert[320]. » Puis c'est Aragon, qui travaille alors à *Paris-Journal* et félicite Fargue pour ses « Ludions » parus dans la revue *Intentions* : « L'insolence de ces petits airs — de — n'y — pas — toucher m'enchante. À une heure où je tiens finalement pas mal de collaborateurs du claque de la rue de Grenelle [= *La N.R.F.*] pour des salauds et des sournois, je suis heureux — et je n'ai peut-être pas pensé toujours ainsi, pardonnez cette sincérité — de constater quelle attitude détachée et libre est la vôtre — je pense aussi à votre "Kriegspiel"[321]. » Malgré ses amours avec Marie Monnier, Fargue sortait parfois en galante compagnie, si l'on en juge par ce passage d'une lettre de Marcel Ray à Larbaud : « J'ai rencontré hier Léon-Paul Fargue à *La Rotonde,* arborant une nouvelle conquête, drapée dans de splendides fourrures, il était en pleine forme et mentait assez pour que le plafond volât en éclats[322]. »

À côté de ces aspects parisiens, il y avait un autre Fargue, qui cultivait, dans le privé, certaines habitudes et manies bien personnelles. Une des plus curieuses consistait en une série de gestes magiques et de dispositions contre l'invisible, qu'il appelait ses « visonins ». Dans un texte de *Haute Solitude* intitulé « Réveil », le poète a minutieusement décrit le cérémonial d'habillage quotidien auquel il s'était astreint, car, assure-t-il, « les vêtements, en notre absence, sont regagnés par leurs démons, qui se laissent parfois surprendre ». Enfiler sa chemise, en boutonner le col, passer un caleçon, mettre des chaussettes, un gilet, un veston, etc., exigeait pour Fargue des précautions infinies. Il lui fallait absolument chasser de lui une infinité de petits ludions vestimentaires tout prêts à le tourmenter sans merci. Se préparer pour sortir devenait ainsi une véritable aventure : « Sortie de la chambre avec toutes sortes de précautions, de regrets et de repentirs, en serrant les fesses et se couvrant du bras gauche étendu, afin d'éviter de jeter une étincelle de cigarette ou de la cendre sur la couverture de cheval du lit-divan... » Le sérieux et l'attention extrêmes que Fargue portait chaque jour à ses « visonins » finirent par avoir raison de la vieille servante Julienne Jabaly, qui, plutôt que de rester auprès de Mme Fargue mère, préféra regagner Argenton-sur-Creuse, laissant le poète plus désemparé que jamais.

Au printemps 1923, et probablement par l'entremise de Saint-John Perse, Fargue avait fait la connaissance d'une femme à laquelle les Lettres françaises devront beaucoup : Marguerite Caetani, princesse de Bassiano. Aimant d'un égal amour la littérature, la peinture et la musique, cette Américaine mariée à un prince italien avait pris l'habitude de rassembler tous les quinze jours un petit groupe d'amis : Fargue, Larbaud, Valéry, Léger, Adrienne Monnier, Jean Paulhan. « Nous nous réunissions dans un restaurant, toujours différent si possible, et généralement choisi par Fargue », précisera-t-elle[323]. Elle invitait également ce petit groupe le dimanche, avec des peintres et des musiciens, dans sa *Villa Romaine*, à Versailles. Désireux de prolonger ces causeries, Valéry proposa de fonder une revue, dont il suggéra le titre : *Commerce*. Il s'agirait de cahiers trimestriels, dont le comité directeur fut vite désigné : Fargue, Larbaud et Valéry. La princesse de Bassiano accepta d'être le bailleur de fonds et se mit au travail, avec l'aide d'Adrienne Monnier, qui avait été nommée administratrice. C'est ainsi que naquit *Commerce*, qui devait paraître de 1924 à 1932 et se révéler la plus prestigieuse revue de l'entre-deux-guerres. Les sommaires en seront éblouissants : Fargue, Larbaud, Valéry, Claudel, Gide, Suarès, Jouhandeau, Giono, Prévert, Artaud, Ponge, Saint-John Perse, Malraux, Paulhan, Desnos — et, pour les étrangers, Rilke, Kafka, Pasternak, Joyce, Ortega y Gasset, Ungaretti, Virginia Woolf.

Pour Fargue, *Commerce* aura des conséquences fort diverses. Tout d'abord, contraint à travailler, il y donnera une bonne vingtaine de textes, de longueur et de substance d'ailleurs inégales. Ce ne sera pas sans se faire souvent tirer l'oreille, nous le verrons; mais la princesse, qui était généreuse, payait extrêmement bien les collaborateurs. Sans parler des invitations dominicales à Versailles, Fargue, toujours désargenté, avait là un motif pressant de remettre sa copie. Pourtant, il lui était presque toujours impossible de s'astreindre aux délais fixés pour la remise des manuscrits, et l'impression du numéro restait en panne par sa seule faute...

Reprenons les choses à partir de la fondation de la revue. Le premier cahier, qui aurait dû paraître en juillet 1924, ne sortira qu'en septembre. Le coupable en était évidemment Fargue, qui ne se décidait pas à envoyer deux textes d'*Épaisseurs.* Ce retard indisposa particulièrement Adrienne Monnier, chargée de l'administration de la revue. Entre-temps, Fargue était allé, en août, séjourner à Bénerville, chez les Bassiano, et des photos souvent reproduites le montrent sur la plage, en compagnie de Valéry et du prince. Fin août, Adrienne Monnier, excédée, donna sa démission d'administratrice, cessant dès lors d'aller à Versailles le dimanche. « Mon été, écrira-t-elle à des amis, a été un enfer : vacances ratées, commencement de congestion cérébrale[324]... » Cette démission posait le problème de la gestion financière de la revue, dont Fargue décida de se charger. « Comme ni Valéry ni Larbaud n'avaient de goût pour les "affaires", Fargue se voyait déjà le manitou de la revue, traitant d'égal à égal avec les grands de l'édition et de la presse... Il faudra plus de deux mois de discussions souvent houleuses et une certaine prise de conscience des intérêts de la revue par la princesse de Bassiano elle-même pour que cet extravagant projet soit rejeté[325]. »

Adrienne Monnier accusera Fargue d'avoir été, à cette occasion, « plus inexact et plus menteur que jamais ». Ils se brouillèrent, et Monnier lui intima l'ordre de ne plus jamais remettre les pieds à la librairie ; il ne la reverra désormais que chez elle, 18, rue de l'Odéon. Et c'est un fait qu'il ne collaborera à aucun des douze numéros (1925-1926) de la revue dirigée par Adrienne, *Le Navire d'Argent.* À Marcel Ray, Larbaud expliquera les raisons exactes de l'expulsion de Fargue : « Depuis longtemps elle [Adrienne] supportait péniblement les airs de maîtrise qu'il se donnait chez elle, l'espionnage auquel il la soumettait, ses médisances, et toute espèce de petites intrigues et vexations dont elle souffrait. [...] Il allait trop rue de l'Odéon, et s'y montrait trop en débraillé. Il médisait publiquement de tous ses confrères, même de ses amis, et se donnait l'apparence d'un raté envieux[326]. » Mais

Larbaud, qui était déjà en train de prendre ses distances, écrira par ailleurs à Mathilde Pomès, à propos de la revue, que Monnier « s'est assez mal comportée dans cette affaire... ». Il lui reprochait notamment d'avoir provoqué une crise et pensait que la revue devait continuer, ne serait-ce que pour permettre à Fargue et à Saint-John Perse de « produire davantage ».

Ces sentiments ne l'empêchaient pas d'être par ailleurs agacé par les manigances de Fargue et d'écrire en octobre 1924 à Adrienne Monnier : « Je suis persuadé, comme vous, qu'une affaire où Fargue a un rôle est une affaire ratée. Ce qu'il faudrait, c'est que la princesse apprît à le connaître et se limitât à payer royalement sa collaboration, mais sans jamais attendre ses épreuves en retard. » Cependant, Fargue, ne serait-ce que par sa liaison avec Marie, restait malgré tout lié au milieu Monnier, milieu dont Larbaud commençait à être incommodé. La rupture avec Fargue dut se placer fin 1924. Impossible de le préciser davantage, car il nous manque, pour cette époque, certaines lettres dans la correspondance publiée entre les deux amis. Par chance, une lettre de Larbaud à Fargue, qui n'y figure point, est citée dans la thèse de L. Rypko Schub : « C'est entendu : devant la princesse, pour ce qui concerne la revue, nous aurons des rapports normaux. Quant à l'explication que tu demandes, la voici : insensiblement, pendant ces dernières années, ton caractère a changé, de telle sorte que j'ai eu de moins en moins de plaisir à te rencontrer et que, sans Mlle Monnier, je t'aurais vu moins souvent. Voilà tout. Incompatibilité d'humeurs... Cela ne m'empêche pas de t'estimer, de savoir très bien ce que tu vaux, et d'être très content de voir que tu travailles. Et au besoin, tu me trouverais prêt à t'aider; en tout cas, jamais contre toi[327]. »

D'autres précisions sont apportées par Jacques Moussarie : « Larbaud expliqua un jour à Pierre Moussarie que Fargue avait pris l'habitude de tomber chez lui à n'importe quelle heure de jour ou de nuit et de l'entraîner dans des courses invraisemblables sur la piste de la première jolie femme rencontrée; que c'est une brouille sans colère, exactement mesurée et voulue, une brouille d'ordre diplomatique[328]. » Enfin, dernier document : une lettre écrite en octobre 1924 par Larbaud à Ricardo et Adelina Güiraldes, où il accuse Fargue d'être un redoutable « tapeur » auprès de tous ses amis, un « chasseur de dots », et aussi de colporter des propos malveillants sur tout un chacun. Bref, le poète était devenu à ses yeux un importun extrêmement fâcheux qui, en outre, lui « mangeait [s]on temps[329] ».

En dépit de certaines avances qu'effectuera Fargue par personnes interposées (dont Joyce), Larbaud ne changera pas d'avis. En 1928, il s'en expliquera à Marcel Ray : « Ma tactique est l'éloignement, le silence et surtout la séparation complète, comme je l'ai fait pour un poète, médisant récidiviste, pour lequel j'ai cependant de l'admiration et de l'estime ; mais en continuant à le fréquenter, je donnais autorité à ses médisances[330]. » Fargue se retrouvait ainsi « l'expulsé des pagodes »... Il se défendit en accusant Adrienne Monnier d'avoir réussi à le brouiller avec Larbaud, par jalousie. Ce qui est étrange, c'est que, quelques années plus tard, Larbaud rompra avec la même Adrienne Monnier pour des raisons un peu analogues.

Vers 1935, Fargue, ayant appris que Larbaud était grièvement malade (premières attaques de la paralysie qui le laissera aphasique), lui écrira pour l'assurer qu'il ne l'avait pas oublié, « depuis que choses et gens nous ont injustement séparés. Mes sentiments, ajoutait-il non sans tristesse, je te les avais donnés, ils étaient durables, et je ne te les ai pas retirés. J'en prends soin seul, voilà tout... » Ajoutons que, jusqu'à sa mort, il continuera à lui envoyer régulièrement tous ses livres.

Par un curieux concours de circonstances, qu'il ressentit peut-être comme une compensation du destin, c'est pendant ce même automne 1924 qui vit sa rupture avec Larbaud, que Fargue fit la connaissance d'un jeune romancier, André Beucler (1898-1985), avec qui il restera lié d'étroite amitié jusqu'à sa mort. La rencontre eut lieu dans l'antichambre du bureau de Gaston Gallimard, rue de Grenelle, « un petit bureau pelucheux et obscur qui donnait sur une façade violâtre[331] ». Sur le canapé, Fargue sommeillait... Dans ses divers livres de souvenirs (*Vingt ans avec Léon-Paul Fargue*; *Dimanche avec Léon-Paul Fargue, Plaisirs de mémoire I* et *II*),

Beucler a merveilleusement évoqué Fargue. Amitié unissant un poète déjà vétéran à un cadet, qui faisait ses débuts chez Gallimard et deviendra un romancier à succès (*Gueule d'amour,* 1926) en même temps qu'un grand journaliste. En Beucler, compagnon à la fois fidèle et toujours disponible, Fargue trouvera bientôt son Boswell. Il semble même qu'il n'y ait jamais eu de nuages dans leur amitié, ce qui est tout à l'honneur de Beucler, car on a vu que Fargue n'était pas toujours d'un caractère facile. On doit aussi remercier Beucler de nous avoir restitué Fargue au quotidien, dans toute sa variété humaine et pittoresque : évocation qui, pour nous, n'a pas de prix.

Observateur à la fois amusé et perspicace, Beucler a su en effet mesurer toute la complexité de l'homme qu'était Fargue, et il a poussé l'amitié jusqu'à s'imposer de tenir une sorte de chronique de leurs rencontres, qui étaient très fréquentes et parfois même quotidiennes. Mieux encore, ayant perdu tous ses cahiers de notes rédigés au jour le jour, il réalisera le prodige d'en reconstituer de mémoire l'essentiel, ce qui donna son si précieux *Vingt ans avec Léon-Paul Fargue.* Grâce à Beucler, nous voyons véritablement *vivre* Fargue.

Né en 1898 à Saint-Pétersbourg, où il passa son enfance, Beucler s'était installé en France en 1920 et avait fait divers métiers avant de se lancer dans la littérature. Lors de sa première visite, en 1924, à Gaston Gallimard, il fut stupéfié d'apprendre que celui-ci confiait à Fargue la clef des bureaux de *La N.R.F.*, clef que le poète laissait ensuite « au bistrot qui fait le coin de la rue du Dragon »... Sur-le-champ, ou presque, Beucler et Fargue devinrent amis. Tout à la joie d'avoir enfin trouvé un compagnon de vie parisienne, le poète ne tarda pas à entraîner son cadet dans de fréquentes expéditions nocturnes. Ce qu'il ne pouvait plus faire à présent avec Larbaud, il le faisait avec Beucler et y puisait une ardeur nouvelle.

Il en avait sans doute besoin, car, malgré les piges qu'il touchait pour ses collaborations à *Commerce,* sa situation financière n'était rien moins que brillante. Était-ce en manière de revanche qu'il se plaisait à arborer, dans le monde, le ruban de la Légion d'honneur, auquel il n'avait pas droit? Certains de ses familiers prétendront qu'il le faisait même avant 1914, afin d'impressionner favorablement les clients de son père, auprès desquels il cherchait à placer les produits de la fabrique de céramiques. À en croire Paul Léautaud, ce serait le ministre Anatole de Monzie qui, rencontrant un jour le poète orné du ruban rouge, lui aurait dit : « Écoutez, Fargue, cela m'ennuie de vous voir exposé à des désagréments. (Port illégal). Je vais vous faire décorer[332]. » Fargue constitua le dossier réglementaire de candidature et se fit « pistonner » par divers amis en place, dont Arthur Fontaine. Mais, comme l'a montré L. Rypko Schub, à côté de son dossier comme « homme de lettres », il prit la précaution d'en constituer un second, comme « industriel céramiste »... Ce fut cependant le premier qui se révéla le bon, et, le 10 juillet 1925, Fargue fut, grâce à l'appui du ministre, nommé chevalier de la Légion d'honneur, qu'il put désormais arborer sans inconvénient. En 1932, il sera fait officier, et, en 1939, recevra la « cradeur de la commansavate ».

Faut-il blâmer cette soif d'honneurs ? Y voir une stratégie d'arrivisme et de conquête sociale serait cependant se méprendre. Pour Fargue, il s'agissait avant tout, répétons-le, de prendre une revanche. En s'inventant ainsi une existence chimérique, le poète s'offrait à lui-même une sorte de satisfaction, en même temps qu'il effaçait le souvenir de certaines disgrâces et humiliations. S'imaginer décoré, c'était, à ses yeux, montrer qu'il en était bien digne, de même qu'il revendiquera plus tard l'honneur d'avoir été à la fois l'élève de Mallarmé, le « collaborateur » de Jarry et le fondateur du *Centaure*. Auprès du prestige essentiellement poétique dont il se nimbait ainsi, la vérité comptait bien peu. Nul doute aussi qu'il finissait par croire de très bonne foi à ses propres fictions. Au fond, Fargue avait parfaitement discerné le caractère pataphysique de toutes les distinctions sociales ; simplement, las de les attendre ou dépité de ne point les obtenir (comme le faisait, par exemple, son ami Valéry), il trouvait plus simple de se les octroyer lui-même...

Il n'empêche qu'une telle attitude déconcertait parfois ses amis ou familiers. En 1928, Fargue, qui commençait à regarder en direction de l'Académie française, sera fort mécontent d'un article de son ami Nino Frank où se trouvaient décrites sa chambre rue de Château-Landon et « sa manière de vivre peu académique ». Qu'allait-on penser de lui quai Conti ? Dans ses souvenirs, Nino Frank ironisera sur « l'amateur de rosettes et d'épées pour rire, affamé de décorum, pris au piège des faux-semblants auxquels tout ce qu'il avait écrit et vécu jusque-là déniait tout droit à l'existence[333] ». C'est un fait que, dès lors, Fargue, comme s'il voulait imiter Valéry, fréquentera assidûment tout un gratin politico-littéraire qui pouvait lui être utile : la princesse de Polignac, Marthe de Fels, la duchesse de La Rochefoucauld, la marquise de Crussol, la marquise de Vogüé, Marie Schéikévitch, Mme Louis Bour, etc., ce qui ne l'empêchait d'ailleurs nullement de trouver, à part lui, telle de ces dames « bien emmerdante avec ses littératures ».

Profitant de ses nouvelles relations, Fargue se mit à fréquenter aussi un milieu « féministe », à la fois parisien et cosmopolite. Il y avait d'abord le salon de Mme Aurel, la « Mme de Paladines » de Léautaud, chez qui il présenta en juin 1923 la traduction de Keats que venait de publier la duchesse de Clermont-Tonnerre. Ses « quelques mots spirituels et scandaleux » plurent à Natalie Clifford Barney, qui lui fit demander par Monnier de venir les répéter chez elle, rue Jacob[334]. Fargue entra ainsi en relations avec celle qui, après avoir été l'amie de Renée Vivien, fut l'Amazone de Remy de Gourmont. Elle le chargea de placer ses poèmes dans des revues. Le fit-il ? Dans une lettre à Monnier, l'Amazone parle du poète, qui « erre les poches déformées par mes vers — ou les a-t-il semés au gré des revues[335] ». Mais elle le récompensa pour sa présentation Clermont-Tonnerre en envoyant à la libraire un chèque « pour notre troubadour ambulant » et en demandant à celle-ci si elle ne pourrait pas persuader la princesse de Bassiano de consacrer à Fargue une partie des sommes recueillies pour aider Valéry[336]. Comme le remarquait sarcastiquement Maurice Saillet, Fargue « cachetonnait » chez les dames du monde...

Nul doute cependant qu'il était infiniment plus à l'aise avec Guili-Guili, prestidigitateur égyptien extraordinairement doué, de son vrai nom Devoski Hassanein, et qui était devenu la coqueluche du Tout-Paris. Où l'avait-il rencontré ? Les versions diffèrent et se contredisent : dans la rue, au faubourg Montmartre, dans un café place Clichy[337]. Fargue se lia d'amitié avec Guili-Guili, qui était tombé sous le charme de sa fantaisie. Mieux encore, il se fit son cornac et l'introduisit un peu partout, chez ses amis, dans les salons, chez Adrienne Monnier, etc. Lors d'une séance Guili-Guili chez cette dernière (9 février 1924), il invita même les deux Amazones, Natalie Barney et la duchesse de Clermont-Tonnerre. Le prestidigitateur obtint rapidement un très grand succès. Nul n'était plus habile que lui « à tirer un œuf du nez de M. Painlevé ou à mettre une grenouille dans le sac à main de la comtesse de Noailles » (É. Henriot). En 1939, Gide, de passage en Égypte, y retrouvera Guili-Guili, et tous deux ne manquèrent pas d'évoquer le souvenir de Fargue[338].

14

LE RENOUVEAU DU POÈTE

Ah ! Je suis un fantôme occidental actif !

Fargue s'était remis à écrire. En mars et avril 1924, il avait réussi à composer un long poème en prose, qu'il dicta à Adrienne Monnier et qui paraîtra dans le numéro 1 de *Commerce* sous le titre d'« Épaisseurs ». Une autre revue, *Les Feuilles libres*, publiait peu avant un texte particulièrement débridé, « École sortie d'une table tournante », que Fargue, inexplicablement, ne reprendra jamais en volume :

« ... Des intellectuels comme nous ne sauraient retourner à la fabrique de papier peint. Nous n'irons plus à la fabrique de papier peint.

(SOUVENIRS...)

Vos poètes se sont à eux-mêmes, leur missel, leur clepsydre et leur suspensoir.

J'ai baisé Madeleine de Talbeigne, une pupille de Paul Bourget.

J'ai ouï petit Punaison-Lazarogne à la Glacière-Zétulbé.

Je suis un im-pec-cable petit élément transactionnel.

(SILENCE.)

Ma grand-mère était née Tourtoulafadelle de Saint-Symphorien d'Orzon.

Nous attendions Monseigneur de Foutredautres.

J'ai souvenance du Comte de la Tour Déjean qui m'emmenait promener “au Phare Thaïque”.

Je suis un assigné Vertugadin-Le Perdriel.
J'épirasse les Pandectes et cette diversité me plaît.

(TRISTE)

Je lui avais acheté un petit craquelin et elle m'a bien battu.

(TRISTE)

Je suis un petit suisse-ventujol et intégral et ozoizo!... »

Fargue attribuait une certaine importance à ce texte, puisqu'il avait écrit au directeur de la revue, Marcel Raval, en le lui envoyant : « sans en avoir l'air, c'est une espèce de manifeste et ça aura des suites[339] ». Un manifeste ? On songe immédiatement au *Manifeste du surréalisme* de Breton, qui paraîtra quelques mois plus tard, en octobre, et dans lequel on pourra lire : « Fargue est surréaliste dans l'atmosphère. » Fargue, qui suivait les tentatives des surréalistes (dont certains collaboraient d'ailleurs aux *Feuilles libres*), aura peut-être voulu, sinon les imiter, du moins publier une sorte de « texte-pétard », pour montrer qu'il avait évolué depuis *Poèmes* et *Pour la Musique* et qu'il était toujours là. Ou plutôt, plus simplement encore, il ne faisait que céder à une des composantes essentielles de son tempérament, cette cocasserie qui s'épanouira bientôt dans *Ludions*. Le texte des *Feuilles libres* est donc l'indice du changement profond qui va se produire, durant ces années 1924-1929, dans l'œuvre du poète.

Pour « situer » un peu Fargue à cette époque, il n'est que de se reporter à ses lettres à sa maîtresse « Rinette » (Marie Monnier-Bécat). Il y exprime, par exemple, son émerveillement devant l'aquarium de l'exposition des Arts décoratifs : « Silures, poissons-chats au mufle étonnamment large et béat tout hérissé de grands bibis chatouilleurs, — d'autres poissons semblables à de grands couperets oxydés, nageant avec des faux bleues, poissons-hirondelles tout en platine et argent niellé, — et d'autres qui sont exactement des oiseaux-mouches, gouttes de feu des mers de la Chine et de l'Amérique du Sud. Avec ça des buissons entiers du cheval épineux qui monte aux arbres, divaguant dans leur Sabbat de cristal... » Ou bien, ce sont des impressions de voyage en train : « Sur le quai de la gare de Libourne il y avait entr'autres personnes remarquables une forte dame trapue petite belle conserve très élégante en soie noire jupe courte jusqu'au nombril cuisse et mollet puissamment musclés dans des bas roses arachnéens les mains pavées d'émeraudes chapeau cloche carmélite genre modiste cossue gougnotte ou patronne de maison de rendez-vous. — Un paysan en bourgeois cassé comme un mètre pliant prenait le café sur un banc de la gare à côté du buffet en jetant à droite et à gauche des regards espions ! »

Telle autre lettre nous donne un aperçu de ses activités et rencontres parisiennes : « J'ai dîné l'autre soir avec Gignoux et Segonzac, aux Champs-Élysées, aux *Gaufres*. On cherche un peu d'air au Bois. J'ai déjné [*sic*] aussi avec Claudel et les Sert à l'*Hôtel Meurice*; il faisait chaud et c'était puant de diplomates et de vieilles étrangères emparadisées. — Le soir, on se retrouve au *Bœuf* [sur le Toit], qui ne ferme pas cette année et où les naufragés se rassemblent. — Aujourd'hui, déjeuné avec Jouvenel et Marthe de Fels, (à *L'Escargot,* menu copieux, vieille bouteille de Romanée-Conti, qui se laisse toujours boire). Après quoi, nous avons embarqué M[arthe] de F[els] pour l'Italie[340]. »

Littérairement, la période 1926-1928 est dominée par la collaboration du poète à *Commerce* (nous avons vu qu'il délaissait un peu *La N.R.F.*) et la préparation des quatre volumes de 1928-1929, qui marqueront sa véritable rentrée : *Banalité, Vulturne, Épaisseurs* et *Suite familière.* Talonné par la princesse de Bassiano, Fargue parviendra à publier dans presque chaque numéro de *Commerce.* Encore ne sera-ce pas sans grandes difficultés ni retards constants. Ainsi, pour « Esquisses pour un Paradis » (repris dans *Espaces*), Fargue, en dépit des avances versées, mettra deux bonnes années pour terminer son texte, dont la première partie paraîtra dans le numéro d'hiver 1925, et la seconde, dans celui... d'hiver 1927. Perdant patience, la princesse de Bassiano lui écrivait lettre sur lettre pour le relancer, en ne lui mâchant pas les mots : « Je suis sincèrement fatiguée de compter sur vous et chaque fois au dernier moment de devoir tout réorganiser. » Lui rappelant les grosses sommes qu'il avait déjà reçues d'avance, elle le réprimandait en ces termes : « Il y a bien des hommes qui arrivent à vivre convenablement sur moins que ce que vous avez reçu de *Commerce* pendant la dernière année[341]. » Dans le même temps, Fargue parvenait à soutirer d'importantes sommes d'Emilio del Carril, beau-frère du grand ami de Larbaud, Ricardo Güiraldes. Nous retrouverons plus loin une autre Argentine, Elvira de Alvear, « grande amie de Fargue, qui l'a mise au pillage (mais, si l'on peut dire, avec son consentement) », selon la remarque de Maurice Saillet.

Il est vrai que, durant la période de *Commerce*, Fargue avait d'incessants soucis. La vieille maison de la rue du faubourg Saint-Martin où il demeurait encore avec sa mère allait être démolie, à cause des agrandissements de la gare de l'Est. Voir ainsi disparaître la maison de son enfance et l'atelier de céramique de son père était pour le poète un véritable crève-cœur. Et où irait sa mère ? Il chercha à éviter l'expropriation, protesta, fit des démarches, engagea plusieurs procès : peine perdue. Il fut exproprié, avec une indemnité qu'il jugea dérisoire. Le 12 juillet 1926, il écrivit à la Compagnie des chemins de fer de l'Est pour réclamer 16 746 francs à valoir sur l'indemnité pour expropriation[342]. Il obtint d'être relogé et alla emménager avec sa mère 37, rue Château-Landon, tout en proclamant qu'il n'y resterait pas, car c'est « au diable... beaucoup trop loin pour moi ». Il y restera néanmoins jusqu'à la mort de sa mère, en 1935. Est-ce pour se distraire que, le mois suivant, il voyage et s'en va dans le Midi, chez son ami Charles Chanvin ? De Marseille, il adresse à sa mère ce télégramme mystérieux : « PRIÈRE M'ENVOYER MARSEILLE POSTE RESTANTE TÉLÉGRAMME ME DISANT REVENIR URGENCE[343]. » Il était coutumier de ce genre de messages, qu'il envoyait souvent à sa mère ou à certains amis.

Sur ces entrefaites, se produisit un petit incident avec Gide, qui donne la mesure des bavardages et imprudences de langage dont Fargue était également coutumier. En juin 1926, Gide, de retour du Congo, revoit Charles Chanvin, à qui il aurait confié qu'il venait d'avoir une fille avec Élisabeth Van Rysselberghe et que le mari de celle-ci ignorait que cet enfant fût de lui. Vers le début de l'automne, le directeur des *Feuilles libres*, Marcel Raval, invite à dîner, à Montparnasse, Fargue avec Marie Monnier-Bécat. Ensemble, ils parlent des collaborateurs possibles pour cet *Hommage à Fargue* que prépare la revue. Fargue se fait fort d'avoir un texte de Gide, avec qui, assure-t-il, il est dans les meilleurs termes d'amitié : Gide lui confie même par lettre ses ennuis personnels, par exemple, qu'il vient d'avoir une fille naturelle, etc.

En réalité, Fargue tenait cette histoire de son ami Chanvin, qui la lui avait contée en août, lors de son séjour dans le Midi. Mais il poussa l'inconséquence jusqu'à la raconter ensuite à un tiers (probablement un des Gallimard), en assurant cette fois-ci qu'il la tenait d'Adrienne Monnier. Ce tiers ne tarda pas à mettre en garde Gide, lequel alla s'expliquer avec son amie Adrienne Monnier, puis convoqua Fargue. Ce dernier nia farouchement l'histoire de la lettre, tout en déclarant un peu plus tard à Marie Monnier que cette lettre de Gide pourrait bien être une mystification des surréalistes... Alarmés par le tour que prenaient les choses, Marie Monnier et son mari obligèrent Fargue à écrire à Gide, tout en le menaçant de ne plus le voir ni le recevoir s'il ne confirmait pas les propos tenus à Montparnasse. Fargue s'exécuta, et reçut une réponse, probablement assez dure, de Gide. On connaît le brouillon de sa réplique assez gênée (mais la lettre fut-elle envoyée ?), où il met en cause Adrienne Monnier :

« ... Vous m'accorderiez ce point qu'on a le droit de se servir, pour gagner la vérité, de ce que des gens moins subtils que vous appellent mensonge, puisque d'autres se servent de la vérité pour mentir, de la lettre contre l'esprit, comme un escroc se sert de la loi. Vous auriez compris que, mystifié, j'avais le droit de mener l'affaire à ma guise, de partir n'importe quand, de tâtonner, de jeter ma ligne n'importe comment, dans une affaire particulière, avec des personnes aussi compliquées. L'attitude de Mademoiselle Monnier, trahissant mon secret et celui de sa sœur, me nommant, racontant la chose en détail devant des bavards d'un choix sûr, avait pour résultat, sinon pour but, de nous apporter la discorde, et je vous en ai prévenu, car ce n'est pas le première fois que la chose arrive. [...] Tout ce ragot, mon cher Gide, qui vous échappe inexplicablement, bien que je vous l'aie fait sentir dix fois, me mitonnait une brouille après d'autres. Et cette fois, c'est avec vous. Elle m'est particulièrement pénible[344]. »

Le résultat fut que, lorsque paraîtra, en juin 1927, le fameux numéro d'*Hommage à Fargue*, il ne contiendra rien de Gide ni de Chanvin[345]. Et Fargue se brouilla un peu plus avec Adrienne Monnier, qu'il avait, auprès de Gide, injustement mise en cause. Ce n'était, à l'en croire, que manigances, complots et coups fourrés à son encontre, tous ourdis dans le petit milieu de la rue de l'Odéon. Pareillement, les rapports avec Gide devinrent un peu plus aigres-doux, et la réputation de Fargue, assez compromise à *La N.R.F.*

Le numéro spécial des *Feuilles libres* (juin 1927) fut cependant, pour Fargue, une grande satisfaction. Ce magnifique numéro, un des plus beaux jamais consacrés à un écrivain, comprend, outre un poème inédit de Fargue, une mélodie inédite de Ravel (*Rêves*) sur un poème de celui-ci, des lettres adressées à Fargue (Jarry, Schwob, Apollinaire, Proust, Rilke), et de très nombreux articles et témoignages, dont la simple énumération éblouit : Cendrars, Max Jacob, Valéry, Colette, Larbaud, Crevel, Joyce, Vitrac, Drieu La Rochelle, Claudel, Ponge, Tzara, Soupault, Jammes, Miomandre, Jouhandeau, Supervielle, Thibaudet, Jouvet, etc. On y retrouve également des vieux amis comme Yell, Pivet et Gignoux. Fort riche, l'iconographie présente, à côté de photos de Fargue à divers âges de sa vie (dont une par Man Ray), des dessins de Fargue lui-même, des compositions de De Chirico, Picasso, Marie Laurencin, Marie Monnier et une aquarelle de Paul Klee...

Très variés, les articles et témoignages sont, dans l'ensemble, fort élogieux. Ils évoquent aussi bien l'homme que l'œuvre et constituent un portrait qui sonne assez juste. « Ô gentilhomme-verrier du canal Saint-Martin... flâneur infatigable, éternel jeune auteur ! » s'écrie Jacques-Émile Blanche. Mais Fargue, qui avait surveillé de très près la préparation du numéro, avait, au préalable, pris ses précautions. On a vu plus haut que la lettre de Jarry qu'il donna à la revue est apocryphe, fabriquée de toutes pièces par le poète pour s'inventer une scolarité brillante. Il y a mieux encore. Désireux de donner de lui-même l'image qu'il estimait la plus « exacte »,

Fargue dicta à son vieil ami Léon Pivet le texte intitulé « Quelques faits » et qui sera signé par celui-ci. Rappels des soirées des « Apaches d'Auteuil », de la fabrique de céramique paternelle, visions d'un Fargue intime, chez lui, apaisé et nullement bohème : « Il est doué d'une santé de fer et d'un appétit sérieux. Malgré les apparences, il a de grands besoins de vie installée, d'ordre, de méthode. Il est aussi épris de l'étude que de la paresse. » Bref, un Fargue simple et tranquille...

Cet *Hommage*, qui représentait une véritable consécration et qui eut du retentissement, remplit Fargue d'un contentement extrême. Un jour que Pierre Moussarie faisait devant lui l'éloge de ce numéro des *Feuilles libres*, il lui déclara : « Gide en a été malade. Il a eu ailleurs son numéro d'hommage. Il est loin de valoir le mien[346]. »

En mai-juin, Marie Monnier expose, à la Maison des Amis des Livres, ses *Broderies, aquarelles et gravures*. Une première exposition avait eu lieu en 1924 à la galerie Druet, présentée par Paul Valéry. Cette fois-ci, c'est Fargue qui préface le catalogue. Véritables « peintures à l'aiguille », ces broderies en fil de soie attestent d'admirables dons plastiques et poétiques[347]. Certaines, comme *Le Bateau ivre*, sont d'ailleurs inspirées de poèmes. Les thèmes (rêves, coquillages, fleurs) avaient de quoi séduire Fargue, lequel, en juste retour des choses, composera sur une broderie intitulée *La Fleur de Nézondet* un poème, publié dans le numéro d'Hommage des *Feuilles libres*. La préface de Fargue, « Broderies », touche au poème en prose : « Il y avait là de grandes roses de soie où la lumière suivait comme aimantée la main de la brodeuse, lui volait son ombre, devançait sa patience. L'esprit naturel, avec ses mystères, ses pollens, ses visites rapides, couronnait à mes yeux l'ouvrage, comme un feu Saint-Elme dans l'air immobile allume le cierge d'un mât... » Republié dans *La N.R.F.* du 1er juin 1927, ce texte sera fort apprécié de Larbaud, qui écrira à Adrienne Monnier : « l'article de Fargue, une de ses meilleures choses, et avec tout le poids d'un manifeste ». Manifeste dans l'esprit de Fargue, sans nul doute, puisque celui-ci avait repris et considérablement augmenté sa préface, qui s'ouvrait à présent sur une violente diatribe : « Je ne peux plus supporter l'art des hommes. Je ne peux plus le voir en peinture. Ni en sculpture, donc. Ni en décoration. Ni en littérature. Reste la musique, qui nous fait sortir un moment de prison. Nous en reparlerons. Pour le reste, rien, plus d'amour. Ceux que j'admire entre tous rendent la question plus pressante encore. Devant leurs ouvrages, tout est pire qu'ailleurs... »

Cette charge à fond contre tous les « trucs » de la peinture moderne, auxquels Fargue oppose l'art si pur et vibrant de Marie Monnier, aurait été motivée par le souvenir de l'attribution, en 1923, du prix des Peintres, que guignait Fargue, à Paul Valéry... auquel est justement dédié « Broderies »[348] !

Resté à Paris durant l'été, Fargue confie à Marie Monnier sa nostalgie de la campagne, ou plutôt de la Savoie : « Je voudrais bien rêtre à la campagne. Ici ce sont de vagues dîners avec des "entre-deux villégiatures", des comptaïsses de Roure d'Autencul, Yahne de Lombardouille, du Felici, et autres. Ça vous donne envie de solitude, et de cueillir l'edelweiss, fille de l'ourson et de l'étoile de mer, et qui porte des gants fourrés, s'il vous plaît[349]. » Regrets sincères? Lors d'un séjour dans la vallée de l'Arc avec Marie Monnier, Fargue avait passé une grande partie de ses journées au café du village, vantant aux habitués les prodiges d'alpinisme accomplis par son amie, qui, à l'entendre, aurait escaladé plusieurs fois le Mont-Blanc toute seule ! Le reste du temps, il l'avait consacré à écrire des cartes postales... Et la même Marie Monnier racontera à Louise Rypko Schub qu'au bout de deux ou trois jours, Fargue, apercevant dans le village un taxi parisien égaré là, ne put résister à la tentation, s'engouffra dedans et se fit conduire à Paris, « tout heureux de n'avoir pas eu à marcher ».

Dans le numéro de juillet-août de la revue de Jean Royère, *Le Manuscrit autographe*, Fargue put lire une très amicale lettre ouverte d'Albert Thibaudet, à lui adressée, le plaisantant sur ses habitudes de retard :

« Pour excuser Léon-Paul Fargue
D'arriver encore en retard,
Faut-il que notre amitié l'argue
Amoureux, museur ou fêtard? »

Et le critique ajoutait : « On parle à mots couverts d'une révolution parisienne : on dit que tu arrives à l'heure. » Ce n'était, heureusement, qu'une légende de plus. En septembre, Fargue revoit André Breton, qui lui fait parvenir peu après, pour *Commerce*, le début de *Nadja*, accompagné d'une lettre : « ... J'ai été très heureux de vous revoir, vous savez l'absolue confiance que j'ai en vous et quelle est pour vous ma très grande affection[350]. » En 1932, Breton lui enverra *Les Vases communicants* en « très affectueux souvenir », et nous verrons qu'en 1935 Fargue collaborera à *Minotaure*, revue surréaliste.

1928 voit la grande rentrée littéraire de Fargue, avec quatre recueils publiés chez Gallimard : *Banalité*, *Vulturne*, *Épaisseurs* et *Suite familière*. Début avril, le poète annonce triomphalement à Michel Yell : « La N.R.F. est en train de fabriquer quatre bouquins de moi ; chacun a cent pages environ. Tirage à 500 ex. Grands papiers. Le premier sortira le 10 courant, les autres de huit jours en huit jours[351]. » Il n'en alla pas tout à fait ainsi, et l'on doit rectifier un point de détail : *Suite familière* ne paraîtra chez Gallimard qu'en mai 1929. Toutefois, l'édition originale avait été publiée en février 1928 chez Émile-Paul, à trente exemplaires, dans la collection « Les Introuvables ». Impression parfaite, beau papier, typographie aérée, Fargue pouvait être content des quatre plaquettes Gallimard, dont les exemplaires sur vergé reproduisaient même, en couverture, un dessin de lui. Dans le courant de 1929, son éditeur donnera, en édition courante, *Sous la Lampe* (qui rassemble *Suite familière* et *Banalité*) et *Espaces* (*Épaisseurs* et *Vulturne*). Bien que tous ces recueils fussent formés de textes déjà parus en revue, c'était là un Fargue nouveau qui était proposé au public.

Suite familière mêle les réflexions sur la poésie à des souvenirs (Léon Werth, Proust) et à un hommage aux « Potassons ». Lorsqu'il nous livre son « Art poétique » personnel, Fargue tend à l'aphorisme :

« En art pas de hiérarchie, pas de sujets, pas de genres.

Ne nous sers que du café filtre.

Pas trop de voyages. C'est aussi d'un aliéné sentimental, ou d'un parvenu.

Si le port de la Villette et le canal de Saint-Martin, pleins de crinières d'écluses et de lumières marines, se passaient à Venise ou à Amsterdam, tu les trouverais admirables, et tu ne les connais même pas.

L'art est une question de virgules.

J'ai fait mon choix depuis longtemps. Je préfère les hommes aux œuvres.

La pensée, oui, dans une belle chair.

J'écris pour mettre de l'ordre dans ma sensualité. »

Refusant toute abstraction et tout intellectualisme, Fargue défend la poésie, qu'il définit comme « le point où la prose décolle » et « le seul rêve où il ne faille pas rêver ». On trouve aussi des jugements, souvent ironiques, sur Hugo, Claudel, Valéry, Apollinaire, Larbaud. Mais *Suite familière* constitue aussi une charge contre l'ordre établi sous toutes ses formes : bourgeoisie, académisme, snobisme, etc. Il n'est que de citer l'étonnant envoi mis par Fargue sur un exemplaire de l'édition originale : « à Madame Descenis, dans un commun reniement de la Bourgeoisie, de ses pompes foulantes (et aspirantes), de ses œuvres sans dard, de sa malveillance, de sa niaiserie, de celles de ses femmes qui ont l'air d'un poisson blanc crevé, le ventre en l'air; de celles qui montrent leurs dents, souvent blasonnées d'une feuille de salade, comme une machine agricole montre ses palettes; des mères qui marient leur fils à une chipie verte aux ongles; des mères qui jettent leur fille par la fenêtre dans les bras d'un avare sombre; des crache-prouf et des peigne-c...[352]. »

Banalité (avril 1928), qui rassemble des poèmes et des proses, est placé tout entier sous le signe du souvenir et de l'enfance. Il s'ouvre sur le poème « La Gare », d'une émotion poignante :

« Gare de la douleur j'ai fait toutes tes routes.
Je ne peux plus aller, je ne peux plus partir.
J'ai traîné vers tes ciels, j'ai crié sous tes voûtes.
Je me tends vers le jour où j'en verrai sortir
Le masque sans regard qui roule à ma rencontre
Sur le crassier livide où je rampe vers lui,

Quand le convoi des jours qui brûle ses décombres
Crachera son repas d'ombres pour d'autres ombres
Dans l'étable en fer où rumine la nuit... »

« Poème si humain dont les racines rejoignent en vous la couche la plus profonde », écrivait à ce propos Mauriac à Fargue, en assurant : « Vous piquez dans cette immense corbeille de souvenirs. Rien ne périra de ce que vous avez touché, vu[353]. » Ce sont aussi des souvenirs de l'Exposition universelle de 1878, de camarades d'enfance comme Robert Landelle, de l'Institution Montaigne, de jeux proustiens aux Champs-Élysées... Quant au père, sa mort est évoquée dans « Trouvé dans des papiers de famille en 1909 » :

« ... Je me roule vers lui comme une pierre obscure.
Je ne peux pas franchir son ombre...
La nuit sur lui s'est refermée. »

Tout cela distille une grande mélancolie, accentuée par la « Postface » :

« ... D'autres verront cela quand je ne serai plus.
La lumière oubliera ceux qui l'ont tant aimée.
Nul appel ne viendra rallumer nos visages.
Nul sanglot ne fera retentir notre amour.
Nos fenêtres seront éteintes... »

Bien différent de ton est *Vulturne,* d'abord paru dans *Commerce* sous le titre d'« Esquisses pour un paradis », puis en volume chez Gallimard fin juin 1928. « L'idée de ce poème m'est venue au cours d'un long voyage, déclarera Fargue à un journaliste. J'avais fort bien dîné au wagon-restaurant et je commençais à m'assoupir dans ma couchette, lorsqu'un cri de la locomotive, un tremblement des fusées, un coup de tampon violent me projetèrent dans le cauchemar, au cœur des ténèbres. Je suivis. Le monde m'avait lancé par-dessus bord. Il fallait que je me débrouille dans la négation des mathématiques, à une pareille distance de mes références terrestres[354]. » L'image du train domine en effet, du début jusqu'à la fin de *Vulturne.* Mais on y trouve bien d'autres éléments : le grand-père maternel Joseph Aussudre, la figure du père mort, des souvenirs d'enfance, et, brochant sur le tout, une longue rêverie cosmique et métaphysique, d'un style résolument nouveau :

« ... Les bulles des réintégrés, les bancs des désintégrés, montaient en pleurant au fond du cataclysme. Les parents morts depuis longtemps se jetaient au-devant de ce courrier terrible. La foule envahissait les jetées lumineuses. Des palpes d'amants, des museaux touchants tombaient dans des trous de néant qui n'avaient ni poil ni bordure. On voyait s'étirer, s'épointer, se retourner, des calmars de cristal, des grappins de filigrane, d'incroyables kiosques rêvant en veilleuse, de vastes méduses aux fraises chantantes. La Chine retroussait ses jupes de pagodes. Une immense pluie muqueuse à l'envers, cardée d'un air diabolique, n'en finissait plus de s'épanouir en ombrelles cafardes, étoilées de grâce et de noirceur, perçant les vieux filets de Dieu. Toute l'équation terrestre, toute la création personnelle que le plus misérable fait sur son vieil établi de chair, montait lentement entre les nuées, car les nuages sont vivants, fonder la race de pensées vitreuses où je perdais mes larmes... De grandes sphères creuses, brillantes et sombres, parfaites boules origéniques, noyaux pensants et miroitants, tournaient au large... »

Comme le note Louise Rypko Schub, ce sont là « les poèmes de Fargue deuxième manière, beaucoup plus cosmiques, plus grandioses, plus dynamiques que les courtes pièces publiées en 1912 ». Ils eurent le don d'enthousiasmer Paul Valéry : « J'ai l'honneur de vous informer que *Vulturne* est un livre étonnant, lui mande-t-il. C'est un joli coup de cerveau.../C'est aussi un joli coup de filet, car vous ramassez là-dedans tout ce que plusieurs ont voulu ou veulent faire./Le résultat extraordinaire, c'est que vous faites du vrai le plus vrai avec le faux et l'absurde. — Vous faites de l'immédiat à partir de l'impossible[355]. » De son côté, René Daumal s'exclame dans les *Cahiers du Sud* : « Il s'agit bien d'autre chose que de littérature ! [...] Fargue se libère magnifiquement de l'antique terreur, au risque orgueilleux de n'être pas cru, par une continuelle familiarité avec la peur, par des coups de coude dans les côtes des autres rencontrés là-bas, par un vieil humour profond dans sa tendresse de chair vive pour certains anciens dont les sanglots ici se secouent en rires graves, et pour les défaillants dont les mains flambent de s'être trop vite laissé glisser le long de la corde lisse. [...] J'aperçois ici derrière Fargue la grande échine du docteur Faustroll[356]. » Non seulement Faustroll, mais toute la famille de Fargue, qu'il retrouve dans le vallon de Josaphat, avec des bribes intactes de son enfance.

Un passage eut cependant le don d'indigner Francis Jammes, qui sursauta lorsque, lisant les extraits publiés dans *Commerce* (hiver 1928), il tomba sur ces reproches à Dieu :

« ... Alors, c'est pour cela que vous nous avez fait souffrir ? [...]

— Et maintenant, vous maniez le silence ?

— Voilà donc la sphère, la forme parfaite ?

— Vous êtes donc une femme, une ogresse, une vieille vierge ?

— S'apercevoir de la virginité de sa mère !

— Pfff ! »

Le patriarche d'Orthez tança vertement son ami : « Que t'a donc fait la vie pour qu'ainsi tu blasphèmes ?... Nous sommes de vieux parchemins, la peau sur quoi nous écrivons, par les détails raffinés du péché, le raffinement du supplice correspondant. [...] Tu viens, dans les pages 225 et 226 de *Commerce*, de composer un menu infernal que *Dieu seul* est capable de décommander. Il ne faut pas moins que Dieu, car tu as insulté Dieu et sa Mère... Je te dis cela sans le moindre ressentiment parce que je t'aime du plus profond du cœur et je désire ardemment que ni moi ni aucun de ceux que j'ai rencontrés ne connaissent l'Enfer[357]. »

Ce n'est que fin décembre 1928 que paraîtra le troisième volume, *Épaisseurs*, qui représente, en quelque sorte, la suite de *Vulturne*. Fargue en dédicace un exemplaire au célèbre couturier Paul Poiret : « Mon cher Poiret, Voici le troisième volume de ma “série” (Je joue au billard, je “fais le coin”, me voilà parti pour les cent (!)) . La vie est belle mais elle n’est pas bonne[358] ! » À son habitude, Fargue, en faisant traîner les choses, avait retardé la parution du livre. D’où toute une série de lettres inquiètes d’André Malraux, alors directeur chez Gallimard : « L’imprimeur gémit, geint et hurle sous le prétexte que vous ne lui renvoyez pas les épreuves de vos deux plaquettes à paraître. Voulez-vous être assez gentil pour vous hâter de les corriger ? [...] Mademoiselle Agnel n’a pas le dessin de *Épaisseurs* et nous l’attendons avec impatience... [...] Les nouvelles vignettes, refondues, vous attendent[359]... »

Que ce soit dans les « Caquets de la table tournante » (évocation cocasse de Loti et de l’époque 1885) ou dans « La Drogue », « Colère » et « Mirages », Fargue s’abandonne à sa fantaisie et à une ivresse verbale qui lui fait inventer des vocables : « caracames », « fatagins », « marmoses », « zoizonin », « houlorians ». Mais la fantaisie est avant tout dans la vision, qui s’affirme fantastique, voire cosmique :

« Des orblutes passent et s’éteignent dans le gouffre. Et ce gyroscope de Saturne sur le bord de la route de Gargilesse ! Une sirène hémorragique forge mille siècles d’oreilles. Les mœlstroms ralentissent et les grands fonds de colle fermentent. Derrière l’immense cornée, les pentacrines cillent avec grâce. La grande holothurie monte lentement, comme un lampadaire de sperme. Quels plasmes, quels bournalions, quelles monères, et que c’est joli ! Ça rampera pendant les millénaires sous les aisselles des berges, dans les abat-son des premiers vieux arbres, des premiers squales, le long des serpents goitreux, des tortues géantes, des poissons exophtalmiques et des crapauds pipas chargés d’enfants de troupe. — Premier schisme dans le sperme. Polypiers alcyons. Scissiparité. Voir plus tard le Concile de Trente, si j’y passe. Le Massif Central se dessine modestement, plein de crottes de ptérodactyles et de promesses d’amour. Les mastodons barrissent contre les volcans qui jouissent dans la lumière tourmentée de spectres. Des oiseaux tendeurs aux cris de scie. Quel chantier ! La Terre coule des bronzes mobiles et formidables. Une racaille énorme se bat dans les houillères et dans les eaux. Caviar. Caviar encore. Redescendre. »

On doit regretter que bien des critiques et des lecteurs s'en tiennent trop souvent aux *Poèmes* et que le Fargue de *Vulturne* et d'*Épaisseurs* soit encore trop peu connu, voire inconnu.

15

DANS LES ANNÉES NOIRES

La gêne enfante des tourments dont la matière sordide devrait être épargnée aux nobles cœurs.

Même si Gallimard venait de publier quatre livres de lui et s'apprêtait à en sortir deux autres (*Espaces* et *Sous la Lampe*, en mai 1929), Fargue songeait à se trouver un nouvel éditeur. L'année précédente, il avait justement, en compagnie de Jean Cassou, rencontré un jeune libraire qui rêvait de s'établir éditeur : Jacques Fourcade. Vivement encouragé par les deux écrivains, Fourcade fonda bientôt sa propre maison : J. O. Fourcade, éditeur, sise 22, rue de Condé, tout près du siège du Mercure de France[360].

Éditeur foncièrement indépendant, Fourcade exercera de 1929 à 1931, puis de 1948 à 1952, avec une nette préférence pour les poètes. Son catalogue, réduit mais de grande qualité, comprendra des œuvres de Milosz, Michaux, de Bosschère, Jouve, Goll, Jean-Paul, Mörike, Tzara, Miomandre, et, bien sûr, les *Ludions* de Fargue illustrés par Marie Monnier, qu'il éditera magnifiquement en 1930. Grand ami d'Henri Michaux, Fourcade le sera également de Fargue. Sa générosité foncière permettra même à ce dernier de tirer de lui des sommes considérables. On s'explique ainsi que l'éditeur ait dû, au bout de trois années seulement, mettre un terme à ses activités... Fargue lui avait promis monts et merveilles ; il ne lui donnera que *Ludions*. Le 15 février 1929, il s'était engagé par contrat à assurer à l'éditeur « le droit exclusif d'imprimer, de publier et de vendre la totalité des ouvrages dont il se déclare être l'auteur [...] et ce pour une période de cinq années[361] ». Encore Fargue avait-il opiniâtrement discuté ce contrat, écrivant à Fourcade : « Je note, à vue de nez, certains paragraphes de notre contrat à revoir ou à préciser, notamment en ce qui concerne les articles XI, XII, XIII, XIV. Activez aussi la recherche des bois de *Tancrède*[362]. » Cette dernière phrase montre que Fargue avait projeté de rééditer chez Fourcade son *Tancrède* avec les illustrations parues dans *Pan* — projet qui aurait alors été éclipsé par *Ludions*? Tel est ce que semble confirmer une lettre écrite aux Éditions Denoël et Steele par l'éditeur en octobre 1931, au moment de sa déconfiture[363]. Récapitulant le contrat passé avec le poète en 1929, il leur propose de leur céder les droits d'édition de *Tancrède* et de *Ludions*. Proposition vraisemblablement non acceptée. La cessation d'activités de Fourcade permettra à Fargue de revenir chez Gallimard, qui éditera en 1932 *D'après Paris*.

Cette même année 1929, Fargue serait allé, avec son ancien condisciple Joseph Baruzi, à Dusseldorf et Cologne, pour assister à la première de l'opéra *Hypathia* de son ami le prince Roffredo Caetani. Un événement encore plus considérable fut sans doute pour lui le « déjeuner *Ulysses* » offert à Joyce le 27 juin. Il y assista en compagnie d'Adrienne et Marie Monnier, de Jules Romains, Paul Valéry, Jean Paulhan et Solange Lemaître, qui lui dédicaceront tous le menu[364], qui s'ouvrait par un « pâté Leopold » ! Mis en verve, Fargue chanta au dessert des chansons 1900, sous l'œil amusé du jeune Samuel Beckett, alors lecteur d'anglais à l'École normale supérieure.

À son habitude, Fargue passera l'été à Paris, où il se propagera fort : « Hier, j'ai déjeûné avec Fourcade, Paul-Émile [Bécat] et Michaux, dans un bon petit restau. de la place de la Sorbonne. Jeudi dernier, dîner chez la comtesse Lili Pastré, vieilles chansons de 1889 à 1900, Marcel Legay, Paul Delmet, Xavier Privas, par l'agréable chanteur-pianiste-pédéraste mondain Le Baillif. Il était très bien ce vieux beau ! Charmant, ému. Qui dira le secret des gens ! Autre dîner chez la marquise de Vogüé. Dîner à Marly *Sous les Tilleuls*, avec Eugenio d'Ors, académicien espagnol et qq. autres admirâbles. Hier dîner chez Mme Schéikévitch avec Anna de Noailles et Édouard Julia, du *Temps* (hom...) et la C^{esse} de Meaupou, etc. Voilà pour les renseignements mondains[365]. »

Moins mondainement, on le voit aussi au *Café du Dragon*, attendant, pour les accompagner dans les commissariats, les reporters de *Détective*, le nouvel hebdomadaire à sensation lancé par Gallimard[366]. Plus que les scandales et les « tranches de vie » tragiques dont *Détective* faisait sa pâture habituelle, c'était un certain fantastique social qui, dans de telles équipées, attirait Fargue. Parallèlement, celui-ci continue ses promenades en taxi en compagnie de Beucler, « voyages d'introspection dans un Paris de familles et de métiers » : passage du Commerce, bassin de la Villette, les Halles, place des Vosges, quartier des Épinettes... Parfois, ils quittent Paris, tel ce jour où ils allèrent en taxi à Meaux, « rien que pour entendre un type dont on nous avait parlé, un patron de bistro qui ne pouvait pas dire trois phrases sans ajouter : "à bon chat bon rat"; "pas un mot à la reine mère "; "qui s'y frotte s'y pique"... Je nous vois encore attablés, devant le gars qui débitait son mètre cube de proverbes à la minute, dans un restaurant plein de monde, et personne ne le remarquait[367]. » Même pèlerinage dans un café du Xe arrondissement, où Fargue avait découvert un client qui était l'exact sosie de Baudelaire et qui « venait chaque soir endormir son ennui dans la veilleuse d'un Pernod ». Ayant lié conversation avec lui, il découvrit que ce buveur solitaire était secrétaire d'une société de tir à l'arc, ce qui le laissa rêveur. Un beau jour, le sosie de Baudelaire cessa de venir. Il s'était suicidé, apprit le patron à Fargue inquiet, qui contera l'anecdote dans *Refuges*.

En septembre, changeant de décor, Fargue s'en va à Lyon avec Marie Monnier. Les deux voyageurs envoient une carte postale à « Mlles Sylvia Beach et A. Monnier » : « Nous venons de très bien déjeuner chez Morateur et nous partons tout à l'heure dans la direction de Manosque » — localité qui inspirera à Fargue un mirliton postal :

« Les tarasques
Que j'agnosque

Font leurs frasques
À Manosque[368]... »

À Manosque, Fargue eut-il l'occasion de rencontrer Jean Giono, qui avait publié *Colline* dans *Commerce*? Probablement, car, quelques mois plus tard, celui-ci lui adressera une longue lettre amicale : « Je pense dur comme fer au *Grand Troupeau* et au *Poids du ciel.* » Gide lui ayant proposé d'aider le petit employé de banque qu'il était, Giono s'insurge : « Je ne voudrais pas quitter Manosque... Nous avons ici un temps admirable. Les vergers d'oliviers sont pleins de soleil et de cueilleuses d'olives. Tout chante. Les herbes sont comme vernies de lumière. Quelle allégresse[369] ! »

En dépit de leur faible épaisseur, les *Ludions* sont une des œuvres les plus séduisantes de Fargue et dans laquelle s'exprime le mieux son tempérament. Certains de ces petits poèmes remontaient, on l'a vu, à 1916, et même, pour la « Chanson du Rat », à 1886. Ils avaient porté successivement divers titres : *Nocturnes aromatiques, Traces, Écrit dans une cuisine.* Le plus heureux est sans doute le titre définitif : *Ludions,* qui désigne une sorte de figurine qui monte et descend dans un bocal — utilisée notamment par Raymond Roussel dans *Locus Solus.* Mais ce mot fait aussi bien songer à *ludique,* et ces poèmes sont en effet des jeux. Fargue y lâche la bride à sa fantaisie la plus cocasse. Onomatopées, jeux de mots, néologismes, rondes enfantines, refrains loufoques, c'est tout un folklore bien personnel que le poète égrène pour son propre plaisir. Au sujet de *Ludions,* Saint-John Perse observera justement : « Il est si rare qu'un poète, un vrai poète, ose se chanter à lui-même, en public, des choses de son goût[370]. »

« Il est une bebête
Ti Li petit nenfant
Tirelan
C'est une byronette
La beste à sa moman
Tirelan... »

On y retrouve tout un petit monde familier : le chat Potasson, la servante Julienne, la grenouille du jeu de tonneau, de rapides souvenirs ou visions :

> « L'orgue de Barbarie et le Tirage au Sort
> Dorment dans la nuit des bagnoles.
> On n'entend plus tonner, rempli comme la Mort,
> Batiplantes — Jardin des Gnolles. »

Rapprochant ces vers de poèmes de Lear et de Lewis Carroll, Maurice Fombeure, sensible à leur aspect « cocasse et bonhomme », écrira : « Un petit livre inoubliable où la gravure sert merveilleusement la poésie, l'exprime parfois, en prolonge les intentions. Nos larves secrètes, nos désirs cachés dans ce léger tissu chantant[371]. » Henri de Régnier n'avait pas tardé à féliciter l'auteur : « J'ai les *Ludions* et je les écoute me chanter à l'oreille, tandis que mes yeux s'amusent infiniment en leurs marges des jeux de pointe dont les a commentés Mme. Marie Monnier. Je sais maintenant par cœur la « "Chanson du Rat" et je tente d'apprendre celle du "Chat", mais c'est plus difficile. Je ne désespère pas cependant d'y réussir, mais tout le reste me tente aussi. Ah ! la vie est courte[372] ! » Ces poèmes ne prennent en effet tout leur relief que lorsqu'on les lit dans l'édition originale illustrée. Fourcade avait bien fait les choses. Un bel emboîtage cartonné de demi-soie verte frappé d'un hippocampe doré formant le mot « Ludions ». À l'intérieur, les poèmes, accompagnés de douze pointes sèches de Marie Monnier, compositions si parfaitement adaptées aux vers de Fargue, si amusantes, pittoresques et grouillantes de vie, que le poète déclarera : « Marie Monnier a vu les Ludions comme je les vois, mieux encore, elle les a vraiment vus. Je les avais imaginés, appelés ; c'est vers elle qu'ils sont venus[373]. » Dû à Fargue, l'achevé d'imprimer est un vrai poème, qui prolonge le texte même :

> « Je m'appelle
> Ludion,
> (Coconain, Bananuphe, Oneillon.)
> Honneur au cousin Léon

Sire de Château-Landon.
Je naquis un beau matin
Faubourg Saint-Martin.
Encore iguanillodon,
À l'ombre de l'Odéon
Madame Monnier Marie
Fit de moi sa bergerie.
J'eus les reins un peu pliés
Dans l'enfer des peupliers.
Je faillis tomber loufok
Sur les presses de Loubok
Dont les colonnes d'Hercule
Me sonnaient le tubercule.
Je ne redevins agile
Qu'au dix, rue de Lagille,
Manuélisé par Robbe
Qui me décalquait ma robe.
J'espère être fécondé
        Sous l'arcade
        De Fourcade,
Vingt-deux, rue de Condé. »

Ainsi, en trois années, Fargue avait donné cinq livres où s'exprimait toute sa richesse et diversité. Parvenu à la pleine possession de son art, il connaissait cependant des difficultés financières de plus en plus accentuées. Les années trente vont être, pour le poète, une période terrible. *Commerce* disparaîtra fin 1932, le privant de ressources régulières[374]. Ayant perdu sa mère en 1935, Fargue vivra désormais à l'hôtel. Pour s'en sortir, il sera de plus en plus contraint à écrire des chroniques dans les journaux. De 1931 à 1935, son loyer sera payé par la Société des gens de lettres. Fargue quémandera ou fera quémander des indemnités officielles, qu'il obtiendra parfois mais qui ne seront que des répits très provisoires.

En 1930, il portait encore beau. Marcel Ray, qui le rencontre un jour, écrit à Larbaud : « Il est dans une période de barbe taillée court, genre Poiret, et m'a paru rajeuni. Contrairement à ce que j'attendais, il m'a parlé de vous et m'a demandé de vos nouvelles. On me dit qu'il hante maintenant le milieu d'académiciens et de femmes du monde sur le retour qui a mis Paul Valéry à la mode du jour[375]. » Fargue visait en effet l'Académie. Son ami Valéry n'y était-il pas entré à 54 ans, en 1925 ? Cet étonnant succès officiel et mondain tourna la tête à Fargue, qui voulut imiter son aîné. Il se plaignait cependant de ne pas être assez aidé par celui-ci : « Valéry ne renvoie pas l'ascenseur », murmurait-il avec dépit. Il comptait, pour arriver à ses fins, sur ses très nombreuses relations mondaines : la duchesse de La Rochefoucauld, Marthe de Fels, Mme Louis Bour, Hélène Vacaresco, la marquise de Crussol, Marie-Louise Bousquet, sans se rendre compte que toutes ces dames « emparadisées » qui l'invitaient à dîner, ne le lisaient guère et le considéraient surtout comme un charmant boute-en-train plein de fantaisie. En 1936, il jugea que le moment était venu et décida de se présenter. Il écrivit alors au secrétaire perpétuel André Chaumeix cette ahurissante lettre de candidature, qu'on croirait signée Paul Masson, célèbre mystificateur de la Belle Époque[376] :

« Monsieur,

Je me suis présenté à l'Académie Française, au fauteuil de Pierre de Nolhac. Je vous ferai donc ma visite au jour que vous voudrez bien me fixer.

J'ai écrit une dizaine de livres que je ne possède pas. En attendant de me les procurer, j'apporte chez vous un numéro de *La N.R.F.* où a paru un petit essai sur La Fontaine, que j'ai écrit pour une Collection des Grands Écrivains de la France.

Je vous prie de trouver ici, Monsieur, l'expression de mes sentiments de haute considération.

Léon-Paul Fargue.

(provisoirement Palace-Hôtel, 131 bis Bd St Germain.) »

Il habite à l'hôtel, n'a plus d'exemplaires de ses livres, mais envoie un petit article... Vit-on jamais candidat se présenter plus défavorablement ? Le 2 juillet 1936, il n'obtint que six voix. À un ami, il confiait : « L'Académie ? Bien conformiste pour moi. Et puis faut les traiter, les recevoir, les inviter à dîner. Voilà cinq ans que Mauriac ou Morand leur donnent des fêtes carillonnées, dîners aux flambeaux, roses sur la table, huissier à chaîne, etc. C'est un métier. Moi qui n'ai rien, exactement rien fait, dans ma chambre d'hôtel, j'ai eu six voix (Valéry, Bonnard, Mauriac, Duhamel, Donnay, plus, au dernier tour, Gillet). Si j'étais marié, et à une femme habile, il y a longtemps que j'en serais[377]... » Fargue tentera encore sa chance en 1946, mais n'obtiendra que cinq voix. Il se consolera en revendiquant l'honneur de faire partie de l'Académie Mallarmé...

Pour remédier à sa détresse financière, Fargue songea très sérieusement à se faire nommer Inspecteur principal de l'enseignement du dessin dans les écoles de la Ville de Paris. Ses peintures de jeunesse, ses connaissances artistiques ne le désignaient-elles pas comme le plus apte à un tel poste ? Surtout, il bénéficierait ainsi d'un salaire régulier, dont il avait le plus grand besoin. André Beucler nous a conté les nombreuses démarches faites par Fargue à cette occasion. Furent mobilisés aussi bien des artistes comme Bonnard et Daragnès que des femmes du monde, des parlementaires, et même Philippe Berthelot, dont l'influence était encore considérable. Fargue consulta aussi Saint-Exupéry et Max Jacob, ce dernier pour ses connaissances en astrologie ! Hélas, notre poète eut, dans son exposé de candidature, la fantaisie de « vanter le dessin au détriment de la couleur ». Hérésie qui fit instantanément écarter sa candidature par la commission de recrutement, laquelle, en avril 1932, nomma un autre candidat. Il se vengea en publiant dans *La N.R.F.*, dès le mois suivant, une partie de son exposé, précédé de cette note : « Ayant posé ma candidature, à la suite d'embarras particuliers, au poste d'inspecteur principal de l'enseignement du dessin, j'ai été amené à dessiner à gros traits devant le Conseil Municipal et le Conseil général de la Ville de Paris, l'exposé qui suit, et qui servira d'introduction à une série d'articles sur l'enseignement du dessin en France. » Dans cet article, on ne sera pas surpris de voir Fargue parler de Bergson, Debussy, Valéry, Langevin, du snobisme et de bien d'autres choses... Se lamentant de ce que le dessin soit, dans les écoles, limité à la copie de « quelques cruches et casseroles », Fargue propose de consacrer les neuf dixièmes des classes au dessin en noir, serré, et aussi « d'imprimer une méthode progressive » de dessin. Les autres articles annoncés ne parurent jamais.

À partir de cette époque, Fargue séjournera souvent à Saint-Tropez, 11, rue Portalet. « J'ai pu noter trois ou quatre poèmes, confie-t-il à Beucler, Toulon, la digue, les maisons étroites, incurvées comme une tranche de Chester, les spatules reptiliennes de la mer qui a le cœur gros au bout des ruelles, que de peine... » Une lettre à sa mère contient cependant des plaintes sur l'endroit : « Nous faisons la popote, à cinq, car on mange assez mal à Saint-Tropez, et cher ! avec ça, il est presque impossible de téléphoner à Paris, on vous demande en moyenne 4 h d'attente, et la plus petite communication coûte 30 f. ! » Suit un croquis du Saint-Tropez d'alors : « Ici, il ne se passe rien. Il y a des peintres, des femmes élégantes qui portent toutes des culottes. C'est la mode. Et on vit beaucoup, aux terrasses des cafés, en bavardant, adossé aux vieilles maisons merveilleuses du port, en face des bateaux, parmi lesquels il y a beaucoup de bateaux de plaisance, très jolis. Il y a aussi trois ou quatre camarades écrivains, ce ne sont pas les moins emmerdants[378]. » En août 1931, Fargue loue une chambre dans une villa à Cannes, d'où il adresse ce S.O.S. à Raymond Gallimard : « Je me disais que j'allais travailler tout doucement. J'avais très peu d'argent, mais je savais pouvoir compter sur le paîment [*sic*] d'un manuscrit vendu cette année, qu'on m'avait formellement promis de m'envoyer ici. Or, je n'ai rien reçu, malgré mes instances, et pas de réponse à mes lettres. Les absents ont toujours tort. Et me voici dans une situation vraiment grave, ne pouvant plus rien payer, ni de ce que je dois sur place, ni de ce que le ménage me demande à Paris. Je suis en panne sur toute la ligne, immobilisé : si même je devais revenir à Paris, je ne le pourrais pas. Il faut donc que tu m'envoies mille francs, par mandat télégraphique, sans perdre un instant, car il y a extrême urgence (je ne peux pas t'en dire davantage là-dessus)[379]. »

Quelque argent vint cependant à Fargue de sa collaboration à une luxueuse revue, *IMAN*, dirigée par la richissime Argentine Elvira de Alvear, amie de Joyce et de Borges. À cette revue, qui n'aura d'ailleurs qu'un seul numéro (avril 1931), collaborèrent Giono, Bataille, Desnos, Leiris, Michaux, Soupault, Vitrac, Dos Passos, etc. Peu scrupuleux, Fargue avait donné un texte, « D'un porte-plume à un aimant », qui avait déjà été publié dans le numéro d'hiver 1930 de *Commerce*... Le secrétaire de la revue était Alejo Carpentier, qui nous a laissé ce portrait de Fargue, tel qu'il le rencontra souvent chez Elvira de Alvear en compagnie de Miguel Angel Asturias : « Toujours habillé de bleu marine, avec une traînée de cendre de cigare sur la partie du gilet où les hommes de 1900 portaient en général leur chaîne de montre, Léon-Paul Fargue marchait d'un pas lent et distrait; il n'arrivait pas à recouvrir complètement son crâne luisant des rares cheveux qu'il appliquait d'une oreille à l'autre, par un de ces stratagèmes de chauve qui ne trompent personne. Une légère asymétrie des yeux donnait du vague à son regard — regard qui, cependant, s'allumait, devenait fixe, aigu dans une seconde de colère ou d'indignation. » Et Carpentier définit Fargue comme « un homme qui ne s'embarrassait pas d'une vaste érudition, mais sur les lèvres de qui la citation d'un poète grec, d'un distique latin, ou un jeu de mots sur une phrase de Descartes ou de Malebranche venaient spontanément, au passage d'une jolie femme, sous une averse d'été, devant un verre de ce vin nouveau que l'on pouvait boire parfois en automne, chez certains marchands de charbon de la rue de Vaugirard. Sa conversation — poursuit-il — était une incessante leçon de style[380]. »

Début 1932, Fargue obtient quelque répit, grâce à une subvention de 3 000 francs de la Société des gens de lettres. Sa situation reste cependant critique. En décembre, le Dr Saltas rapporte à Léautaud que Fargue, « sans ressources, a été pris à la N.R.F. pour faire des paquets, en attendant mieux ». Commentaire d'Alfred Vallette, qui assiste à la conversation : « Il n'est absolument bon à rien. Incapable de faire quoi que ce soit[381]. » Pourtant, Fargue était tenu en haute estime par certains auteurs de Gallimard, dont Antonin Artaud, qui, appréciant sa « liberté poétique extrême » (« Manifeste du Théâtre de la Cruauté »), l'avait fait figurer, avec Gide, Valéry et Larbaud, au comité de son « Théâtre de la N.R.F. », projet resté malheureusement sans suite[382].

Ce n'est cependant pas chez Gallimard que Fargue rencontra Saint-Exupéry, qui avait publié chez cet éditeur, en 1929, son premier livre, *Courrier Sud*, et avait reçu deux ans plus tard le prix Fémina pour *Vol de nuit*. Il le connut à la *Brasserie Lipp* et « rue d'Amsterdam, dans le musée aux fromages d'Androuet ». Tous deux prirent l'habitude de se retrouver dans de petits restaurants, où ils communiaient ensemble dans leur passion pour les fromages, savourant avec délices « un grand disque de Brie de Melun, quasi fumant de séductions sur sa paille chrétienne, et traversé de fétus comme de peignes une chevelure japonaise, ou quelque Livarot en veste de cuir[383] ». Le caractère direct de l'aviateur plaisait au poète : « Il était abondant, rieur et brusquement attentif. » Surtout, souligne-t-il, c'était « un homme complet », avec qui on pouvait parler de tout. Fargue n'était pas seulement sensible à sa prose « drue et profonde » ; l'homme l'enchantait. Il l'écoutait évoquer l'Aéropostale, la Patagonie, le cap Juby, où il avait été chef de poste. Parfois, Saint-Exupéry le conduisait dans une usine d'aviation, à un meeting ou au Salon de l'aéronautique. Fargue considérait longuement la forme et l'ossature des avions, qui le fascinaient : « tant de phasmes, d'homocromies et de cyphocranes soudain jaillis de quelque terrarium supranormal... » L'amitié entre les deux hommes fut chaleureuse, et la mort tragique de Saint-Exupéry, en 1944, laissera à Fargue de grands regrets.

En juillet 1932 paraîtra chez Gallimard un nouveau livre de Fargue, *D'après Paris*, dont une partie avait été publiée en édition de luxe l'année précédente. Ce recueil rassemble divers textes (proses et poèmes), dont la plupart sont consacrés à la capitale. Sous cet aspect, le livre préfigure *Le Piéton de Paris*, tout en tendant bien davantage au poème en prose qu'à la chronique. Fargue s'y tourne une fois de plus vers son enfance, « les mœurs des fiacres », la tour Eiffel, l'omnibus à chevaux : « J'avais bien déjeuné. Le sang me battait à tout casser. Une neige immense étouffait la ville. L'air sentait l'encre, les maisons faisaient le gros dos, les voix devenaient des cris de poussin, tous les bruits s'enterraient sous un tombeau de plumes, toutes les bouches soufflaient gaiement leur vapeur, et le ciel avait les yeux d'un harfang. Secouant mes semelles, je sautai dans le Passy-Bourse, qui finissait de boire au joli bassin de la place d'Eylau, pour aller voir, sous les galeries de l'Odéon (place, siouplaît, correspondance ?) un livre d'étrennes que je brûlais de posséder : les *Dix Contes* de Jules Lemaitre ».

Des impressions d'adolescence, également : retours boulevard Magenta avec Jarry, promenades tristes avec Jourdain et Levet — et un hommage à la disparue Raymonde Linossier. La veine fantastique reparaît en plusieurs endroits : « La Gare », « Rêve », « Le cauchemar d'un vernissage ». Pour reprendre le titre d'un chapitre, ce sont là les « Souvenirs d'un fantôme » : « Vie errante et paisible dans les rues mal éclairées... Figures affaissées des hommes, joues mélancoliques de femmes, qui peu à peu somnolent et choquent les pots, tête contre tête... Un chapeau haut de forme tombe... Les yeux s'entr'ouvrent et se referment... On attaque l'omnibus ! Est-ce un cyclope ? Un monstre marin ? Réveil général dans l'ombre traversée par un œil goitreux bouilleur d'éclairs... »

Gide fut touché par de telles évocations : « Tout amusé de vous devoir désormais mes propres souvenirs, écrit-il à Fargue. "On ne guérit pas de sa jeunesse" — Quelle volupteuse rechute ! — grâce à vous — à laquelle je m'abandonne[384]... » L'aspect fantastique de certaines visions frappera Rolland de Renéville : « Le poète matérialise pour notre cœur leurs prolongements dans l'invisible, et les êtres les plus simples, les objets les plus communs prennent un caractère d'apparition, et demeurent situés en deçà de notre monde. » Le critique y discerne surtout « le drame de l'esprit arraché par force au néant, et précipité dans une incarnation qu'il refuse [...], une interrogation sur le mystère essentiel de l'homme, un gémissement de la conscience, à la fois engagée dans une vie qui la limite, et promise à une mort qui l'angoisse[385] ».

De plus en plus, la situation politique va préoccuper Fargue. Alors que Hitler vient d'accéder au pouvoir, la France voit, sous la présidence du terne Albert Lebrun, se continuer la valse des ministères. La crise économique s'aggrave, et avec elle l'agitation sociale. Un climat de désarroi général s'installe. La montée des ligues, les menaces des Croix-de-Feu, l'affaire Stavisky, l'incapacité du Parlement, tout semble discréditer davantage chaque jour le régime. « Le mécontentement est grand, écrit Fargue à Marie Monnier début 1933. Il y a des réunions et des manifestations partout [...]. Les paysans sont venus l'autre jour, avec pelle et pioche sous le bras ! » Il ajoute, désabusé : « On a crié : dissolution, révision ! (J'avais vu ça sous Boulanger ; mais si ça n'a pour résultat que de faire de nouvelles élections, on garde les mêmes et on recommence). » Daladier vient d'être nommé Président du Conseil : « Je le connais personnellement, il est bien dessiné, manque pas de netteté, plein de bonnes intentions, je l'aime assez, mais que peut-il faire, le pôvre, au milieu de ce marasme rageur[386] ? » Comme nombre de ses contemporains, Fargue déplorait la médiocrité et l'incapacité des parlementaires. Un jour, entrant dans un café, il déclara tout de go au patron : « Je sors de la Chambre. Ça pue là-dedans, et même ça potdechambine. » Réponse du bistrot : « Quand on voit ce qu'on a pour gouverner[387]... ! »

Néanmoins, lorsque l'émeute du 6 février 1934 mettra en péril le régime républicain, Fargue s'associera à des écrivains et savants comme Breton, Gide, Giono et Langevin, pour signer un *Appel aux travailleurs* désavouant les menées de l'extrême droite[388]. Et nous verrons qu'il entretiendra des relations souvent étroites avec des hommes du Front populaire comme Jean Zay, Jean Cassou et Marcel Abraham. Dans *Marianne* (11 janvier 1939), il publiera par ailleurs un article intitulé : « De l'antisémitisme », où il disait notamment : « Les Juifs ne valent ni plus ni moins que les Catholiques, les Protestants, les Anabaptistes, les Brahmanes, les Têtes Plates, les Ventres Longs ou les Hommes Sandwichs. Les Juifs, comme tous les hommes, valent leur pesant de biologie et de méditation, de sang et de glucose. Tout comme vous ou moi. » Comme on n'est pas nécessairement responsable des admirations qu'on inspire, Fargue trouvera un admirateur en la personne de Philippe Henriot, député et futur orateur de la Milice.

En réalité, Fargue se souciait peu de politique. N'écrira-t-il pas plus tard : « La politique embarque l'écrivain dans un saut de la mort » ? Il se trouvait assurément aussi à l'aise chez des princesses qu'au zinc d'un bar de La Villette. Son expérience de la société l'avait rendu sceptique. Il se méfiait surtout des politiciens professionnels, sachant combien ceux-ci sont souvent éloignés des réalités et tout occupés d'intérêts personnels ou partisans. « Jadis, le politicien était un raseur que l'on fuyait, écrira-t-il dans *Dîners de lune.* Aujourd'hui il n'y en a plus que pour lui : il est à la fois Dieu, l'ombre de Dieu, l'ambassadeur de Dieu et la foule des fidèles. Il n'y a plus que des êtres politiques. » Toute l'œuvre de Fargue est d'ailleurs là pour attester que, lui au moins, il ne se réfugia jamais dans l'abstraction ou les systèmes. Sa poésie s'enracine au contraire dans la réalité quotidienne, volontiers humble et parfois tragique. Mais l'homme était très complexe et abondait en contradictions. Durant l'Occupation, ne le verra-t-on pas envoyer ses livres à Laval et à Pétain ? Il espérait ainsi se faire attribuer quelque sinécure : conservateur du musée Victor-Hugo, par exemple...

Face à la littérature de son temps, Fargue ne cachait pas non plus ses antipathies. Sortant de la première d'*Intermezzo* de Giraudoux, il déclarait à Jacques Porel : « J'aime bien qu'on me chatouille la plante des pieds, mais pas jusqu'à en mourir[389]. » Il était également réservé sur certains surréalistes et définira assez drôlement Eluard comme « le Samain du surréalisme » — formule non dépourvue d'une certaine justesse. Fargue avait aussi la dent dure contre les critiques : « Cet excellent Z., assurait-il, il sent l'aloyau frigorifié passé à la savonnette à vingt sous. Je ne connais qu'un autre critique qui pue autant le savon de bonniche : c'est X.[390]. » Et, dans sa préface à un recueil posthume de poèmes de son ami René Guilleré, il invective « l'engeance inhérente aux salons littéraires, écrivains diplomatisables, romanciers brevetés, caricaturistes mondains, pédérastes officiels ». À quoi bon, soupire-t-il, lire « un de ces insipides romans-tanks de six cents pages, écrits avec les orteils et qui vous roulent dessus chaque jour » ! Nouvelle invective : « Des critiquetons, petdeloups futurs ou politiquards de grand avenir, jeunes garçons au mauvais cœur, mais pas encore secs derrière les oreilles, et qui fument trop vite et se font les ongles sous la table avec des allumettes, écrivent par l'ordre de quelque gros homme, récoltent des exemptions de premier ordre en se gargarisant avec les bottes du patron, s'acquièrent des titres à sa gratitude, et s'auréolent d'importance en urinant contre les poètes. Hélas ! Les roquets lèvent la patte, mais jamais plus haut que leur tête[391] ! » Cette dernière flèche est probablement destinée à certains critiques, qui, comme Brasillach, s'étaient étonnés qu'on lui eût décerné, en 1932, le prix de la Renaissance.

Mais toute amertume disparaissait lorsque Fargue écrivait sur ceux qu'il appréciait. Dans *La N.R.F.* du 1er août 1934, on trouve, par exemple, un remarquable et peu connu article de lui sur Joyce, intitulé « L'Alchimiste ». L'amour des mots, telle est, assure-t-il, la qualité maîtresse de Joyce : « Joyce les groupe, les accouple pour les transfusions nécessaires, leur fait des greffes interstitielles, les travaille avec ses instruments à lui, les recolonise et les recuit dans le laboratoire singulier, dans l'enfer intime qu'il s'est allumé pour lui seul. [...] Maître et fondé en tout dans la matière littéraire, maître de l'unité de temps, de la morphologie, de l'étymologie, de l'activité dans l'analogie, de la phonétique, capable de renouveler entièrement l'arsenal grammatical d'un idiome, il est le médecin, il est le dentiste du lexique, de la sémantique, de la syntaxe. Et il pratique, quand il lui plaît, la plus magique des langues vertes[392]. »

Fin 1932, Fargue avait commencé « un assez gros bouquin », auquel il donna le titre de *Déchiré.* « J'y suis en plein, ça marche bien », confiait-il à P.-É. Bécat. Mais *Déchiré* ne paraîtra jamais. Fut-il même vraiment écrit ? Fargue en publiera, sous ce titre, un chapitre dans *La N.R.F.* d'août 1934, chapitre qu'il reprendra dans *Haute Solitude.* D'autres fragments seront utilisés dans d'autres recueils. Mais, pour parer au plus pressé, Fargue dut se faire chroniqueur. À ce sujet, Beucler a daté du 24 décembre 1934 la naissance de Fargue chroniqueur. On observe cependant que *D'après Paris* avait paru par chapitres dans *Les Nouvelles littéraires*, de mai à juillet 1931 ; mais il est vrai que ce n'étaient pas là de véritables chroniques. C'est donc à partir de début 1935 que l'écrivain collaborera assidûment à des journaux et revues comme *Le Figaro, Paris-*

Soir, *Marianne* et surtout *Voilà*, où paraîtra la presque totalité du *Piéton de Paris*. Une lettre à André Beucler le montre en pleine activité journalistique :

« J'ai reçu une commande de 4 chroniques. Je vais réaliser le plus vite possible. Aliki [Mme Paul-Louis Weiller] m'a téléphoné pour me demander de faire au plus tôt un article de 200 lignes pour le journal d'aviation de Paul-Louis Weiller : 1.000 fr.

Et d'un papier de 50 lignes sur le dernier bouquin de Mathilde Pomès : 300 fr.

... Et d'un papier de 200 lignes pour la Revue dir-France de Chitry : 500 fr.

Tout ça, ferme[393]. »

Dès lors, le pli sera pris. Fargue, suivant l'exemple de son ami Beucler, fera de plus en plus de journalisme. Cette activité lui rapportera bien davantage que la vente de ses livres, lesquels, comme le rappelait Robert Ganzo, ne trouvaient guère d'acheteurs à cette époque, d'autant qu'entre 1932 (*D'après Paris*) et 1939 (*Le Piéton de Paris*), nul recueil de lui ne vit le jour en librairie.

Sa vie personnelle allait bientôt changer. Il s'était d'abord épris de la fille d'un habitué de *Chez Lipp*, l'horloger Auricoste. Mais celle-ci se montrera, tout comme son père, réticente. Fargue approchait de la soixantaine et n'avait guère de ressources... La jeune fille finit par en épouser un autre. En avril 1936, Fargue, entraînant Beucler avec lui, se précipita à Marseille pour lui dire adieu avant son départ pour l'Indochine, où travaillait son mari. Arrivé, pour une fois, en avance, il fit de brefs adieux, puis, en compagnie de Beucler, traîna deux jours à Marseille, soupirant : « Tu vois, j'avais une camarade, comme on chante, eh bien, elle me quitte aussi. Depuis la mort de ma mère, on allait ensemble au restaurant, dans les musées, aux Buttes-Chaumont. Elle mettait du beurre dans ma solitude. C'est fini[394]. » On rapporte que la fille de l'horloger aurait pris ensuite un amant, lequel n'était pas Fargue ! Celui-ci essaya alors, mais sans plus de succès, de courtiser la fille d'un diplomate étranger. Double humiliation, qui le blessa vivement. N'avait-il pas déjà écrit dans un article sur les lettres de Keats à Fanny Brawne :

« Non. Il n'y a pas de jeunes filles insignifiantes, mais des hommes amorphes, médiocres, des hommes dont l'âme n'arrive pas à se frayer un chemin vers le dehors, tandis que les jeunes filles signifiantes ou insignifiantes sont d'emblée et carrément des monstres, des monstres pour qui l'art, le poète, représentent la tentation, l'encanaillement délicieux. Plaisir rapide, évidemment, et plutôt expérience dont elles se hâtent de se défaire, de s'écheniller, pour épouser figarotiquement, devant curés, maires et maréchaux, un Piffard. On entend par Piffard le fils de famille, le fils de l'usine, le fils à papa, Thomas Diafoirus. [...] Toute la satisfaction du piffard se lit sur son visage. Je suis parenté, abonné, carnetd'chéqué, certifié, éperonné, breveté du gouvernement, de l'École de guerre et du *Bottin mondain*. Telle est l'affiche, l'homme du monde sandwich, qui se balade sur le trottoir de Paris, sur le tapis des quartiers riches[395]. »

Fargue finira cependant par rencontrer Chériane, fille du critique Ernest-Charles et de l'écrivain Louise Faure-Favier. Il l'avait, à vrai dire, déjà aperçue auparavant, en 1918; mais c'est dans le milieu du graveur-imprimeur Daragnès que, vers 1935, ils se reverront et se lieront. Femme à la fois simple et fine, Chériane, sera le bon génie de Fargue ; toutefois, ce n'est qu'un peu plus tard qu'ils feront vie commune.

Souvent, Fargue passe l'été à Paris, s'y trouvant fort bien : « Ici, c'est tout à fait Paris ville d'eaux. On peut s'arrêter, bavarder, on a le temps. Les gens n'ont pas envie de partir. *Lipp* a une terrasse, qui emplit la chaussée. J'ai dîné hier avec Francis Jourdain, Saint-Ex trône aux *Deux Magots* et nous réconforte jusqu'à des neuf heures. Ensuite, on dîne quelquefois chez Giroix (au coin de la rue du Château d'Eau et de la rue de Lancry). » Moins lyriquement, il confie à Paul-Émile Bécat le reste de ses occupations : « Ce sont toujours les mêmes déjeuners, dîners, mondanités, que je dose assez savamment d'ailleurs[396]. » Un moyen comme un autre d'oublier pour un temps ses persistantes difficultés financières. Sur recommandation de Valéry, Fargue avait trouvé un emploi au ministère des P.T.T. Il devait lire des manuscrits d'œuvres dramatiques en vue d'adaptation à la radio ; mais ce travail se révélera bien moins lucratif que promis. Auparavant, Fargue avait obtenu quelque argent en vendant à un bibliophile de Berlin « le manuscrit à l'encre verte et sur grand papier » de ses souvenirs sur Rilke parus dans *La N.R.F.* À ces difficultés allait bientôt s'ajouter une tragédie.

Le 21 avril 1935, la mère de Fargue, âgée de 93 ans, meurt. Le poète voyait ainsi disparaître celle qui était pour lui l'être le plus proche et le plus cher. Dès qu'il quittait Paris pour le moindre voyage, il prenait soin de lui téléphoner souvent et de lui envoyer des cartes postales. Marie Aussudre symbolisait aussi toute l'enfance de Fargue, et tant de souvenirs... Tous les amis de celui-ci, Marguerite Audoux, Charles Chanvin, Léon Pivet, André Beucler, adoraient la vieille femme et venaient la voir rue de Château-Landon, « menue et douce, aux épaules recouvertes d'un châle, déjà pareille à une relique » (N. Frank). À l'enterrement, au cimetière Montparnasse, Valéry, Giraudoux et Beucler se tenaient aux côtés de Fargue brisé par la douleur.

Beucler a décrit tout le désarroi qui s'empara alors de Fargue. Celui-ci, qui ne voulait à aucun prix rester seul, dormait chez des amis. Il finit par quitter la rue de Château-Landon, chargée de trop de souvenirs. « La maison était remplie de fantômes, expliquera-t-il à un ami. Quand j'y rentrais, elle me soufflait comme un appel de chuchotements et d'échos. Va-t-en, mon petit, va-t-en. Je ne pouvais plus y tenir. Je me suis donc, faute de mieux, réfugié à l'hôtel. J'y suis encore. J'y habite une petite chambre où il n'y a pas place pour mes livres, qui sont dans un garde-meubles de Montrouge[397]. » Il s'installa au *Palace-Hôtel,* 131 *bis,* boulevard Saint-Germain, qu'il qualifiait de « bon hôtel secondaire ». Dès lors, il ne quittera plus le VIe arrondissement, quartier où, disait-il, « le métier d'écrire bénéficie d'une infinité de commodités invisibles ». Vivant désormais à l'hôtel, privé de sa mère, Fargue prit des habitudes de vieux garçon. Il logera ensuite à l'*Hôtel Acropolis,* rue de Buci, puis louera, 29, rue

Hippolyte-Maindron, un appartement, qu'il n'occupera qu'en 1939, mais fort peu. Dans le même immeuble demeuraient ses amis Bécat, et Fargue confiait la clef de son appartement à Marie, qu'il surnommait « ma chère Clephte ».

Poussé par la nécessité, Fargue s'était remis à écrire. Dans *La N.R.F.* du 1er avril 1935 était paru son essai sur La Fontaine. Fargue en adressera un tiré à part à Bergson, en « hommage d'un poète ». Plus inattendu est l'envoi d'un exemplaire à Pétain, qui répondit protocolairement sur une carte de visite, le 26 juin 1935 : « avec tous ses remerciements pour l'hommage de son opuscule *Jean de Lafontaine* [*sic*] qu'il a lu avec intérêt[398] ». Henri de Régnier, lui, remercie avec enthousiasme : « Je ne veux plus connaître d'autre *La Fontaine* que le vôtre. Il est pour moi le seul, le vrai, et c'est vous qui l'avez découvert ! Ces dix-neuf pages sont admirables. Elle disent tout, et de quelle façon ![399]. » Cet essai sur La Fontaine est en effet remarquable à plus d'un titre, et il convient d'en dire un mot en passant.

D'emblée, Fargue s'insurge contre la légende du « bonhomme La Fontaine », lequel fut en réalité, assure-t-il, « le premier poète lyrique de France, celui qui inventa le vers libre ». Suit un portrait vivant et nuancé du fabuliste : « Ce campagnol errabond, cet homme de hasard, ce Champenois inattendu, si cultivé, si bien organisé pour percevoir [...], ce fin génie aux sens d'insectes, ce prestidigitateur de la langue [...]. La joue affligée par la santé, par les souvenirs de l'homme bien portant, par le petit coin de rire voisin des larmes, La Fontaine devait traverser les salons avec des souplesses de bouilleur de cru, une aisance muette, adroite, moelleuse, de poseur de collets, de maraudeur. Il devait plaire aux femmes par des chuchotements de sentiers humides, des réminiscences de lisières, et peut-être des imitations de cris d'animaux, qui ne devaient pas manquer d'assurer sa réputation de grand absent loufoque et qui parlait de nids, de rosée, de luzerne aussi bien que [...] de la Bible ou de la précision brusque d'Horace. » Par un tel plaidoyer, Fargue défendait également sa propre cause et s'efforçait de réfuter sa légende. La Fontaine, dit-il, s'était décerné à lui-même le titre d'écuyer : pourquoi pas ? Non pas naïf, ni mondain ou arriviste, il fut un grand poète, essentiellement « antibourgeois » et que le monde transforma malgré lui « en personnage indispensable au décor d'un salon ». Réflexions amères d'un poète réduit lui aussi à hanter les salons et à tirer le diable par la queue.

Mais ces difficultés vont précisément permettre à Fargue de donner une de ses meilleures œuvres. Sur la suggestion de Florent Fels, il a fait paraître dans l'hebdomadaire *Voilà*, de 1935 à 1938, toute une série de chroniques sur Paris, qu'il réunira en 1939 sous le titre de *Le Piéton de Paris* — titre rapidement devenu symbolique.

Si *Le Piéton de Paris* est « sans nul doute le plus beau livre qu'un écrivain ait jamais consacré à Paris[400] », c'est parce que Fargue le portait en lui depuis toujours. Grâce à cette osmose constante entre la ville et lui, le poète est parvenu à dépasser le reportage, à éviter le décousu et les servitudes de la chronique, pour établir ce qu'il appelle « un *Plan de Paris* pour personnes de tout repos, c'est-à-dire des promeneurs qui ont du temps à perdre et qui aiment Paris ». Cette immense rêverie pleine de souvenirs et d'impressions vécues représente comme l'aboutissement de tout un courant littéraire, qui, voulant exprimer la poésie de Paris, part de Villon pour, à travers Boileau, Restif et Balzac, rejoindre Nerval, Baudelaire, Lautréamont et Huysmans, et aboutir à Apollinaire, aux surréalistes et à Léautaud. Mêlant souvenirs d'enfance, anecdotes érudites et scènes de la vie quotidienne, Fargue établit une géographie sentimentale et secrète de la capitale, avec ses odeurs, ses couleurs, la forme de ses rues, la variété humaine de ses habitants, la physionomie de chaque quartier, ses cafés, ses commerces, les habitudes de sa population, sa vie collective et ses particularités. Une grande nostalgie de l'époque 1900 passe dans certains chapitres sur Passy et Montmartre, et dans l'évocation de figures de vieux Parisiens comme Forain, Capus ou Drumont. Mais le Paris qu'évoque Fargue est aussi bien officiel et mondain que populaire : la rue de Lappe et l'*Hôtel Crillon*, Montparnasse et la Chapelle, le Marais et l'Opéra, les Champs-Élysées et le Muséum. C'est le Paris d'un flâneur, doublé d'un poète pour qui tout est non pas pittoresque, mais essentiellement suggestif : livre qui s'inscrit tout naturellement dans la lignée de Baudelaire. Comme, d'un pareil ouvrage, il faudrait tout citer, nous n'en donnerons que cet extrait :

« ... Le mari, déjà juteux de vermouth, sifflote au derrière de ses fils. L'épouse fidèle et solide appuie sur le trottoir son pas de villageoise. La jeune fille à marier hume les fumets de l'Engadine-Express ou du Paris-Bucarest, qui emmènent son cœur loin des frontières géographiques et sentimentales. Les cafés retentissent de poules au gibier, de compétitions au billard russe. Tous ceux qui, pour une raison ou pour une autre, n'ont pas répondu aux appels de *L'Humanité* ou de quelque autre organisation donnent à la Chapelle une couleur bourgeoise, une atmosphère de considération que l'on ne trouve pas ailleurs...

Mais c'est le soir seulement que le quartier enfile son véritable costume et prend cet aspect fantastique et sordide que certains romanciers ont su rendre de chic, comme on dit, et sans risquer le voyage. Le soir, quand les rapides semblent prendre leur vitesse dans le cœur même de Paris, quand les jeunes sportifs se rassemblent devant les boutiques d'accessoires pour automobiles et se mettent à parler vélo ou plongeon, quand les matrones consentent à lâcher leur mari pour une partie de cartes entre copains et que les cinémas s'emplissent selon une cadence que l'on retrouve à la consultation gratuite des hôpitaux, alors la Chapelle est bien ce pays d'un merveilleux lugubre et prenant, ce paradis des paumés, des mômes de la cloche et des costauds qui ont l'honneur au bout de la langue et la loyauté au bout des doigts, cet Éden sombre, dense et nostalgique que les soldats célèbrent le soir dans les chambrées pour venir à bout de l'ennui solitaire[401]. »

Dans ses promenades, Fargue explorait également la banlieue. « Avant-hier, conte-t-il à Marie Monnier, j'ai déjeuné avec Jean Prévost, nous avons bien rigolé, après quoi nous avons pris le train jusqu'à Vitry. Là, nous avons marché à l'aventure, et nous avons découvert Ablon, Athis, et des pays tournants tout en grosses corbeilles de pierres, avec des murs épais qui défilent longtemps et s'arrêtent lourdement, démasquant un joli château dix-huitième, un perron, une grille, et des vieux arbres tout pleins d'élytres de soleil. — Les boutiques des patelins d'été, les filles sur les portes, un rassemblement autour d'une réparation de bécane. Athis, une dactylo sur la route, elle rentre dans sa famille avec des paquets, nous l'emmenons prendre un verre. [...] Rentrés par Suresnes, noir de monde, suant le pétrole et le citron pressé[402]. »

En 1935 naquit une nouvelle revue, *Mesures*, « sorte de nouveau *Commerce* », selon la formule de Jean Paulhan, qui siégeait au comité de rédaction avec Groethuysen, Michaux, Ungaretti et Church. L'administratrice en était Adrienne Monnier, à qui succédera José Corti. On y retrouve d'abord des anciens de *Commerce* comme Larbaud, Valéry, Gide, Breton, Michaux, Aragon, Jouhandeau et Claudel, puis des nouveaux comme Queneau, Audiberti et Eluard. Une large place était faite à la littérature étrangère, surtout anglo-saxonne : Joyce, Auden, Dickinson, Pirandello, Lorca, Kavafis. Fargue y collaborera dès le numéro 1, et assez régulièrement, donnant une série de textes qui seront repris dans *Haute Solitude* : « Réveil », « Récréation préhistorique », « Érythème du Diable », « Préface à une géographie secrète », « Accoudé », Danse mabraque ». La revue durera jusqu'en 1940.

L'un des collaborateurs de *Mesures*, Audiberti, racontera plus tard une histoire bien digne de Fargue. En sortant un jour de la N.R.F. avec celui-ci, ils prirent tous deux un taxi. Sur la banquette, Audiberti trouve une serviette oubliée là et s'en empare. Fargue une fois descendu aux *Deux Magots*, Audiberti ouvre la serviette et y découvre... un manuscrit de Fargue ! Il s'agissait, prétendra-t-il, du *Sanatorium en folie*, scénario de film assez osé, dans lequel on voyait une jeune infirmière pervertir tout un sanatorium de jeunes tuberculeux. Histoire sans doute trop belle pour être vraie. Sur ce texte de Fargue, jamais réapparu, nous n'avons en effet aucune autre information[403]. Bien différent de ton est « Pigeondre », courte rêverie que publie à la même époque *Minotaure*, luxueuse revue illustrée où dominaient les surréalistes comme Breton, Eluard, Péret et Dali. Jamais repris par

Fargue, « Pigeondre », qui évoque une rencontre amoureuse, est empreint d'un lyrisme intime et pur :

« Deux mains qui s'étreignent, depuis dix ans ou dix minutes, surveillées par les quatre médaillons marins que trompe cette osmose ; après s'être cherchées, tâtonnantes, de si longtemps et de si loin, par les millénaires, dans le sel des ténèbres, les creux de prières, les valves d'amour ; bougeant déjà leur mise au point dans la cellule au noyau sans larmes, dans la gélatine aux longs cils, en éveil quand le pterichtys enserrait les petites plantes dans son armure de chitine, ébauchées dans le sac géant d'un saurien, déjà tracées moins sourdement dans l'empreinte d'un monstre sur le sable. [...] Elle s'apprivoise, elle ne se méfie plus sous cet auvent de peau qui sent le nid, la nicotine, l'encre, l'apéritif, dans cet hôtel où d'autres mains avaient vécu, qu'on n'avait pas autant aimées. Elle est curieuse et sournoise, elle cherche tous les coins de cette peau d'homme où l'on a chaud. Puis, entourées d'un silence de dortoir, d'un silence jeune où l'on n'ose pas encore, les deux mains se recueillent et se font pigeondre[404]. »

Dans le milieu du *Mercure de France*, on jasait beaucoup sur Fargue. Déjà, Léautaud ne s'était pas privé de trouver illisible « Géographie secrète », paru dans le *Mercure* du 15 avril 1936. Et lorsque le poète, un peu plus tard, se présente à l'Académie française, le même Léautaud s'étonne : « S'il le fait sérieusement, qu'est-ce qui peut bien se passer dans la tête d'un écrivain de peu de réputation qui pose sa candidature à l'Académie française ? [...] Tout de même, Fargue... Bernard a eu ce mot, ce matin, à la nouvelle : "Cet ivrogne... !"[405]. » Même opinion chez Gide, qui, déjeunant avec Julien Green, confie à celui-ci, après avoir aperçu Fargue au restaurant : « C'est une épave. Il est de la même race que Verlaine[406]... » Ce n'est certes pas la préface que Fargue donnera en 1937 au *Missel profane* de Sidonie Baba (Solange Duvernon) qui aurait pu faire changer d'avis Léautaud ou Gide. Fargue y vante cette « glissade de chansons, de candeur, de simple désespoir devant les problèmes éternels et les détails de la substance quotidienne qui raviront dès le premier abord[407] ». Mais peut-être le poète avait-il, tout simplement, été ravi par ce nom de Sidonie Baba...

La multiplication des chroniques de Fargue dans les journaux et revues eut pour conséquence de rendre son nom familier à un plus large public. Dans le même temps, les articles sur lui se multipliaient. Chroniqueurs et échotiers parlaient souvent de lui. On venait l'interviewer. Sans se faire prier, Fargue égrenait ses souvenirs, en inventant au besoin certains. Il était à présent une figure « bien parisienne », et son personnage, légendaire. C'est l'époque des stations chez *Lipp*, dont Fargue avait surnommé le garçon « l'atome de l'oncle Cazes »; des innombrables taxis, loués à la journée et que le poète avait à présent choisis comme moyen de transport habituel. Une photo de Brassaï ne montre-t-elle pas le taxi de Fargue attendant dans la nuit? De mauvaises langues comme Léautaud assuraient, il est vrai, que Fargue connaissait toutes les maisons à double issue de Paris et qu'il s'y faisait déposer en disant au chauffeur de l'attendre, puis filait précipitamment par l'autre sortie... Légende?

Avec l'âge, Fargue s'était épaissi et empâté. Son strabisme s'était accentué, et sa tête presque chauve le faisait ressembler à quelque empereur romain. Se sentant très seul après la mort de sa mère, il multipliait les stations au café et les rencontres : le fidèle Beucler, Joseph Kessel, Lucien Fabre, le critique Yves Gandon, le dramaturge Pierre Lestringuez. On le voyait aussi dans le cabinet de son ami Jean Zay, ministre de l'Éducation nationale, dont le directeur, Marcel Abraham, était également de ses amis. Il y avait enfin la vieille garde : Léon Pivet, Charles Chanvin, Francis Jourdain. Fargue n'oubliait pas non plus Marie Monnier, qui, grâce à ses bons offices auprès de Jean Zay, fut nommée, en août 1938, chevalier de la Légion d'honneur, en tant que « brodeuse d'art et illustratrice ».

Face aux nouvelles générations, Fargue était assez critique. Dans *Le Piéton de Paris*, on trouve ce croquis de café : « Il y avait là deux jeunes hommes tels que les fabrique notre année 1938, un mélange de sport, de politique, de modération sexuelle et d'extravagance intellectuelle. Pas d'alcool mais des quarts Vittel, un grand mépris des femmes, une ignorance complète de ce que peuvent être la liberté, le vagabondage, l'observation, la paresse. » Fargue se montrait bien moins réservé avec les écrivains de sa génération. Il continuait de voir avec grand plaisir Valéry et Claudel. Lorsqu'il était à Saint-Tropez, il retrouvait Colette, et des amis communs comme Segonzac et Luc-Albert Moreau. À *La Treille Muscate,* Fargue s'émerveillait de voir son hôtesse « toujours la même, avec cette sensualité exacte et brusque, cet amour de la vie de tous les jours, une lucidité inflexibles ». Il savait aussi que, tout comme lui, Colette était souvent astreinte au labeur quotidien, à la servitude de l'article et de la chronique. Mais il appréciait vivement son œuvre, où il discernait « un désir de lumière, une lutte constante et charnelle pour la volupté, une façon de dire les choses très vite avec le minimum de moyens et le maximum de musique ». N'hésitant pas à parler de « génie », il poursuivait : « Le seul drame qui s'y joue est celui des sens suprêmement déguisés, et l'on voit parfois, à l'arrière-plan de ces fêtes, dans l'ombre de ces plaisirs *qu'on nomme à la légère physiques,* surgir les signes de la douleur mêlés aux principes d'économie, tels que des armes sur un écu[408]. »

16

« J'AI VU LA FRANCE EN FIN DE SOUPER... »

> *Le monde peut à tout moment glisser dans une carrière de spectres comme un wagonnet de sable.*

1935-1940 : années de journalisme et de vie parisienne fort active. On voit, et de plus en plus fréquemment, la signature de Fargue un peu partout : *Le Figaro, Marianne, Mesures, La N.R.F., Paris-Soir, Vu, Les Nouvelles littéraires, Marie-Claire, Plaisir de France, La Nacion, Aujourd'hui, Voilà*... Lors de l'Exposition de 1937, il fait partie, assure-t-il, « de trois comités et jurys ». Dans *Le Figaro*, il donnera des articles sur cette exposition, qu'il évoquera aussi dans *Composite* : « Elle bombillait de monde et brillait de mille molaires d'or. Elle n'en finissait pas de changer de colliers devant son armoire à glace. Elle incendiait Paris de ses pinceaux, de ses étoiles de mer lumineuses, de ses châteaux forts, de ses trappes incandescentes, de ses fermetures Éclair qui s'ouvraient soudain pour laisser bondir la Seine, belle comme une vierge bleue ! » Autre nomination, qui lui fit sans doute plus de plaisir : l'Académie Mallarmé, où il entre la même année 1937, pour y retrouver Gide, Larbaud (celui-ci cloué à Vichy, paralysé), Valéry, Maeterlinck. Désormais, Fargue tiendra à faire suivre sa signature de la mention : « de l'Académie Mallarmé ». Est-ce pour imiter l'auteur de *La Dernière Mode* qu'en juin 1938, il prononce une causerie sur les tissus, dans le cadre d'une exposition de tissus artistiques. « Il va falloir que je me documente sur les tissus, l'histoire des tissus, écrit-il à Beucler. Je vais chercher un bouquin. Et puis je prendrai la chose par la bande. La beauté, l'art, la poésie, etc. bouilloire [*sic*] sont partout, dans une femme, dans l'amitié, dans une bonne bouteille, dans la cuisine, dans un livre, dans un beau costume, une cravate, etc. Et si on me parle d'un bel objet, pourquoi n'en pas dire le nom et l'origine ? Une maîtresse a un nom, un prénom, on dit tel "objet" vient de la première dynastie des Pharaons, tel meuble est de Boulle, tel secrétaire de Riesener, tel tableau de Van Gogh, etc. Rien n'est isolé, tout se rattache à quelque chose, etc., etc. Mais je déconne. Il faut la faire, il faut la dire et voilà tout[409]. »

Lorsque, en septembre 1939, la guerre éclata, Fargue n'en fut sans doute pas surpris. Il dut cependant se féliciter d'échapper, à cause de son âge, à la mobilisation. La guerre et l'Occupation le dérouteront profondément. « J'ai vu les hommes non seulement en marionnettes condamnées, mais en insectes, en taupes, en épluchures, dira-t-il plus tard. J'ai vu la France en fin de souper, avec ses tasses à terre, ses nappes trouées[410]... » À la Libération, certains lui reprocheront sa conduite, ou plutôt son manque total d'engagement politique. La vérité est que, comme l'immense majorité des Français, Fargue essayera de survivre et s'accommodera tant bien que mal de la situation. On ne fera donc pas de lui un résistant, même s'il lui arrivait de tenir publiquement des propos qui eussent pu, comme le remarquait Léautaud (qui s'y connaissait), lui valoir des désagréments. Plus insolites sont, nous le verrons, les démarches qu'il entreprendra auprès du gouvernement de Vichy pour tâcher d'obtenir la sinécure administrative dont il rêvait.

Par ailleurs, Fargue n'était plus seul, désormais. Il avait rencontré, puis épousé Chériane, mettant ainsi un terme à sa très longue vie de garçon. Fille de critique et d'écrivain, Chérie-Anne, dite Chériane, avait dès l'enfance vécu parmi les écrivains et les artistes. Peintre elle-même, elle devint pour Fargue l'ange tutélaire, qui lui permit d'avoir enfin un chez-soi. Le poète avait en effet quitté l'hôtel pour venir s'installer dans l'appartement qu'elle occupait au 1 du boulevard Montparnasse, « à un mètre du métro Duroc », disait-il.

Au début, Chériane eut quelque mal à s'adapter au

rythme de vie bien particulier de Fargue, d'autant que le noctambulisme ne l'attirait guère. Il lui fallait également écrire la nuit sous sa dictée, souvent jusqu'à quatre heures du matin, les chroniques destinées aux journaux. Elle a raconté avec beaucoup d'humour ce qu'elle appelle leur « expédition à Rambouillet ». Un jour, pour lui faire plaisir, Fargue décida de l'emmener à Rambouillet afin de se promener dans la forêt. Il commença par arriver en retard, ce qui leur fit perdre le train à la gare... Empruntant le suivant, qui partait à 11 heures du soir, ils parvinrent à Rambouillet sur le minuit, dans une ville sans lumière à cause de la guerre. À l'hôtel, ils durent se coucher sans pouvoir dîner. Au matin, Fargue, après avoir pris le petit déjeuner, se rendormit, et Chériane en fut réduite à aller se promener seule jusqu'au château. Lorsqu'elle revint, vers cinq heures, elle trouva Fargue qui venait de se réveiller et qui jugea que l'heure était venue de prendre le train du retour[411]...

L'état de santé de Fargue ne cessera d'empirer au fur et à mesure de la guerre, jusqu'à l'attaque d'hémiplégie qui, en 1943, le laissera paralysé. À Beucler, qui était réfugié à Cannes, il envoie des nouvelles peu rassurantes : « Moi j'ai été tous ces temps-ci assez occupé de ma santé. Peut-être faudra-t-il m'opérer (l'un dit oui, l'autre doute). J'irai certainement en zone non occupée, et le plus tôt possible. Chériane y a des parents... » Au printemps 1940, il séjourne avec Chériane à Nevers, où le surprend l'exode. Victime d'une crise de colibacillose, il doit alors entrer en clinique : « Les 40,5 et 40,9 jouaient à chat perché sur ma feuille de température... » Il y restera jusqu'en août, puis regagnera Paris. Chaque samedi soir, il prend l'habitude de se réunir aux *Deux Magots* à un petit groupe qui comprenait Galanis, Daragnès, Mac Orlan, Gen Paul, Céline et Boussingault. Dans la capitale occupée, il devra reprendre d'arrache-pied ses travaux de journaliste. « Je n'ai aucune fortune, expliquera-t-il à la Libération au dessinateur Jean Texcier. Il me fallait donc gagner ma vie en évitant d'être taché par les iguanodons à essence. J'essayai de faire tout autre chose que d'écrire. Mais je me rendis compte, au bout de peu de temps, de l'inanité de mes efforts. [...] Il fallait donc en revenir à la plume[412]. »

Henri Jeanson venait de fonder *Aujourd'hui*, journal d'un nouveau style que Fargue ne trouvait « pas du tout conformiste ». Robert Desnos n'y assurera-t-il pas la critique littéraire ? De septembre 1940 à mai 1943, Fargue donnera à *Aujourd'hui* — qui deviendra de plus en plus pro-allemand — une bonne centaine d'articles, dont une partie sera reprise en 1942 dans *Déjeuners de soleil.* Articles roulant sur les sujets les plus divers et souvent les plus communs : le printemps, le romantisme, la campagne, Mallarmé, l'argent, le tabac, Noël, l'Aquarium, les marionnettes, le métro, l'architecture, etc. Journalisme éphémère, dont Fargue s'exagérait certains mérites lorsqu'il assurait par la suite à Texcier : « Les articles étaient parfois pleins d'insolences à peine couvertes à l'égard des occupants, et je me demande maintenant, quand je les relis, comment j'ai pu les écrire, et comment une censure aveuglée par le confort a pu les laisser passer ! » Rien de bien subversif cependant dans ces évocations du métro, ces regrets des anciens artisans ou ces lamentations sur les restrictions de tabac.

Ce cortège de restrictions et de privations apporté par l'Occupation, Fargue l'oublia pour quelques instants, le 1er mai 1941. Adrienne Monnier, pour fêter les « noces d'argent » de sa librairie, avait organisé, dans son appartement, un goûter au cours duquel Valéry lut des extraits de *Mon Faust.* Fargue eut la joie d'y retrouver ce vieil ami, au milieu d'une quarantaine de personnes dont Paulhan, Mondor, Daragnès et Queneau. Bref intermède, car Fargue continuait à se débattre, multipliant les articles dans *Le Figaro* et *Aujourd'hui.* Les mécènes d'antan s'étaient dispersés. Il se dit alors qu'il pourrait profiter de ses nombreuses relations. Pourquoi ne pas songer à quelque poste administratif ? En août 1941, jouant son va-tout, il partit pour Vichy avec Chériane. Dans le train, il rencontre Maurice Martin du Gard, à qui il confie : « J'ai écrit sur tout, la charte de la bicyclette, le maréchal Soleil, les queues, le métro. Mais je voudrais tout de même qu'on me donne le musée de Castelnaudary[413] ! » Malheureusement, le poète n'était pas le seul à se rendre dans cette ville, où affluaient quantité de solliciteurs en quête de protections, de places, d'avancement ou de prébendes, et bien décidés à faire le siège des ministères. « Nous venons d'arriver à Vichy : bondé ! annonce-t-il à Beucler. J'ai déjà rencontré Valéry, Giraudoux, Jean Masson, Rueff, Spinasse, la sœur d'Auphan, etc. Pendant que je t'écris, on parle d'un gros conseil des ministres qui se tient en ce moment[414]. » Fargue et Chériane traînent, dira celle-ci, dans « des bistrots où il n'y avait rien à manger, que de la raie qui sentait l'ammoniaque », ce qui les oblige à se rabattre sur les restaurants de marché noir. L'après-midi, ils aperçoivent Pétain, qui fait sa promenade quotidienne et s'arrête parfois pour tapoter la joue d'une petite fille.

Cette fois-ci, ce n'était plus un poste d'inspecteur de l'enseignement du dessin que convoitait Fargue, mais tout simplement de conservateur de Musée. Il se voyait très bien au Louvre, à Carnavalet ou, à la rigueur, à Saint-Tropez... Mettant à profit les relations de son ami Giraudoux, il essayera d'atteindre Pétain lui-même. Réussit-il à lui parler ? Tout au moins à lui faire parvenir *Le Piéton de Paris*, sur lequel il aurait, rapporte Beucler, inscrit cette étonnante dédicace : « Léon-Paul Fargue à Philippe Pétain/D'un vieux roseau à un jeune chêne. » Dédicace que nous ne mettrons pas en doute, car, à son arrivée à Cannes, Fargue reçut cette réponse de Pétain :

« Monsieur,

Je vous remercie de l'envoi de votre livre et d'une dédicace trop flatteuse et trop spirituelle pour être exacte.

Le Piéton de Paris risquera de donner des regrets à ceux qui, comme moi, se voient privés de leur chère capitale.

Du moins leur permettra-t-il d'évoquer les jours heureux qu'un flâneur, doublé d'un poète, a su faire revivre pour leur satisfaction et pour leur nostalgie.

Recevez, Monsieur, l'expression de mes sentiments les meilleurs.

Ph. Pétain[415]. »

L'année suivante, Fargue tentera sa chance auprès de Laval, à qui il adressera *Refuges* revêtu de cet envoi :

« au Président Pierre Laval,
qui peut tirer d'affaire un pays ou un homme,
avec mes sentiments dévoués[416]. »

L'homme, c'était bien entendu Fargue, qui n'avait pas renoncé à son rêve administratif. Ni Pétain ni Laval ne l'exauceront cependant, ce qui valut peut-être mieux. Dans le même temps, Fargue recevait une offre pressante — mais qu'il laissera sans réponse — de Drieu La Rochelle, qui dirigeait *La N.R.F.* pro-allemande :

« Fargue,

Pour *La N. R. F.* donne-moi de la poésie, beaucoup de poésie, un poème, deux poèmes...
Je voudrais un numéro plein de poésie.
Souvenir.

Drieu[417]. »

La correspondance de Jean Paulhan montre par ailleurs que lorsque, en 1942, celui-ci songea à reprendre *La N.R.F.* après Drieu, il envisageait de constituer un Comité de direction comprenant Fargue, Claudel, Gide et Valéry[418].

Fin 1941, comme un fauteuil se trouvait vacant à l'Académie Mallarmé, Fargue proposa le nom de Max Jacob et le fit savoir à ce dernier. Il faut citer en entier la réponse à la fois reconnaissante et bouleversante par laquelle Max Jacob déclina cet honneur :

« Cher ami Fargue,

Merci ! dans tous mes cataclysmes, c'est une grande émotion que m'apporte Andrée Jacob. Il paraît que tu me désignes pour le fauteuil Mallarmé. Un des plus anciens témoins de ma pauvre chienne de vie... Ça me fait plaisir que ce soit toi — que ça me vienne de toi ! Toi qui es la prose uniquement vivante de poésie (la vraie poésie, la poésie des faits) et la poésie tout entière ciel mastiquée avec la grâce de la Terre.

Oui ça me fait plaisir... un plaisir posthume. Car j'ai reçu la visite de la Gestapo et la peur — puisqu'il faut l'appeler par son nom — me fait désirer l'oubli. Tu as oublié comme tout le monde que je suis né juif mais la police neuve ne sait pas encore que je suis catholique. Je te raconterais bien cette visite d'un homme aimable auquel j'ai dédicacé une brochure de vers mais j'ai peur (encore !) qu'on n'ouvre mes lettres. Que mettre sur cette page de garde (prends garde !).

J'ai mis : *Souvenir,* alors que je *désire seulement l'oubli.*

Merci, mon cher Fargue...

Mais non... il vaut mieux pas.

Amitié.

Max Jacob[419]. »

Fidélité de Fargue. Quelques mois plus tôt, en septembre 1941, il n'avait pas hésité à envoyer *Haute Solitude* à son ami Jean Zay, ex-ministre emprisonné par Vichy comme juif et franc-maçon[420]. Dans sa cellule de la prison de Clermont-Ferrand, Jean Zay — qui sera assassiné par la Milice en 1944 — put lire l'épigraphe du premier texte, extraite d'une chanson de Paul Delmet :

« Un poète ayant fait un voyage de rêve
M'a dit qu'il existait dans un ciel radieux
Une étoile où jamais ne sonne l'heure brève
L'heure brève où les cœurs se brisent en adieux. »

Ajoutons, à propos d'Andrée Jacob, cousine éloignée de Max Jacob, que lorsque celle-ci dut se rendre au commissariat de police de son quartier pour se déclarer comme Juive, Fargue, dont elle était une discrète collaboratrice depuis l'avant-guerre, l'accompagna et fit un esclandre[421].

Haute Solitude, paru en février 1941 chez Émile-Paul et rassemblant des textes publiés dans diverses revues comme *La N.R.F.* et *Mesures,* est la dernière œuvre importante publiée par Fargue. Mais c'est aussi un couronnement, un véritable sommet. Style et vision, le livre possède une remarquable unité organique, qui le situe dans la veine de *Vulturne,* avec un souffle plus puissant encore. Fargue, ce « rêveur un peu zénoneur », y déambule tel un fantôme envahi de visions cosmiques, errant à la recherche de sa propre vérité. À nouveau, il mêle la ville et son enfance, une « géographie secrète » à la Balzac, et sa mère, ses chats, son quartier de la gare de l'Est : « ... Paris est une cité curieuse, qui a ses plissements, ses ruptures, ses zones d'effondrement, ses nappes de charriage et son vulcanisme. Il y a des quartiers qui vous mettent des oreillers sous les genoux quand vous faites l'amour avec des femmes de rencontre ; des quartiers qui vous coulent dessus des bières chargées de sommeil et où vous vous endormez comme si vous alliez mourir. Il y a des quartiers à bretelles, des quartiers hantés de fantômes, d'ichneumons ailés grands comme des girafes, des rues qui explosent comme la larve du stegomya, des carrefours remplis de passants qui s'accrochent aux maisons comme des phasmes, des impasses encombrées d'orthoptères, de plantes juteuses où le pied crie de désespoir, d'autres qui sont écumés par la littérature française, l'amour facile des hommes politiques et des drames de bars ; des quartiers qui sentent la viande, la reliure, le tan, le yoghourt, le labour ou les orties. D'autres enfin où des âmes pressées courent l'une après l'autre sous les semelles de la police, où l'on aperçoit des moutons et des anges, des vieilles carcasses de mendiantes aux jambes rapiécées, des corbeilles de sentiments, des membres de gosse et des trous d'enfer. »

Tout le livre est parcouru par un incessant va-et-vient entre la ville, les souvenirs et des rêveries fantastiques :

« Longs comme des balustrades et gracieux comme des viaducs, des insectes assoiffés se détachaient soudain d'une escadrille, atterrissaient, vidaient un étang d'un seul trait et s'envolaient dans un bruit de cirque ambulant. Des punaises à sonnettes pissaient de l'encre sur les algues. Le moindre vent faisait fuir des attroupements d'arbres dont les débris s'éparpillaient comme un pollen sur des villes de polypodes et des forteresses de lichen. Les torrents travaillaient aux houilles futures.

Une lune parfumée créait des fantômes d'eau douce, faisait courir des apparitions végétales, et présageait des spectres de girafes, des esprits d'armoire à glace, dans ce décor qui me donne envie de pleurer, qui me travaille de regret, dans ce décor sans âme ni dieu, dans cette forêt carbonifère ou jurassique, paradis perdu des monstres... »

L'écriture, parfaitement maîtrisée, atteste que Fargue est parvenu à la maturité : « J'avais dîné chez un vieux camarade, au loin, dans un pays de cerfs-volants et de trottoirs glissants comme des moraines. Et je m'en revenais, poussé par un petit jour à cornes qui semblait faire tourner la terre. Sous une mince feuille de nuit, la ville gisait comme aplatie, pareille à une décalcomanie qu'on s'apprête à révéler. J'allais en butinant de droite et de gauche, murmurant mes pas, tâtant les quartiers d'une main habituée à fouiller dans la poix. Parfois, je reconnaissais des coins. Je remplaçais mentalement une pièce contournée dans le puzzle. Des carrefours, avec l'odeur de limaille et de sûr des tramways et des bureaux de poste, le fleuve au cœur gros sous le pont, les agents pareils à des fontaines pétrifiées, pareils à des quilles d'ébène sur les places vides... »

Contre toute attente, le livre fut un succès. À Hubert Forestier, qui, durant l'été 1941, fait une enquête sur les éditeurs, Émile-Paul déclare : « Le livre vedette chez moi, c'est l'ouvrage de Léon-Paul Fargue, *Haute Solitude,* dont nous avons vendu 8 000 exemplaires[422]. » Fargue aura profité du regain d'intérêt manifesté sous l'Occupation pour la poésie et la lecture en général. Il cherchera à continuer, faisant paraître en 1942 quatre ouvrages. Nous ne dirons rien de *Fantôme de Rilke,* publié chez Émile-Paul à 30 exemplaires dans une collection pour bibliophiles : simple reprise de l'article déjà cité paru dans *La N.R.F.* en 1934. Plus digne d'attention est la belle petite plaquette intitulée *Trois Poèmes,* qui contient « La Porte », « La Gare abandonnée » et « Les Compagnons ». Ces poèmes en prose, par leur lyrisme intime et sourd, rappellent les *Poèmes* de 1912 : « ... D'ici là j'ai tout le temps de m'arrêter aux premiers villages bleus d'enclumes, de revoir quelques cousins dans des maisons à sapins et à grilles... Que la paix descende sur moi et qu'on ne me reparle plus de cette immense aventure de vivre. Et que, dans la ruelle d'un étrange demi-sommeil prophétique, j'entende la douce voix du calme chuchoter de quelque part : Laissez-le. »

On ne saurait en revanche s'attarder longtemps sur *Déjeuners de soleil*, simple recueil d'articles parus pour la plupart dans *Aujourd'hui* et que Fargue a réunis pour des raisons alimentaires. Plus étoffé, quoiqu'un peu disparate, *Refuges* constitue, selon le poète, « un album de famille ». Il y déroule ses souvenirs sur Paris et certains de ses amis : le Montmartre de Levet et de Lautrec, le Montparnasse des cafés, une galerie d'hommages à Mallarmé, Thibaudet, Vallette, Ravel, Claudel, Antoine et Marguerite Audoux. Est-ce pour oublier les vicissitudes de la guerre que Fargue ne cesse d'y évoquer le Paris d'avant 1914, « un Paris qui sentait si bon le bec de gaz, le vieux cuir et le crottin, dans le sanglot de miel de l'orgue de Barbarie » ? Bien des pages du livre en font comme un supplément au *Piéton de Paris*, notamment celles qui constituent une véritable « introduction à la vie de café » : « Et puis, Paris devint un long train de cafés décorés comme un char de fête foraine, un monôme clinquant de brasseries à plantes vertes, téléphones, secrétariat, pâté du chef et tabacs de luxe. Il ne se passait pas de soir que ne s'allumât un nouvel abreuvoir d'argent drapé de tentes méridionales, fier de sa terrasse en saillie comme un jeune homme d'une pochette bouffante. [...] Mais ce sont aussi les cafés de province qui se présentent au souvenir... Cafés majestueux, jaunâtres, banquetés de velours rouge, miroités de haut, plafonnés genre Paul Baudry, fumés comme des jambons, voisins des gares, et qui entendaient par intervalles, comme la voix même de l'Aventure, le coup d'éventail et le sifflet froid des rapides de Paris. »

Dans l'entretien qui sert de préface, Fargue a bien jugé son livre par rapport à *Haute Solitude* : « J'ai dû préparer, pour *Refuges*, une infusion plus claire. » Le livre plaît à Mauriac, qui félicite l'auteur : « Vous êtes un grand prosateur parce que vous êtes un grand poète[423]. »

La pénurie de carburant due à l'Occupation avait bien changé la physionomie de Paris, redevenu, dira Fargue, « la capitale de la Province ». Même sentiment chez Léautaud, qui se délectait de la tranquillité des rues désormais vides de voitures. Mais le bruit des chevaux sur les pavés rappelait à

Fargue bien des souvenirs de 1900 et du Paris des fiacres. Quant à l'Occupation elle-même, il écrira plus tard, en 1945, avec véhémence : « Il faudrait changer de forme et de planète pour ne plus sentir, au bas de l'âme, ce lichen des atrocités allemandes et de ces débauches de racisme dont s'est rendu coupable le mégathérium au poil vert, le peuple de Teut et d'Odin, que la botte de Gaulle essaye de faire rentrer une fois pour toutes dans les boues de sa terre de fer[424]. »

Réaction sans doute tardive. On voit cependant Fargue collaborer à la revue de Pierre Seghers, *Poésie 42*, mais en y donnant un texte sur les oiseaux : « Cormorans féroces, pressés, amers, tels des huissiers de Balzac, Albatros aux yeux de bouchers, oiseaux bossus, ventrus, becs à cuiller, pourpoints de grands tailleurs, Ibis rouges comme des langoustes rémoulade, Flamants parés pour nuits de fêtes, et ces Pingouins géants, enfin, qui depuis quarante ans, depuis mille ans, ressemblent pour moi à des professeurs de botanique pour princesses lointaines. » Une lettre de cette époque à Beucler montre qu'il s'intéressait également aux petits drames survenus dans un village du Doubs, pays de son ami : « Vieux, es-tu au courant de l'histoire qui arrive à notre ami le pharmacien de Seloncourt ? "Raisons privées" (Vengeance de jeunes filles !). Il m'écrit de Belfort une lettre désespérée. Il appelle au secours. Je reçois presque en même temps une lettre d'une Mme Triponey, 47 rue de la Pâte, à Seloncourt, qui me confirme les faits. Que faire[425] ? »

Sur ces entrefaites, Fargue reçoit du groupe surréaliste La Main à Plume (Noël Arnaud, Christian Dotremont, Léo Malet, etc.), une lettre collective, bien dans la tradition surréaliste, lui reprochant d'écrire dans la presse pro-allemande :

« Cher phoque,

Un de nos amis a trouvé dans les water-closets du *Café de la Légion d'honneur* un récent numéro de l'hebdomadaire *L'Ordure*, surnommé *L'Appel*. Un article signé de votre nom s'y étalait.

Considérant comme un outrage aux bonnes mœurs la figuration en caractères gras de votre nom sur un organe qu'on se garde d'ordinaire d'exhiber ou de tenir à la main en public, nous nous associons douloureusement à l'indignation que vous a causé, nous sommes sûrs, la supercherie assez basse par laquelle on abrite sous votre signature un papier où la médiocrité ne le partage qu'à l'incompétence, trahissant ainsi l'apocryphe à chaque ligne. [...] Sincères condoléances[426]. »

28 avril 1943. La vie de Fargue va soudain basculer. Ce jour-là, il dîne au *Catalan*, petit restaurant de la rue des Grands-Augustins, fréquenté par tout un groupe d'écrivains et d'artistes, dont Picasso, qui avait son atelier dans la même rue. Précisément, Fargue se trouve à la même table que Picasso et une Américaine, Katherine Dudley. C'est le témoignage inédit de cette dernière que nous avons choisi de donner ici, de préférence à ceux de G. Hugnet et de Fargue lui-même, trop contradictoires[427].

Au *Catalan*, Katherine Dudley, récemment libérée du camp d'internement de Vittel, parle à Fargue de Sylvia Beach, qui doit y être toujours. Fargue, à ce moment, sort de sa poche un tube de Véganine, et dit que Sylvia est pour lui une très grande amie (le tube tombe à terre), et qu'il vient de lui envoyer encore un kilo de beurre. Il se baisse alors pour ramasser le tube, et y parvient non sans peine, mais ne peut se rasseoir, malgré l'aide de Picasso. Katherine Dudley, qui était assise en face de lui, le voit s'écrouler d'un coup. On appelle une ambulance, et Picasso téléphone à Chériane de venir en toute hâte. Lorsque celle-ci arrive, elle trouve le peintre l'attendant dans la rue devant *Le Catalan*, et s'imagine que Fargue est mort... Il n'en était rien, et on le reconduit chez lui en ambulance. La suite est, hélas, connue : atteint d'hémiplégie, Fargue restera quatre ans et demi paralysé, jusqu'à sa mort.

17

DERNIÈRES FÉERIES

... ma douleur aux yeux de corbeau,
immobile comme une guérite.

Toute l'existence du poète va désormais prendre un cours forcé. Le « Piéton de Paris » ne sera plus qu'un homme immobilisé, cloué à son lit, dont il ne s'échappera que pour quelques rares sorties en fiacre et des stations au *Café François Coppée.* En compensation, l'appartement du 1, boulevard du Montparnasse ne désemplira pas. Le défilé des amis y est presque ininterrompu : Daragnès, Lestringuez, Galanis, Pivet, Valéry, Marie Monnier, Francis Jourdain et tant d'autres. « J'apercevais Gandon gros comme la *Garde-malade* de Daumier, Chanvin tout à coup nombreux comme l'hypolome en touffes, Paulhan en costume de chirurgien de la poésie, la cravate de Marcel Olivier... » Auprès de Jean Galtier-Boissière, venu le voir, Fargue s'enquiert avidement des nouveaux bistrots à la mode : « Va-t-on encore *Chez Magdelaine* ou à *La Grenouille*[428] ? » Avec un dévouement admirable, Chériane soigne le malade, le réconforte et s'occupe pour lui de toutes les petites difficultés de la vie quotidienne.

Valéry s'inquiète et, en compagnie de Lucien Fabre, écrit à Fargue : « Je n'ai pas eu le temps d'aller vous voir avant mon départ [...]. Mais c'est pour vous dire ensemble notre affection et le désir que nous avons de savoir que votre état s'améliore[429]. » À Beucler, qui ne put revenir de Cannes que quelques mois après l'accident, Fargue déclara : « Le voilà, ton copain. Il est frais ! Hein ? Je suis comme une ville dont le côté ouest aurait été ravagé par un typhon. » L'amitié avec Beucler va justement se concrétiser par un ouvrage écrit en collaboration : *Composite*, qui paraîtra en 1944. Ce sera, de nouveau, un livre sur Paris, mais écrit dans le ton même de la conversation, où le poète s'abandonne à certains de ses souvenirs, presque à bâtons rompus. Fargue tentait d'échapper à sa détresse, lui qui se plaignait : « Je n'ai qu'une paralysie de brave homme ramassé dans ses souvenirs. » Il précisera dans l'envoi qu'il inscrira sur l'exemplaire de son ami le photographe Willy Michel : « Les maladies sont les voyages des pauvres... a écrit mon cher Charles-Louis Philippe, que j'ai tant aimé et que je regretterai toujours, si je ne dois pas le revoir ailleurs. Elles sont aussi, parfois, les créancières des prodigues. Pour ce qui me concerne, je crois qu'on peut me compter plus de créances que de dettes, et que j'ai, comme dit un religieux de mes amis, plus de péchés de tendresse que de péchés de sécheresse à me faire pardonner[430]. »

Éloge de la flânerie et promenades dans un Paris qui est à la fois celui de 1944 et celui des souvenirs, le livre garde une grande analogie de ton entre les deux écritures. Beucler dira qu'il s'agit d'un texte « que nous avons joué comme une partie de piquet, l'un relayant l'autre, et tout en laissant défiler les merveilleux souvenirs d'une camaraderie affectueuse et amusante ». On y trouve pêle-mêle des rêveries, des souvenirs, des anecdotes, des saynètes, et même des aphorismes rappelant *Suite familière*. Promenade allant des années 1920 et des premiers temps de l'amitié des deux écrivains jusqu'à « l'atroce période » de l'Occupation, flânerie pendant laquelle Fargue ne résiste pas à conter certains souvenirs de jeunesse, voire d'enfance.

Commence alors pour le malade, après les premiers soins, la période de rééducation. Sur le conseil de son médecin, Fargue doit faire des séances d'extension et, tous les jours, une demi-heure de marche. De marche chez lui, bien entendu, car il ne peut sortir seul. On lui laisse espérer qu'il sera guéri dans quelques mois. Fargue le croit ingénument et confie son espoir à ses visiteurs... Son impatience de revoir les rues de Paris était si grande que, faute de pouvoir marcher, c'est en fiacre, accompagné de Chériane, qu'il se met à faire des promenades. Le 3 novembre 1943, Léautaud le rencontre carrefour de l'Odéon : « Renversé sur la banquette, Fargue, les jambes sous une couverture de fourrure assez luxueuse. [...] Il est beaucoup mieux, au moins de visage. Il n'a plus ce visage bouffi, congestionné, aux yeux injectés de sang. Il a gardé toute sa lucidité, son élocution, ses facultés intellectuelles. Pour ce qui est de son état, Galtier-Boissière me l'a bien peint : plein d'illusion à son sujet. Aussitôt que j'ai été près de lui, comme je lui parlais de l'excellent visage que je lui trouvais, il s'est élevé contre ce que tout le monde a cru : "On s'est complètement trompé là. Ce n'est pas du tout une 'attaque' que j'ai eue. On a dit que j'étais hémiplégique. Pas du tout. J'ai eu ce qu'on appelle un spasme[431]." » Balancé par les cahots du fiacre, Fargue devait se croire revenu aux temps de sa jeunesse, n'étaient le vide des rues et la présence de soldats allemands un peu partout.

En janvier 1944, Fargue voit disparaître son cadet Giraudoux. « J'ai appris la mort de Giraudoux, annonce-t-il à Beucler, par un coup de téléphone de Lestringuez, lundi dernier, une heure après sa fin. En quatre jours, il a fait toutes les complications possibles, jusqu'à une hémiplégie qui lui a bousillé le côté droit. Il a eu une agonie très dure. Ch. de Polignac me dit qu'on ne voyait remuer dans ce long corps foudroyé que le petit doigt de la main gauche qui battait comme une petite feuille morte au bout d'une branche. » Ses réserves d'antan sur certaines œuvres de Giraudoux ne l'empêchent pas d'ajouter : « Je suis très triste. J'éprouve un regret amer de ne l'avoir pas vu plus souvent dans ces derniers temps. Je savais par un camarade qu'il allait venir me voir[432]. »

L'appartement, où le téléphone ne cesse de sonner, ne désemplit pas. « L'autre dimanche, nous étions près de trente personnes à la maison. À la fin de la journée, j'étais harassé, écrit Fargue à Beucler, ajoutant : Quand mon infirmière m'a couché, elle m'a engueulé en me fixant de l'œil critique habitué aux intempérances des malades [...] "Ah ! ça, c'est donc un pèlerinage chez vous ?" » Fargue se fait souvent descendre par des porteurs, pour s'asseoir à la terrasse du *François Coppée*. « J'ai repris le métier de cheval côtier autour de l'appartement, annonce-t-il au même Beucler. Seulement, les ascenseurs partout supprimés, j'ai dû, pour descendre, louer une chaise à porteurs qui nécessite deux forts gaillards, car je ne suis pas encore maigre. [...] Les passants qui s'étaient arrêtés pour regarder avec apitoiement défourner le malade, parmi lesquels une grappe de jolies femmes en foulard, se braquaient avec ahurissement et scandale en voyant le macchab sortir du fauteuil, prendre toute sa hauteur et gagner à pied le *François Coppée,* sous la rigolade égrillarde de mes deux porteurs, Milo le Dur, et le concierge du 9, un colosse aux yeux sentimentaux et pochés. Le café était plein de monde, et je me suis aperçu que c'était un lieu de rendez-vous de gens distingués et assez mystérieux[433]. »

Aux restrictions imposées par la guerre s'ajoutaient les difficultés du poète. Celui-ci eut alors recours à la générosité de divers amis et écrivit à certains autres. C'est ainsi que Raymond Gallimard reçut cette lettre, qui a le mérite de la clarté :

« J'ai attendu jusqu'au dernier moment, mais ça y est, je suis au bout de mes économies. (Médecins, consultations, radiologue, infirmières, soins de toutes sortes.) Au surplus, nous menons une vie presque monastique.

Je t'envoie donc Chériane pour te taper d'urgence.

Aide-moi à guérir. Je vais d'ailleurs mieux. Hier samedi, j'ai grimpé et redescendu un étage de l'escalier, péniblement, mais convenablement. Il paraît que c'est très important[434]. »

Le 26 juin 1944, Fargue fait une nouvelle promenade en fiacre et en profite pour rendre visite à son ami le photographe Willy Michel. Celui-ci notera dans son agenda : « Léon-Paul Fargue vient me voir en fiacre, avec Chériane, sa première sortie depuis 6 mois[435] ! » Le poète se remet à publier, même s'il s'agit le plus souvent de textes non inédits. Dans la revue de Pierre Seghers, *Poésie 44* (n° 19), on pouvait lire son poème « La Porte », qui avait déjà paru dans *Trois Poèmes.* Un nouvel éditeur de Marseille, Robert Laffont, publie la même année *Lanterne magique,* recueil d'articles parus pour la plupart en 1942-1943 dans *Aujourd'hui* ou *Le Figaro.* « La mine idéale de sujets pour le B.E.P.C. : sport, cinéma, publicité, etc. », ironise Jacques Moussarie[436]. Mais le recueil n'est pas aussi disparate qu'on pourrait le croire, et on se laisse prendre à la poésie ou à la verve de certains de ces textes. Fargue sait échapper à la platitude lorsqu'il évoque Paris, le Symbolisme, l'époque 1900, Mallarmé, Réjane ou Hugo : « Hugo, c'est vraiment l'honneur de la profession. On me l'a montré, un jour, alors que j'étais à peine gamin, sortant avec Vacquerie de sa maison de l'avenue d'Eylau, qui était au coin de la rue de la Pompe où j'habitais. C'était un très vieux monsieur à la barbe de soie blanche, dont la silhouette et la démarche de bon ours électrisaient la rue. J'ai eu, ce jour-là, la révélation de ce qu'il était, de ce qu'il devait être, de ce qu'il sera toujours : un Père Noël. » Certaines pages sont même de véritables poèmes en prose, comme « Piano » :

« Il me souvient d'une rue dans un décor de ma jeunesse. Il pleuvait doucement. C'était le soir. Il y avait, dans la lanterne carrée d'un vieux bec de gaz, un papillon jaune et violet qui faisait entendre un nasonnement de moustique avant de mourir. Il semblait que tout fût prêt à vous quitter, à s'effacer dans une nuée d'eau et de tristesse. Or, la voix de tout cela se mit à se plaindre, soudain. Cela venait probablement de cette fenêtre éclairée là-haut. Je n'ai jamais pu voir sans un battement de cœur, au retour de je ne sais quelle chasse à l'impossible, une fenêtre éclairée en haut d'une maison sombre. Avec une sorte de douceur pesante, une lenteur de pauvres souliers enflés de fatigue, deux mains tiraient d'un piano mort le long boyau d'une rengaine. Elle s'insinuait dans votre chair comme une soif, comme une envie de partir. Il y a bien longtemps de cela. Et pourtant il m'arrive souvent, quand je fais un certain geste, à certaine heure, de provoquer le déclic inévitable qui rouvre à mes yeux cette rue de cafard, et que remonte en moi la vapeur de cette chanson qui semblait consoler une dent malade[437]... »

Ni résistant ni encore moins pétainiste (il était pour cela trop ami des hommes du Front populaire), Fargue éprouva un immense soulagement à la Libération. « De 1939 à 1945, écrira-t-il, le monde a vécu le plus horrible cauchemar de sa destinée. » La liberté revenue, la vie littéraire pouvait reprendre. Des journaux et revues comme *Le Figaro* et *Les Nouvelles littéraires* sollicitent la collaboration de Fargue. En 1944, Gallimard réédite *Poèmes* suivi de *Pour la Musique.* C'est aussi l'époque où paraît toute une série de livres illustrés dont les textes sont du poète : *Composite* (1944 ; écrit avec A. Beucler, illustrations de Galanis), *Contes fantastiques* (*idem,* illustrations de A. Villebœuf), *Charme de Paris* (1945, illustrations de Touchagues), *De la Mode* (*idem,* illustrations de Chériane), *Une Saison en astrologie* (*idem,* illustrations de Galanis), *Poisons* (1946, illustrations de Burgin). Livres de luxe pour bibliophiles, à tirage limité, mais généralement bien payés à l'auteur[438].

Condamné à l'immobilité plus ou moins absolue, Fargue en était réduit à ce qu'il appelait un « voyage autour de [s]a chambre ». Cette vie nouvelle, il la décrira dans un très beau texte de *Méandres* intitulé « En rampant au chevet de ma vie » : « La maladie a opéré un mélange d'amitiés, un échange d'accents et de coutumes, dont les assemblages heureux ou surprenants se répercutent longuement dans la vie morale et ethnique de mon corps attentif et plongé en lui-même. » Étendu dans son lit, lorsque le défilé des amis ne venait pas le distraire, Fargue revivait toute sa vie passée. Pour lui, c'était véritablement « l'épanchement du souvenir dans la vie réelle », une sorte de renouveau de sa mémoire. Avec quelle précision, quelle netteté hallucinante revoyait-il tel épisode, tel visage, et tant d'images de Paris : « Je possède tout Paris dans la tête et je n'ai pas mon pareil pour retrouver une adresse, une grimace, une recette. J'ai tout Paris dans la tête sous forme de souvenirs, et ces souvenirs sous forme d'index : Allais, Bauër, Courteline, Darzens, Estaunié, Fénéon, Gourmont, Hébrard, et ainsi de suite jusqu'à la fin de l'alphabet. À chaque lettre m'attend un camarade d'antan avec qui je pourrais reprendre une conversation interrompue. Mais aujourd'hui tous ces souvenirs et tous ces noms sont comme des aiguilles dans une pelote, et cette pelote est dans mon cœur, et mon cœur n'est plus qu'une boîte à ouvrage... » Et dans « En rampant au chevet de ma vie », Fargue déroule une longue litanie :

« J'ai connu des terrasses où il était doux d'attendre un camarade, des terrasses chaudes comme des jardins et lumineuses comme des salles de jeux. J'ai connu des tramways sinueux, cheminant dans Paris comme dans un album [...]. J'ai connu des demeures éprises de moi, et comme consentantes à de futurs mariages, des demeures oratoires qui faisaient ma conquête par invocations successives. [...] J'ai connu des chambres dont la coquetterie ne se laissait approcher que par un petit nombre de stratagèmes et d'habitudes. Des chambres souterraines où l'amour était assis, où quelque chose avait fait la moitié du chemin vers moi, et la poésie des instants que je dévorais dans ces retraites résultait d'un marché entre mon attente et le bien-être mental que j'y trouvais... »

Poignant poème, qui se clôt sur une invocation à Paris : « J'avais besoin de tes usines, de tes rues grasses, de tes horloges, de tes carrefours, du bruit des rideaux de fer, des escaliers du métro, de toutes ces étoiles filantes qui ne traversent plus mon ciel silencieux[439]. » Dans ce ciel silencieux de la chambre du boulevard Montparnasse, Fargue est remonté en pleine poésie.

La maladie faisait, hélas, inexorablement son œuvre. Frappé dans tout son être, Fargue n'était plus le même. « La douleur sans yeux, faite de harpons et d'ancres, gagne sur la rêverie de vivre, comme la mer... », constate-t-il. On se prend ainsi à regretter qu'au soir de sa vie il n'ait plus eu la force d'écrire tous ses souvenirs[440]. Quel livre aurions-nous eu, mélange de *Paris vécu* et du *Piéton de Paris*, faisant alterner des visions de la capitale et des instantanés de Jarry, Louÿs, Tinan, Mallarmé, Satie, Valéry, Jammes, Philippe, Rachilde, Saint-John Perse, Haour, Jourdain, Gide, Gallimard, Joyce, Adrienne Monnier, Léautaud et de tant d'autres. Sur tant d'inconnus aussi bien que sur des hommes comme Allais, Gourmont, Henri Albert, Darzens, Courteline, qu'il citait plus haut, Fargue avait tant à dire... Du moins pouvons-nous nous consoler avec *Portraits de famille*, galerie de portraits que nous évoquerons tout à l'heure.

Fin 1944, la santé de Fargue se détériore. Le libraire Richard Anacréon conte à Léautaud une visite qu'il vient de faire au poète : « Fargue couché, complètement paralysé du côté gauche, souffrant beaucoup de douleurs comme d'incessantes piqûres d'aiguilles, se rendant bien compte de son état, la guérison impossible. La tête intacte. Le travail devenu difficile. Manque d'argent[441]. » À ces douleurs s'ajoutaient diverses amertumes. À la Libération, prétend le même Léautaud, Fargue aurait été exclu de l'Académie Mallarmé, où nous l'avons vu si fier de siéger. Il en voulait — bien à tort — à Valéry, ayant lu dans les journaux que celui-ci aurait voté pour son exclusion. C'est un fait que Fargue se montrera parfois incommodé de la renommée et de la position éminente qui étaient alors celles de Valéry[442].

Surtout, en août 1944, *Les Lettres françaises* clandestines avaient nommément accusé Fargue d'avoir, avec Salmon et Paul Fort, « flirté » avec la presse de la Collaboration, dont *Les Nouveaux Temps*. Le poète répliquera par une lettre au journal, réfutant les accusations et déclarant : « Je n'ai jamais fait de politique. J'ai eu de l'amitié pour des hommes politiques. C'étaient des hommes du Front Populaire. Je n'ai pas changé. J'ai même pu correspondre pendant l'Occupation avec un ministre prisonnier [Jean Zay]. Mes amis Jean Cassou, Marcel Abraham, maître Chanvin ancien secrétaire de la rédaction de *L'Humanité*, Charles Vildrac, que j'ai vus souvent depuis l'Occupation, peuvent témoigner avec force de mes sentiments[443]. » Il communiqua également au journal des documents attestant qu'il avait, en 1941, et comme nous l'avons vu plus haut, proposé la candidature de Max Jacob à l'Académie Mallarmé. Un rectificatif fut publié par le journal, et l'affaire en resta là. Fargue reviendra cependant sur le sujet trois ans plus tard, en publiant dans *Le Figaro littéraire* (19 avril 1947) un article intitulé « La politique embarque l'écrivain dans un saut de la mort », qui déclencha une polémique avec Claude Morgan. Étonné des « mouvements divers » suscités par son premier article, Fargue en publia un second, justificatif, dans lequel il se déclarait « incapable d'obéir à des consignes » et affirmait : « Je suis ce qu'on appelle un vieux républicain. [...] Mais je n'ai jamais, pas plus que mon père, qui était ingénieur, été tenté de me mêler aux luttes politiques. On ne peut pas faire bien trente-six choses à la fois.

Je demande à travailler sans être dérangé. J'ai, naturellement, l'horreur panique des régimes totalitaires. Mes amis savent ce que j'ai souffert pendant l'Occupation, pour les raisons les plus diverses. Je souhaiterai donc le régime qui me donnera le *maximum* de liberté, je dis le maximum : lequel d'entre vous a jamais été entièrement libre? qu'il lève la main! L'argent même ne donne pas toute la liberté[444]. »

Avec les années, les amis de jeunesse de Fargue disparaissaient peu à peu. En 1936, cela avait été Henri de Régnier; en 1937, Maurice Ravel; en 1944, Saint-Exupéry. Lorsque Valéry mourut en 1945, Fargue dit à Chériane : « Le prochain tour, ce sera moi. » Pour lui, Valéry symbolisait l'époque de ses débuts au *Mercure de France*. De ce petit groupe, Fargue n'était-il pas à présent, avec Léautaud, le dernier survivant? Et puis, Valéry, c'était également la période de *Commerce*... Touché par sa mort, Fargue publia dans les journaux des articles nécrologiques, qu'il réunira l'année suivante en une plaquette élégamment imprimée, éditée par Jacques Haumont : *Rue de Villejust*. C'est l'occasion pour lui d'y « ronronner » de vieux souvenirs d'avant 1914, tout en évoquant l'ami disparu : « Pour moi, d'aussi loin que j'aperçoive les traces de notre passé, Valéry fut d'abord et d'emblée Valéry, c'est-à-dire, depuis la première poignée de main que nous échangeâmes, une très haute valeur, une sorte de technique considérable, un héraut de l'esprit, tel que les Arts et les Lettres en exigent régulièrement de leur destinée propre; très exactement, sous ses dehors simples, souvent plaisants, un personnage génial, une explosion suprême de compréhension, une des dernières, peut-être, dans le ciel de l'esprit. Et il restera pour moi un ami de cinquante ans, une figure familière de Paris, des revues, des salons, un témoin perçant et dur de la chose française que nous avons vécue ensemble...[445]. »

Est-ce le souvenir de Valéry qui poussa Fargue à tenter de nouveau sa chance à l'Académie française? En mars 1946, il décide de se présenter au fauteuil d'Abel Bonnard et adresse au secrétaire perpétuel sa lettre de candidature. Mais Fargue ignorait que ce fauteuil était plus ou moins promis à Jules Romains. Lors de l'élection du 4 avril, il n'obtint que cinq voix, et Jules Romains seize... Sa candidature avait surpris les académiciens qui le connaissaient ou l'estimaient, car la plupart de ceux-ci, comme le lui écrivit Jacques de Lacretelle, avaient déjà décidé de voter pour Romains[446]. Les frères Tharaud vinrent avec Émile Henriot boulevard du Montparnasse apprendre la mauvaise nouvelle au poète : « Il fit tomber d'un geste un peu plus impatient la cendre de sa cigarette, et renvoya son rêve académique rejoindre ses autres fantômes[447]. » Nul doute que ce second échec dut profondément le décevoir.

Le mois suivant, c'est Julien Green qui vient rendre visite à Fargue, qu'il trouve « terriblement changé ». « Sa figure d'un rose pâle semble tout endormie ; je ne puis dire cela autrement, c'est la figure d'un homme qui dort, remarque-t-il dans son *Journal*. La paupière de l'œil droit retombe sans cesse sur le regard qui hésite, mais la parole est claire, le cerveau n'est pas atteint. "Je suis fichu, murmure-t-il, je suis crevé. [...] Et dire que j'espérais voir Paris sans les Allemands !" soupire-t-il[448]. » Plus lyriques sont les plaintes que laisse échapper Fargue devant le professeur Th. Alajouanine, neurologue éminent et grand lettré, qui vient le soigner, tout comme il soigne aussi Larbaud. « Lésion vasculaire cérébrale, avec syndrome thalamique », diagnostique Alajouanine, qui s'émerveille cependant de la capacité de Fargue à décrire poétiquement ses douleurs et à « transformer en feu d'artifice éblouissant la triste mélopée des malades ordinaires[449] ».

C'est avec la même veine lyrique que Fargue décrira ses troubles dans une lettre à Larbaud, avec qui il s'était remis en correspondance. Cette année 1946, Larbaud, lui aussi hémiplégique, recevra deux lettres amicales de Fargue, qui ne l'avait pas oublié : « Reçois les ondes de ma grande affection. » Larbaud, qui, complètement paralysé, ne pouvait pas écrire, fera répondre par sa femme, Maria Angela Nebbia, à qui Fargue écrira aussi. Mélancolique reprise d'une amitié interrompue vingt ans auparavant. L'année suivante, Fargue enverra à Larbaud *Portraits de famille* avec cette dédicace : « À Valery Larbaud avec qui je passe des heures sans qu'il s'en doute[450]. »

Boulevard du Montparnasse, le défilé des visites console le malade : Daragnès, Audiberti, Marie Laurencin, Miomandre, Galanis, Beucler... Sa candidature à l'Académie ayant fait parler de lui, des journalistes viennent souvent l'interviewer, comme Paul Guth, qui est lui aussi frappé par sa « figure suffoquée, pesante, en gélatine rosâtre, où la barbe pousse ». Couché dans ses draps bleus, la cigarette aux lèvres, Fargue parle d'abondance : ses parents, son enfance, Janson, Henri-IV, Jarry, Bergson, Larbaud... « Mon père était de Bordeaux et toute ma famille le long du golfe. [...] Nous n'étions ni éditables ni décorables en 1907. Vous avez connu Manolo, le sculpteur ? Il est mort à Barcelone. Il a dit à un ami : "Allez à Paris embrasser Fargue"... Séverac, le musicien, est mort trop tôt. Il buvait trop. On ne le joue jamais... Cocteau est de nouveau malade. Un empoisonnement du sang, pris à Arcachon, sans doute avec des coquillages. Il y a là-bas de basses eaux[451]... »

Quelques mois plus tard paraissait *Méandres*, recueil de textes qui tient à la fois du poème en prose, de l'essai, de la chronique et des Mémoires. Ce sont presque des causeries, où la facilité d'élocution pourrait parfois passer pour du bagout, n'était la réelle poésie que Fargue parvient à y introduire. Le plus souvent, il ne fait que puiser à nouveau dans ses souvenirs : « J'ai dans ma boîte à souvenirs des odeurs de pardessus, des passages de chiens sous les tables, des bruits de soucoupes mêlés à des chutes de ministères, des colères d'horloges, des rires de jolies femmes tombées là comme des plumes de tourterelles, des rondelles de théories qui devaient tout arranger ou tout chambarder, des poignées de main qui ne renaîtront plus, et mille sensations encore qui se confondent toutes en une sorte d'état de conscience tumultueux et doux, gonflé, murmurant, tiède et presque salutaire, qui est comme un esprit de clocher supérieur... » Et, toujours, Paris, même — et surtout — lorsque Fargue nous donne ses « Impressions sur l'Amérique ». Bien des pages témoignent aussi d'une profonde passion musicale, qui exaltent Chabrier, Ravel, Stravinski : « Strawinsky est un compositeur sérieux, de toute sa sensibilité et de toute sa loyauté. Rien de moins facile, de moins capricieux, rien de moins superficiel que sa musique. Elle est profonde, elle est inspirée, elle est d'une étoffe étincelante, certes, mais solide et authentique. Elle est savante, mais comme nécessaire. *Petrouchka* n'est pas un divertissement qui vit et meurt de ses prophéties de cristal. Ce ballet a une durée, un dessein, une grande force expressive. [...] C'est pourquoi il m'avait ébranlé, ce soir déjà lointain. Il m'avait envahi de marionnettes, et je songeais, en rentrant chez moi, que nous ne pourrions peut-être plus jamais nous évader de rien, même de cette guerre qui fut préparée — on le sait aujourd'hui — pendant vingt ans. Surtout de cette guerre, huilée comme un moteur et qui s'infiltrait partout[452]. »

Mais le meilleur du livre, c'est sans doute, à nos yeux, la longue rêverie, la miroitante masse poétique intitulée « En rampant au chevet de ma vie », dont on a lu plus haut des extraits et où Fargue a retrouvé le ton et la magie de *Haute Solitude*.

Paru la même année, mais plus concentré encore, *Poisons* (réédité en 1992) aurait tout aussi bien pu s'intituler *Bistrots*. À la fois monographie du café et physiologie du buveur, ce beau livre — typographié par Daragnès et orné de sobres gravures d'Élisabeth Mary Burgin — exprime à merveille toute cette « nostalgie des zincs » (Fr. Caradec) que ressentait le poète confiné dans sa chambre de malade. Fargue y reprend, pour l'amplifier considérablement, le thème de la brève « Introduction à la vie de café » qu'on trouvait dans *Refuges*. Livre particulièrement précieux, car nul autre que son auteur n'aurait pu l'écrire sous cette forme. Et il fallait être Fargue pour évoquer « une menthe à l'eau, belle comme un vivarium », « Saint-Étienne aux cafés noirs comme des tenders », « les buffets de gare enjuponnés de fumée », « un petit zinc pas plus long qu'un harmonica »... Définissant le café comme « la plus solide des institutions de France », Fargue y voit « l'expression même de la sensibilité », en même temps qu'une « sorte de cellule cartésienne », où l'on « rêve à loisir au mystère des êtres et des choses ». Défilent aussi des types : « Le Timide », « Le Poulet », « Le Roulier », « La Fille », « Le Mariole », etc. Voici « L'Ivrogne à petit feu » :

« L'homme est appuyé au comptoir. Silencieux, il semble poursuivre le déroulement d'images de lui seul connues, tandis qu'il frotte de son coude l'étain éraillé. En vis-à-vis, la glace murale lui renvoie dans une échappée de bouteilles une silhouette qu'il contemple avec indulgence et dont chaque verre qu'il absorbe renforce l'allure "tableau de vieux maître". Chaque soir le retrouve à cette même place, prêt à entamer la lutte qui le fera victorieux des soucis, avide de rencontrer cet immense allègement que recèle l'alcool au sexe violent et doux.

— Allons-y !

Quand il boit, soudain son univers change, sa vision du monde se modifie, des possibilités inconnues lui sautent au cœur, une incommensurable douceur lui sature l'âme !... C'est autre chose !

Il boit ! Et les lumières sont plus vives, les couleurs plus heureuses, l'existence plus légère... Il boit ! Et voilà que l'horizon s'élargit, que la condition humaine perd de sa rigidité, que l'évasion se confirme. Tout est plus souple à ses doigts, les densités et les volumes s'affranchissent du système qui les contenait. Il boit ! Et c'est la rencontre de l'enchantement majeur : l'artifice d'un multiplicateur mystérieux draine vers lui des forces insoupçonnées ; chaque verre conforte son invulnérabilité. Maître illusoire d'un passé qui lui échappe à chaque seconde révolue, il domine ici, devant quelques centimètres de comptoir, le Présent et l'Avenir.

— Remplis-moi ça, mon vieux !

Il se réalise — à l'abri du phantasme qui le tient prisonnier ; il boit ! Il est dans son opium[453]. »

Est-ce la sensation que tout un univers analogue à celui des cafés allait disparaître à jamais, qui pousse Fargue, à l'approche du vote de la loi Marthe Richard, à écrire un article de circonstance sur la fermeture des maisons closes ? Dans le journal *Paris : les Arts, les Lettres* (15 mars 1946), il publie « Maisons Tellier » : « On veut faire de la France, s'écrie-t-il, une cornue d'expériences sociales qui sont aux antipodes de notre tournure d'esprit, de notre légèreté, de notre merveilleuse aptitude à dominer les passions. On ne veut plus que tout finisse chez nous par des chansons, mais par des formules. On veut nous persuader que nous sommes des gens graves, abstraits, rigoureux. [...] On nous demande par écrit si nous portons des sous-vêtements de linon, si nous séchons nos billets doux avec de la poudre d'or, si les quatre sous laissés par grand-père ont fait des petits ! Demain, on nous interdira de papoter avec la blanchisseuse... »

Si nous mentionnons en passant *Les Quat'Saisons*, paru en 1947 et qui veut « rechercher l'illustration vivante des décrets astrologiques[454] », nous arrivons au dernier livre paru du vivant de Fargue : *Portraits de famille*. Ce recueil d'articles, le plus souvent nécrologiques, prend l'aspect d'une vivante galerie de portraits d'amis. On y voit tour à tour Anna de Noailles, « déesse de petite taille et qui avait l'air d'un diamant noir » ; Colette, « reine des abeilles » ; la « grande sœur » Marguerite Audoux ; Verlaine, « emprisonné dans son ciel, et libre au milieu de ses barbelés de folie » ; Larbaud, « millionnaire de la poésie et du sentiment » ; Valéry, avec son « visage de la vie comprise et vaincue par l'idée » ; Vallette, « doux, obstiné, maître de lui » ; Jammes, « poète, follement poète » ; Saint-Exupéry, « bon grand diable de loyauté, de soulagement et de foi » ; Max Jacob, « guilleret, l'œil bien ouvert, bien verni » ; Viñès, « drôle et fin, vif et noir, un Greco qui eût été gai ». Une dernière fois, Fargue se tourne vers ses souvenirs : « mon passé qui m'invite à tout recommencer par la poésie et par l'amitié »...

Sur un exemplaire, Fargue trace cet envoi : « à Colette, qui est de nos poètes vivants, indiscutablement le plus grand ». Mais quel contraste entre la magie de tous ces souvenirs et le bulletin de santé que le poète adresse à la même dans une lettre : « J'ai un Corbeau qui s'accroche à mon épaule gauche, un pic-vert qui me tape dans le bras, un hérisson dans ma main qui se retourne, un porc-épic qui se hérisse dans mon pied, le renard spartiate dans le ventre gauche[455]... » Souffrant plus que jamais de sa solitude, Fargue invite souvent ses amis Bécat à venir dîner chez lui : « Nous tâcherons de manger bien et de boire frais[456]. » Mais, lorsque surviennent des importuns, Fargue se plonge dans un roman policier, où, dira Beucler, il finit « par s'endormir discrètement ». Voici, selon Pierre Mazars, quel était l'horaire habituel de ses journées : « Fargue, vers une heure de l'après-midi, était soigné par son infirmière. Toujours couché, il recevait, lisait. À huit heures, il se levait, s'installait dans un fauteuil, dînait et travaillait jusqu'à une heure avancée de la nuit[457]. » Parfois, Fargue sort la nuit, en ambulance, indiquant lui-même le chemin à prendre. Devant tel café, on s'arrête au bord du trottoir, et un infirmier va chercher à boire, revient apporter les verres... Un jour, l'ambulance conduit Fargue devant un petit bistrot de la rue de Belleville où il n'était pas allé depuis un temps immémorial. « Merveille ! Le patron ayant fait indiscutablement fortune n'était pas retourné au pays natal. Léon-Paul Fargue n'eut pas de peine à se faire reconnaître. Oui, oui, on retrouvait bien en lui cet extraordinaire client qui [...] exigeait partout des Vichy *chambrés*[458] ! » Voyages imaginaires, ceux-là, les causeries que fait Fargue sur les arrondissements de Paris, à la Radiodiffusion française, qui vient les enregistrer chez lui. Après sa mort, en 1951, ces textes (pour lesquels il avait accepté de discrètes collaborations) seront réunis en volume sous le titre de *Les XX arrondissements de Paris*.

En décembre 1946, Fargue se voit décerner le Grand Prix littéraire de la Ville de Paris, distinction qui dut le toucher, moins sans doute cependant que ne l'aurait fait cette élection à l'Académie française qu'il avait plusieurs fois briguée en vain.

Puis ce sont les dernières sorties, avec Chériane. Belleville, les Buttes-Chaumont, l'apéritif pris au *Lapin Vengeur*, dont le nom enchante le poète, les quartiers populaires, « perspectives à l'infini de belles avenues feuillues timbrées de terrasses de café. Il y a, dans ces quartiers hauts en couleur, poursuit Fargue, de petites boutiques de coiffeurs pour dames, à prix modique, qui sont de vrais bijoux[459]. » D'anciens amis se rappellent au souvenir de Fargue, tel Marcel Jouhandeau, connu aux temps de *Commerce* et qui lui écrit pour le réconforter : « ... vous me permettrez bien de vous embrasser en douce et de vous murmurer à l'oreille qu'il n'est plus beaucoup de visages, hélas ! comme le vôtre, deux ou trois peut-être, qui empêchent les pauvres hommes de se croire descendus déjà, tout vifs, aux Enfers de l'irrémédiable bêtise[460]. »

Depuis quatre ans, Fargue s'était installé dans la maladie, « comme un violon couché dans sa boîte ». Ses amis avaient pris l'habitude de venir bavarder avec lui, qui restait allongé tout en fumant des cigarettes. Le 14 juillet 1947, Beucler vient passer toute la journée chez son vieil ami. La fête nationale inspire Fargue, qui se met à conter longuement ses souvenirs militaires de Toul et à chanter des chansons de caserne :

« Quand l'artilleur de Metz change de garnison,
Toutes les femmes de Metz se mettent à leur balcon... »

La fatigue le gagnait cependant peu à peu. L'infirmière veillait, avec l'aide de Chériane, à modérer le flot des visites. Fin novembre 1947, Fargue fut affaibli par un refroidissement, puis parut aller mieux. Chériane, inquiète, préféra ne pas quitter l'appartement. Le 24 novembre, en début d'après-midi, Fargue, qui avait mal à la tête et voulait dormir, demanda de la Véganine. Il s'endormit vers quinze heures. Deux heures plus tard, il appela Chériane dans son sommeil : « Vite ! Vite ! Vite ! » Puis il continua de dormir. Au soir, comme des amis venaient dîner, Chériane alla le réveiller pour qu'il passât à table avec eux. Il était vingt heures. Fargue dormait toujours. Chériane, l'ayant appelé, le vit respirer lentement par trois fois, puis le souffle cessa. Elle comprit alors qu'il venait de mourir[461]. On rapporte que, ce matin-là, comme il regardait ses draps, qu'on avait fait teindre et qu'on lui changeait, il avait murmuré : « Beaucoup trop bleu... Inadmissible. »

Le 28 novembre eurent lieu, par un froid glacial, les obsèques du poète, à Saint-François-Xavier. « L'église était pleine jusqu'au portail », écrira Paul Léautaud, qui, durant la cérémonie, tiendra des propos grivois à Armand Guibert[462]. Dans la foule, on reconnaissait aussi Paul Fort, Francis Jourdain, Tristan Klingsor, André Salmon. Dès que la nouvelle de la mort de Fargue s'était répandue, les journaux avaient publié de nombreux articles nécrologiques, nourris de tous les clichés du genre : « grand poète », « causeur éblouissant », « Piéton de Paris », « noctambule », etc. Fargue restait trop souvent réduit à un personnage pittoresque, et bien peu furent ceux qui surent évoquer la solitude de l'homme, la richesse de l'écrivain et la variété du poète. On retiendra cependant les articles de Claude Roy, Robert Kemp, Francis de Miomandre, et surtout de Paul Claudel, qui rendait à Fargue un magnifique hommage :

« ... Ce que Fargue apportait avec lui, tout simplement, c'était le génie.

C'est beau, le génie ! C'est un privilège, de serrer la main droite d'un de ces hommes exceptionnels de qui on est constamment en droit d'attendre l'inattendu ! qui ne fabriquent pas artificieusement des bibelots, mais qui, tout à coup, ouvrent la porte à l'un de ces visiteurs sacrés, à l'une de ces phrases qui vous font vibrer des pieds à la tête, et qu'on pourrait appeler un ange verbal. Fargue est l'homme qui, arrivant en pleine nuit devant une mer agitée, trouve cette expression inouïe : *La mer flambait noir.*

De ces anges verbaux dont de hasardeuses feuilles de papier blanc fixaient de temps en temps le contour. Fargue ne cessait d'être possédé. [...] C'était la Pythie intérieurement travaillée par l'obsession du dieu, je dis la conscience et la recherche avec lui de rendez-vous obscurs[463]. »

Dans les revues, le premier hommage fut celui des *Cahiers du Sud*, dont une partie du numéro du 2e trimestre 1947 constituait un *Hommage à Fargue* : Jean Cassou, Robert Ganzo, Marcel Abraham, Yanette Delétang-Tardif, Joë Bousquet, Jules Romains, le tout enrichi de quatre inédits du poète, dont étaient aussi repris des poèmes de 1898. Ensemble inégal, parfois un peu court, mais qui a le mérite d'exister et même de rester le seul numéro de revue jamais consacré à Fargue après sa mort... N'est-il pas inexplicable que jamais *La N.R.F.* n'ait daigné consacrer un numéro spécial à l'auteur de *Tancrède*, de *Vulturne* et de *Haute Solitude*, à celui qui fut de surcroît l'ami intime de Gaston Gallimard ? Aussi bien la mémoire de Fargue sera-t-elle, au fil des années, davantage entretenue par d'autres. Parmi diverses manifestations, citons plusieurs conférences, une séance à l'*Hôtel de Massa* (1948), la création d'une « Société des Amis de Léon-Paul Fargue » (1952), une exposition à la Maison des Amis des Livres (1952), une autre à la mairie du VIe arrondissement de Paris (1962). Le 29 janvier 1951 avait eu lieu, à l'Athénée-Louis-

Jouvet, une grande soirée d'hommage à Fargue à laquelle participèrent Cassou, Audiberti, Adrienne Monnier, Beucler et Follain, et, comme acteurs, Marcel Herrand, Louis Jouvet, François Périer, Pierre Bertin et Pierre Brasseur, qui lurent des textes du poète. La soirée se compléta par l'audition de mélodies de Satie, Auric, Delage, Ravel et Schmitt. Mentionnons également diverses émissions de radio et de télévision, dont celle, excellente, de Jean-Marie Drot (1960), récemment rediffusée. Il y eut enfin des hommages municipaux. Le 28 novembre 1948, une plaque fut apposée sur la maison où mourut Fargue, et, en 1957, le carrefour Sèvres-Montparnasse devint officiellement la place Léon-Paul-Fargue.

La mémoire de Fargue fut également servie par la publication d'un certain nombre d'œuvres inédites : *Les Grandes Heures du Louvre* (1947) ; *La Flânerie à Paris* (1948) ; *Music-Hall* (*idem*) ; *Maurice Ravel* (1949) ; *Etc.* (*idem*) ; *Les XX arrondissements de Paris* (1951). Gallimard publiera un recueil de chroniques : *Dîners de lune* (1952), et un autre de critiques d'art : *Pour la Peinture* (1955). N'oublions pas non plus *Hernando de Bengoechea ou l'âme d'un poète* (1948), livre qui est en réalité une très longue préface. Autant d'œuvres diverses, parfois écrites avec l'aide de collaborateurs et qui ne sauraient être considérées comme de premier ordre. Mais on peut y prendre quelque plaisir et en goûter certaines beautés. Ne retrouve-t-on pas en effet le meilleur Fargue, le vrai poète, dès les premiers mots de *Pour la Peinture* : « La mer tourne autour de la côte comme une écharpe autour d'une épaule. Comme une main prompte et honnête autour d'une taille... » Il est regrettable que n'ait pas été mené à bien un projet de livre intitulé *Rêves*, série de textes qui devaient évoquer par analogies l'art du peintre abstrait Wols et auxquels, selon la femme du peintre, Fargue travaillait en 1946[464].

Après 1955, le silence tombe peu à peu sur Fargue et son œuvre, et il ne faudra rien moins, pour le rompre, que la voix de Saint-John Perse et le grand article de celui-ci, « Léon-Paul Fargue, poète », publié en 1963 et repris peu après en tête de l'édition collective des *Poésies* de Fargue[465]. Mais l'éclatant tribut rendu au poète par un de ses pairs, et quel ! fut-il vraiment compris ? Même si des livres comme *Le Piéton de Paris*,

Haute Solitude et *Refuges* furent réédités par Gallimard dans les années soixante, la fortune critique de Fargue, ignoré de l'Université, resta maigre. Il faudra attendre 1973 pour voir enfin paraître (à Genève) la thèse fondatrice de Louise Rypko Schub (une Américaine), qui reste, malgré ses lacunes, une source capitale de documents et de précisions sur la vie du poète[466]. Heureusement, la mémoire de Fargue avait, auparavant, été servie par les deux irremplaçables livres de souvenirs de son fidèle ami André Beucler : *Vingt ans avec Léon-Paul Fargue* et *Dimanche avec Léon-Paul Fargue.* Et nous devons au professeur Th. Alajouanine la publication, en 1971, de la très belle correspondance croisée Fargue-Larbaud. Suivront, plus tard, les lettres à Lilita Abreu, puis celle aux époux Bécat.

« Quelle vie absurde qu'une biographie ! » s'exclamait, au soir de sa vie, Pierre Louÿs. Nous ne nous flatterons pas d'avoir ici, malgré nos efforts et nos recherches, reconstitué dans tous ses détails celle de Fargue. Tant de mystères demeurent, tant de singulières contradictions et de faits inexplicables... Du moins aurons-nous essayé de montrer toute la complexité d'un homme aux prises avec son destin. Et sans doute, pour comprendre Fargue, sa magie verbale, sa tendresse et son long sanglot, mais aussi ses manies et ses silences, ses retards et ses mensonges, son caractère parfois si déconcertant, ne doit-on jamais oublier qu'il s'agit d'un poète, d'un vrai poète. De là, sous l'insouciance de l'homme, la logique profonde et très particulière d'une vie qui ne fut jamais conduite comme une carrière méthodiquement et habilement tracée, mais comme la recherche obstinée d'une vérité personnelle. « J'ai guidé mon fanal au milieu de mes frères », pourra proclamer le poète dans « La Gare » :

« ... J'ai suivi tes passants, j'ai doublé tes départs,
Debout contre un pilier j'en aurai pris ma part
Au moment de buter au heurtoir de l'impasse,
À l'heure qu'il faudra renverser la vapeur
Et que j'embrasserai sur sa bouche carrée
Le masque ardent et dur que prendra mon empreinte
Dans le long cri d'adieu de tes portes fermées. »

Toutes ces images si diverses de l'homme et du poète que nous avons fait défiler dans notre Introduction comme un film désordonné, ne s'ordonnent-elles pas à présent avec une cohérence secrète ? Fargue aura traversé tant d'univers, d'époques et de milieux, sans jamais abdiquer sa sensibilité propre. Éloigné des idéologies aussi bien que de la stratégie littéraire, il a su rester lui-même. Qu'il plonge dans des visions fantastiques ou anime des mondes disparus, qu'il évoque la campagne de Chaillac ou les berges du canal Saint-Martin, qu'il joue avec des vocables cocasses ou se chante à lui-même de petites chansons, il reste toujours un homme inconsolable de la douleur d'être homme. Tant de poésie, tant de rêverie, tant de sentiment, tant d'instants avidement vécus aussi, pour aboutir à ce simple aveu : « Moi, je portais mon cœur trop lourd, ce cœur faible et présomptueux, comme un écolier qui court avec un pain plus grand que lui. »

APPENDICES

NOTES

ABRÉVIATIONS ET SIGLES UTILISÉS

CFL *Correspondance Fargue-Larbaud*, Gallimard, 1971.
CL *Chère Lilita*, « Lettrines », Balbec 3, 1988.
COM *Composite* (avec A. Beucler), Ocia, 1945.
DDL *Dîners de lune*, Gallimard, 1952.
DVB Donation du baron Ludo Van Bogaert, Réserve Précieuse, Bibliothèque Royale Albert-Ier, Bruxelles.
FJ « Fargue et Jarry », *L'Étoile-Absinthe*, n°s 43-44-45, 1989.
LAB *Vingt Lettres aux Bécat*, Éd. Complément, Dolhain, 1994.
LM *Lanterne magique*, R. Laffont, 1944.
LRS Louise Rypko Schub, *Léon-Paul Fargue*, Droz, 1973.
ME *Méandres*, Milieu du Monde, 1946.
PF *Portraits de famille*, J.-B. Janin, 1947.
PO *Poésies* (éd. collective), Gallimard, 1963.
PP *Le Piéton de Paris* suivi de *D'après Paris*, Gallimard, 1964.
RE *Refuges*, Émile-Paul, 1942.
VAF A. Beucler, *Vingt ans avec Léon-Paul Fargue*, Milieu du Monde, 1952.

1. A. Salmon, *Souvenirs sans fin*, t. III, Gallimard, 1961, p. 161.
2. Anecdote dont on fait aussi largesse, il est vrai, à Alphonse Allais...
3. *DDL*, p. 19-20.
4. « Prolongements de Jammes » (nous citons d'après le manuscrit autographe, coll. P. Beauvais).
5. *PO*, p. 116.
6. *LM*, p. 48.
7. N. Frank, *Le Bruit parmi le vent*, Calmann-Lévy, 1968, p. 93-94.
8. J. Paulhan, lettre à P. Lièvre, 2 mai 1937, dans *Choix de lettres*, t. II, 1917-1936. *La Littérature est une fête*, Gallimard, 1986, p. 30-31 (communiqué par M. Georges Liébert).
9. Saint-John Perse, préface à *PO*, p. 9.
10. P. Léautaud, *Journal littéraire*, t. XVII, Mercure de France, 1964, p. 205 (25 nov. 1947).
11. P. Pia, « Fargue dans Paris », *Carrefour*, 15 mars 1973.
12. *PO*, p. 114-115.
13. Fargue se rajeunira souvent. Ainsi, dans *Une Heure avec...* de Fr. Lefèvre,

on peut lire qu'il est né « *le 4 mars 1878* », double erreur dont le poète est certainement le responsable (5ᵉ série, Gallimard, 1929, p. 263).

14. *PO*, p. 294.

15. *Id.*, p. 323.

16. *PO*, p. 338.

17. Selon les termes d'une dédicace manuscrite à Marie Schéikévitch sur un exemplaire de *Suite familière* (obligeante communication du libraire genevois Jean-Jacques Faure).

18. *VAF*, p. 21.

19. La fabrique appartenait en fait au frère de Léon Fargue.

20. *PP*, p. 16. Rappelons que l'inventeur Courtial des Péreires est l'un des protagonistes du roman de Céline, *Mort à crédit* (1936).

21. Fargue la fera naître en 1838 (*PP*, p. 22). A noter que Jean Robinet transcrit un acte d'état civil de Chaillac faisant naître Marie Aussudre le 3 septembre 1848 (« L.-P. Fargue, piéton de Paris, piéton de Chaillac (Indre) », *Berry*, nº 15, automne 1990, p. 24). Nous suivons *LRS*, qui transcrit p. 10 un acte d'état civil de Chaillac en date du 7 novembre 1842. En effet, selon nos renseignements, Marie Aussudre avait 93 ans à sa mort, en 1935.

22. On trouvera tous les détails sur la généalogie véritable de Fargue in *LRS*, p. 7-11.

23. *PO*, p. 237.

24. « Cimetière », *La Nouvelle N.R.F.*, janvier 1953, p. 52.

25. Notons que ce poème ne figure dans *Poèmes* qu'à partir de l'édition de 1919.

26. *PO*, p. 276.

27. *PF*, p. 114.

28. J. Moussarie, « Léon-Paul Fargue, témoin de son temps », thèse dactyl., Univ. de Toulouse, 1973, p. 26.

29. Cat. Libr. Gallimard 31, nº 224.

30. Nous avons pu vérifier, sur les registres de notes de Janson, que ces quatre derniers étaient effectivement en classe de seconde A avec Fargue.

31. Cit. dans Fr. Lefèvre, *op. cit.*, p. 265.

32. *PP*, p. 21.

33. *Ibid.*, p. 20.

34. Verlaine, « Lucien Létinois », XVIII, *Amour* (*O. C.*, t. II, Vanier, 1900, p. 104).

35. Fr. Coppée, *Promenades et intérieurs*, XXXIII (*Poésies 1869-1874*, Lemerre, s.d., p. 123).

36. Lettre inéd. à H. de Régnier, juillet 1914 (coll. part.)

37. *PO*, p. 326.

38. Ex-libris figurant dans la collection du regretté docteur Ludo Van Bogaert (à présent *DVB*) et que nous avons reproduit dans notre *FJ*.

39. *COM*, p. 76-77. Cité d'après le manuscrit autographe (coll. part.).

40. Voir *LRS*, p. 121.

41. « La Fontaine », *La N.R.F.*, avril 1935.

42. Fr. Lefèvre, *Une Heure avec...*, cit., p. 266.

43. *COM*, p. 107.

44. « Le Centenaire de Port-Royal », *Le Figaro littéraire*, 16 oct. 1937.

45. Comme en témoigne son recueil posthume *Pour la Peinture* (Gallimard, 1955).

46. Voir, par ex., *Une Heure avec*, cit., et aussi l'interview de Fargue par Paul Guth (*La Gazette des Lettres*, 11 mai 1947), où le poète dit avoir fait sa rhétorique à Janson, avec Faguet et Parigot comme professeurs.

47. *LRS*, p. 20 (lettre d'Ernest Zyromski à Fargue, 2 mai 1892).

48. Photocopie des registres trimestriels très obligeamment communiquée par Mme Yvette Cluzel, proviseur de Janson-de-Sailly, que nous remercions ici.

49. *ME*, p. 146.

50. *LRS*, p. 21. Lettre de Mme Anne Rivaud, archiviste d'Henri-IV, à l'auteur, 6 fév. 1989 ; lettre de la même au même, 24 avril 1989. Il est toutefois singulier que les archives d'Henri-IV, telles qu'elles se trouvent actuellement conservées aux Archives de la ville de Paris, comportent une lacune totale, dans les registres de notes trimestrielles, pour les années 1891 à 1896...

51. Jean-Hugues Sainmont : « Jarry et Fargue au lycée Henri-IV », *Cahiers du Collège de Pataphysique*, n°s 26-27, 26 mai 1957, p. 40.

52. Lettre datée de 1894 et publiée par Fargue lui-même dans « Hommage à Léon-Paul Fargue », *Les Feuilles libres*, n°s 45-46, juin 1927, p. 11. Est-il besoin de préciser que l'original de cette lettre n'a jamais été retrouvé ni même signalé ailleurs ?

53. « ... ces frites trop sèches qu'on nous servait au lycée Henri-IV et qui nous faisaient saigner les gencives » (*PO*, p. 321). Voir aussi la lettre de Fargue à Larbaud du 22 septembre 1914 (*CFL*, p. 169).

54. Photo reproduite dans N. Arnaud, *Alfred Jarry*, La Table Ronde, 1974, h.t. Voir aussi le catalogue de l'*Expojarrysition* (*Cahiers du Collège de Pataphysique*, n° 10, 1952), n° 162 : tête seule reproduite p. 52, où l'on constate qu'il s'agit d'un Jarry repeigné et recravaté !

55. Lettre de Léon Fargue à Léon-Paul Fargue, 8 mai 1893, dans *FJ*, p. 58.

56. *RE*, p. 159.

57. Interview de Fargue par P. Guth, cit.

58. P. Léautaud, *op. cit.*, t. I, Mercure de France, 1954, p. 326 (20 nov. 1906).

59. On ne peut s'empêcher de remarquer que, dans ses « Notes sur Alfred Jarry » (*Les Marges*, 10 nov. 1932, repr. en appendice au t. III des *Œuvres complètes* de Jarry, « La Pléiade », Gallimard, 1988), sa sœur Charlotte Jarry ne cite à aucun moment le nom de Fargue... pas plus que ne le fera Rachilde dans son célèbre *Alfred Jarry ou le Surmâle de Lettres* (Grasset, 1928). On verra plus loin que Rachilde, elle au moins, savait fort bien de quoi il en retournait.

60. M. Saillet, *Sur la route de Narcisse*, Mercure de France, 1958, p. 17.

61. Jarry, *Les Jours et les Nuits* dans *O. C.*, t. I, Pléiade, Gallimard, 1972, p. 779.

62. *Ibid.*, p. 769.

63. S.-C. David, *Isidore Lautréamont*, Seghers, 1992, p. 89. Voir aussi, du même, « D'Hinstin », *Cahiers Lautréamont*, livr. III-IV, p. 3-80, et plus particulièrement certaines « affaires de mœurs » mettant en cause Hinstin. Nos recherches dans les archives d'Henri-IV semblent prouver qu'Hinstin n'y fut jamais professeur.

64. « Lettres inédites de Léon-Paul Fargue à Alfred Jarry », *Littératures*, Toulouse, n° 6, automne 1982 ; repris en plaquette (*FJ*).

65. « Souvenirs d'un fantôme », *La N.R.F.*, 1er janv. 1934, p. 6.

66. *RE*, p. 161.

67. Jarry, *Albert Samain*, dans *O. C.*, t. III, cit., p. 532.

68. Fr. Jourdain, *Né en 76*, p. 146 et p. 89.

69. *Pour la Peinture*, Gallimard, 1955, p. 93-94.

70. Certains dictionnaires le font mourir en 1904, date qui semble suspecte. Nous n'avons pu découvrir la date exacte de la mort de Fabien Launay, qui doit cependant être postérieure.

71. Le dessin de Delcourt a figuré sous le n° 503 au catalogue cité de l'*Expojarrysition* ; celui de Toulouse-Lautrec se trouve reproduit dans Fr. Jourdain, *Toulouse-Lautrec*, Braun, s.d., n° 46.

72. N. Arnaud, *op. cit.*, p. 345.

73. Dans *PF*, p. 146, Fargue écrit qu'il fut introduit auprès de Lormel par Cremnitz alors que *L'Art littéraire* en était à son 3e numéro. Ce numéro étant daté de février 1893, la rencontre dut avoir lieu vers cette date.

74. « Peinture », *L'Art littéraire*, nov. 1893, p. 47.

75. Texte réimprimé dans *L'Étoile-Absinthe*, 39e-40e tournées, 1988.

76. On trouvera ses notes d'allemand, assez médiocres, en seconde A à dans *FJ*, p. 80.

77. Lettre du 30 mars 1893 (*DVB*).

78. Notons cependant que les lettres de Fargue à Jarry, tout comme celles à ses parents et les réponses de ces derniers, sont malheureusement incomplètes telles que nous les connaissons; les lettres qui nous manquent furent probablement perdues ou détruites.

79. Lettre de Léon Fargue à son fils, 4 avril 1893 (*LRS*, p. 25).

80. La lettre de Léon Fargue datée du 16 avril répond en réalité à celle de son fils écrite le 14 de Cobourg. Cette dernière lettre annonçait une lettre d'explications, qui devait suivre mais qui ne nous est pas parvenue, pas plus que la réponse probable du père.

81. Lettre de Léon Fargue à son fils, 1er mai 1893 (*DVB*).

82. F. Lefèvre, *op. cit.*, p. 268-269. Voir aussi *RE*, p. 160.

83. Il ne pourrait donc s'agir que de « La Régularité de la Châsse », seul poème de Jarry primé par le journal, les autres textes primés de celui-ci étant des proses. Or, dans la prétendue lettre de Jarry à Fargue, le premier fait également allusion à des prix scolaires que son ami aurait obtenus à Henri-IV : référence qui, si elle était exacte, imposerait comme date juillet ou août, époque des palmarès scolaires; malheureusement, en juillet 1894, Jarry ne fut primé que pour une prose, et on vient de voir que son seul poème primé l'avait été en mars 1893. Cette chronologie fort biscornue constituerait ainsi un argument supplémentaire en faveur de la non-authenticité de cette fameuse lettre...

84. Lettre de Fargue à Jarry, 1893 (*FJ*).

85. *Id.*

86. Lettre de Franz Jourdain à Fargue, 31 juill. 1893 (*LRS*, p. 37).

87. É. Bernard, « Notes sur l'école dite de Pont-Aven », *Le Mercure de France*, déc. 1903, p. 675-682.

88. Plus exactement, Fargue logera dans une annexe de la pension, annexe tenue, précise-t-il, par « *Mme veuve Le Sellin, débitante* ».

89. « Peinture », *L'Art littéraire*, déc. 1893, p. 50.

90. *Ibid.*, p. 49.

91. *RE*, p. 153-154.

92. P. Valéry, « Notules sur Léon-Paul Fargue », *Les Feuilles libres*, n° cit., p. 24.

93. Comme le montre un curieux passage du *Journal littéraire* de Léautaud, où Fargue est très probablement le personnage visé et dont l'éditeur (Marie Dormoy) a censuré le nom : « *Nous parlons de l'affaire Adelsward, et du joli physique que *** avait alors, au temps du* Théâtre de l'Œuvre. *Schwob me dit, en parlant de lui : J'ai eu bien tort, un jour... Il était venu me voir et certainement il ne venait que pour cela... J'ai eu peur d'avoir des histoires ...* » (t. I, 14 juill. 1903, Mercure de France, 1954, p. 74). La mention de l'affaire d'Adelsward-Fersen, qui défrayait alors la chronique à propos de ballets bleus, indique le sens dans lequel il faut entendre ce passage, sens qui s'éclaire en outre assez bien lorsqu'on lit la phrase qui précède notre citation : « Conversation sur des gens : Régnier, Rachilde, Jarry, Albert, Fargue. » Ce n'est du reste pas la seule fois que nous avons pu constater que la censure de certains noms, dans l'édition du *Journal* de Léautaud, a été faite de telle manière qu'une lecture tant soit peu attentive du contexte permet souvent de restituer sans trop de peine le nom éliminé...

94. Telle est du moins la version donnée par Fargue lui-même dans *PF*. Sans en suspecter la véracité, notons que Jarry était, dès mars 1894, en relations directes avec Vallette, et qu'en avril il deviendra actionnaire de la Société anonyme du *Mercure*.

95. *PF*, p. 151-153.

96. Fargue pensait alors, il est vrai, continuer à écrire des chroniques d'art. Il devait notamment donner dans le second volume collectif (jamais paru) des *Portraits du Prochain Siècle*, des notices sur les peintres Amiot, Brangwyn, O'Connor, Seguin, Vuillard et Willumsen (voir *LRS*, p. 42).

97. N. Arnaud, *op. cit.*, p. 107.

98. Poème qui devait être publié dans le n° d'*Hommage à Léon-Paul Fargue* des *Feuilles libres*, cit., mais que Jammes, se ravisant, retira (voir cat. vente V. Larbaud, Hôtel Drouot, 21 fév. 1973, n° 143).

99. « Prolongements de Jammes », art. cit.

100. R. de La Vaissière, *Anthologie poétique du XXe siècle*, éd. rev. et aug., t. I, Crès, 1924, p. 181 (ce poème ne figure pas dans la première édition [Crès, 1923], d'où Fargue est absent).

101. Lettre de Jarry à Vallette, 27 mai 1894, dans *O. C.*, t. I, cit., p. 1036-1037. Voir aussi la lettre de Fargue à Jarry du 12 juin 1894 : « *Sur les modifications également de ta pièce, que je cense* [sic] *expressément nécessaires* » (*FJ*, p. 24).

102. Jarry, *Haldernablou*, dans *O. C.*, t. I, p. 227.

103. Lettre à sa mère, 11 sept. 1893 (*FJ*, p. 61).

104. Lettre à Jarry, 12 juin 1894, cit.

105. Voir à ce sujet B. Guégan, « Gourmont typographe », *Arts et Métiers graphiques*, n° 19, 1930.

106. Auriant, carnet autographe inédit, s.d. [vers 1940] (coll. J.-P. Goujon).

107. Fargue a même un simili-homonyme, un certain Paul Fargues, qui signe de médiocres « Vers écrits à Pompéi », publiés dans *Le Courrier français* du 4 août 1895 (amicale commmunication d'Éric Walbecq).

108. Pour une description très précise de ces deux numéros de *Pan*, nous renvoyons au catalogue « L'Art et l'Idée » du libraire bruxellois Pascal de Sadeleer (vente Palais des Beaux-Arts, Bruxelles, 26 oct. 1992, n° 151).

109. Trois de ces poèmes seront cependant repris, parfois très modifiés, dans *Pour la Musique* en 1914.

110. Édition dans laquelle ne figurent pas non plus les chapitres VI et VIII du texte de *Pan*.

111. Cat. cit. Libr. Gallimard 31, n° 224.

112. Manuscrit de 34 p. in-4°, daté 1894, précédé d'une note aut. de Fargue datée 1930 (cat. Libr. Charavay 737, juin 1970, n° 33719).

113. *Sentimental*, manuscrit de 10 p. avec envoi avec Gustave Kahn (cat. Libr. Berès 22, 1939, n° 231).

114. Fr. Jourdain, « Du côté de la *Revue Blanche* », *Europe*, avril-mai 1955, p. 154-155.

115. Articles réunis en volume sous le titre : *Camisards, Peaux de Lapins et Cocos. Corps disciplinaires de l'armée française* (La Revue blanche, 1901).

116. De son prénom Paul ; seul, le nom de famille de cet élève figure sur les relevés de notes trimestriels du lycée Janson-de-Sailly, classe de seconde A, année 1891-1892. Sa présence à Janson est d'ailleurs signalée dans *LRS*, p. 60, note 114.

117. Vente Bibl. T. Tzara, Hôtel Drouot, 4 mars 1989, n° 192.

118. Note sur *Tancrède* signée J.-H. S[ainmont], *Cahiers du Collège de Pataphysique*, n°s 3-4, 1951, p. 106.

119. Nous renvoyons à ce sujet à nos biographies de Tinan (Plon, 1991) et de Louÿs (Seghers-Pauvert, 1988). Il est vrai qu'on ne connaît pour l'instant aucune lettre de Tinan à Lebey postérieure à février 1896, et que les lettres de Louÿs à Lebey (anc. coll. Geymond) comportent, de toute évidence, d'énormes lacunes pour les années 1896-1898.

120. Une lettre de Tinan à Louÿs (23 oct. 1896 - coll. part.) fait état d'une rencontre avec Fargue au *Chat Noir* ce jour-là.

121. Cat. J. Loize 20, « Leurs premiers livres », n° 210. Ajoutons que nous n'avons rien trouvé du Fargue de cette époque dans ce que nous avions jadis pu consulter, chez Mme Geymond-Vital, des papiers (à l'évidence fort incomplets) de Lebey. Même remarque pour les papiers figurant dans le fonds André Lebey à l'O.U.R.S., à Paris.

122. Voir H. Mondor, *Vie de Mallarmé*, Gallimard, 1943, p. 624 (simple et unique mention de Fargue).

123. *LM*, p. 39.

124. *RE*, p. 152.

125. Saint-Georges de Bouhélier, *La Vie héroïque des Aventuriers, des Poètes, des Rois et des Artisans*, Vanier, 1895, p. 90-91.

126. Dans sa chronologie de Bouhélier, Valeria Gianolio situe durant l'hiver 1894 leur première rencontre (*Naturisme-Naturismo*, Bulzoni-Nizet, 1982, p. 283).

127. Saint-Georges de Bouhélier, *Le Printemps d'une génération*, Nagel, 1946, p. 210-211.

128. Préface dialoguée figurant en tête de l'édition des *Poèmes* de Levet (La Maison des Amis des Livres, 1921).

129. Henry J.-M. Levet, « Afrique Occidentale », *La Plume*, 1er fév. 1901.

130. *La Rue Lepic*, manuscrit inédit (copie coll. J.-P. Goujon).

131. G. de Pawlowski, « La Semaine littéraire », *Comœdia*, 16 avril 1911.

132. On remarque en effet, sur ce manuscrit dactylographié, de nombreux ajouts et corrections à l'encre ou au crayon, dus à Fargue, à Jourdain, à Larbaud et à une quatrième personne non identifiée.

133. Texte inédit s.d. (Bibl. Doucet, legs Pivet).

134. Voir notre *Jean de Tinan*, cit., p. 186-187.

135. Voir *LRS*, p. 54. « Quasi » est, en partie, un pseudonyme de Herold.

136. Lettre à Auguste Martin, 9 avril 1942, *Le Figaro*, 1er sept. 1942 (reprise par nos soins en plaquette sous le titre de *Lettre sur Debussy*, Éd. À l'Écart, 1985).

137. Voir cat. exposition P. Valéry, B.N., 1956, n° 136.

138. C. Beck, lettre s. d. à Gide, in *Christian Beck-Bosse-de-Nage, Temps Mêlés*, Verviers, nos 85-86, 1966, p. 52.

139. Cit. dans *LRS*, p. 82, note 54.

140. Saint-Georges de Bouhélier, *Le Printemps d'une génération*, cit., p. 257.

141. *La Rue Lepic*, manuscrit inédit cit.

142. Cit. dans A. Beucler, lettre à J.-P. Goujon, 4 juin 1983.

143. Lettre inédite (*DVB*).

144. Fr. Jourdain, *Né en 76*, cit., p. 230.

145. Voir son étude de même titre (rééd. Slatkine, Genève, 1981).

146. Cit. dans *LRS*, p. 46.

147. Copie de lettre inédite au capitaine Usunier, de la main de Fargue, 2 avr. 1898 (*DVB*).

148. Lettre inédite au commandant X, *id.*, 9 sept. 1898 (*id.*).

149. *Id.*, 15 sept. 1898 (*id.*).

150. Lettre inédite à Léon Fargue, 26 déc. 1898 (*id.*).

151. *Id.*, 4 juill. 1899 (*id.*).

152. Poème jamais repris en volume par Fargue.

153. Fr. Jourdain, *Jours d'alarme*, Corrêa, 1954, p. 115.

154. Lettre inédite à Vallette, datée « *12/1* » [1901 ?] (*DVB*).

155. Fr. Jourdain, *op. cit.*, p. 117.

156. *PO*, p. 112.

157. « Souvenirs d'un fantôme », cit., p. 6.

158. Fr. Jourdain, *Né en 76*, cit., p. 239-240.

159. Voir M. Saillet, « V. Larbaud et M. Ménard, artiste lyrique », *Cahiers des amis de V. Larbaud*, n° 9, mai 1972.

160. Cit. dans Fr. Caradec et A. Weill, *Le Café-Concert*, Hachette-Massin, 1980, p. 130.

161. « La môme Piaff » [*sic*], *La N.R.F.*, mars 1938, p. 512-513.

162. Lettre inédite d'Édith Piaf à Fargue, 14 avril 1938 (cat. J. Loize 21, 1958, n° 485).

163. Voir P. Pia, « Les Avatars du Dékiouskoutage », *À l'Écart*, n° 1, 1er trimestre 1980.

164. *CL*, p. 16-17.

165. Bâtonnier Marcel Héraud, *Discours à la conférence des avocats à la Cour d'appel de Paris le 5 déc. 1953* (Paris, Imp. du Palais, 1954). Document obligeamment communiqué par M. Yves Ozanam, archiviste de l'ordre des avocats à la Cour, et transmis par J.-L. Debauve.

166. « Veillées », *L'Ermitage*, avril 1900.

167. G. Reyer, *Marguerite Audoux*, Grasset, 1942, p. 97.

168. Lettre à sa mère, 13 sept. 1901 (*DVB*).

169. À noter que le n° du 15 déc. 1893 de la *Revue libertaire* contenait déjà une protestation des symbolistes contre l'interdiction d'une pièce de G. Hauptmann, protestation cosignée par « Léon-Paul Fargues » [*sic*].

170. « Sonnets torrides » I, *La Vogue*, 15 mars 1900.

171. N. Gubish, « Le *Journal inédit* de R. Viñès », *Revue Int. de Musique Fr.*, n° 2, juin 1980, p. 201.

172. *ME*, p. 28.

173. N. Gubish, *ibid.*, p. 233.

174. *Ibid.*, p. 200 et p. 226.

175. J. Roy, « Lettres de M. Ravel à M. et N. Delage », *Cahiers M. Ravel*, n° 2, 1986, p. 15, n. 1.

176. S. Lévy, *Journal inédit de Ricardo Viñès (1897-1915)*, Aux Amateurs de Livres, 1987, p. 71 [18 avril 1905] (amicale communication de Thierry Bodin).

177. V. Hugo, « Trois souvenirs sur Ravel », *Revue musicale*, 1952, cit. dans M. Marnat, *Maurice Ravel*, Fayard, 1986, p. 109 (communiqué par M. Georges Liébert).

178. Manuscrit autographe de la partition reproduit dans *Les Feuilles libres*, n° cité, p. 75-77. Voir M. Marnat, *op. cit.*, p. 597.

179. M. Marnat, *op. cit.*, p. 185 (communiqué par M. Georges Liébert).

180. *Maurice Ravel*, Domat, 1946.

181. *RE*, p. 198-200; É. Vuillermoz, « L'œuvre de M. Ravel », dans *M. Ravel par quelques-uns de ses familiers*, Éd. du Tambourinaire, 1939, p. 32-33.

182. Lettre inédite à un prêtre, 17 juin 1897 (coll. Th. Haour).

183. *PO*, p. 89.

184. P. Léautaud, *op. cit.*, t. I, Mercure de France, 1954, p. 45 (2 déc. 1902).

185. Voir N. Gubish, art. cit., p. 226, 5 déc. 1903 (passage cité plus haut, voir note 170).

186. Lettre s.d. à Fargue, dans *Les Feuilles libres*, n° cit., p. 12.

187. Lettre inédite à E. Montfort, datée « mars 05 » par le destinataire (coll. part.)

188. A. Salmon, *op. cit.*, t. I, Gallimard, 1955, p. 228-229.

189. « Souvenirs d'un fantôme », cit., p. 9-10.

190. Lettre à P.-É. Bécat, 7 fév. 1933 (*LAB*, p. 36).

191. P. Léautaud, *op. cit.*, t. I, p. 326 (20 nov. 1906).

192. M. Ravel, *Lettres, écrits, entretiens*, présentés et annotés par Arbic Orenstein, Flammarion, 1989, coll. « Harmoniques », p. 85.

193. Nous avons pu en recenser 8 exemplaires : 1.- Bibl. Doucet; 2.- Bibl. Royale, Bruxelles (*DVB*) ; 3.- ex. avec envoi à A. Monnier; 4.- ex. avec envoi à Gabriel Latombe (cat. Berès 61, n° 136) ; 5.- ex. du cat. Libr. Gallimard 31, n° 647; 6.- ex. de Frédéric Duché (cf. *LRS*, p. 89) ; 7- ex. de P. Haour, ni broché ni cousu [*sic*] ; 8.- cat. Berès 11, n° 59. À noter que tous ces ex. sont sur hollande Van Gelder, sauf celui du regretté Dr L. Van Bogaert, qui est sur japon et porte le n° 23. Tout porte à croire qu'il doit en exister d'autres, qui nous auront échappé.

194. *LRS*, p. 89.

195. Nous remercions très vivement M. Thierry Haour, petit-fils de Pierre Haour, pour son extrême obligeance et pour les précieux documents qu'il nous a très aimablement communiqués.

196. Dans les papiers de P. Haour figure un manuscrit dactylographié de

17 p. intitulé « Des Nocturnes » (extrait?) et donnant, avec des variantes, le texte de neuf poèmes. Ce manuscrit, qui semblerait dater de 1903-1905, représente un état du texte antérieur à celui de la plaquette de 1907, au moins pour les trois textes qui s'en trouvent repris dans celle-ci. Par ailleurs, c'est dès 1902 que Fargue avait songé à faire imprimer ses poèmes : « J'ai retrouvé l'autre jour un devis d'imprimeur daté de 1902 ! » écrivait en 1911 Francis Jourdain à Larbaud (n° 56 du cat. *Farguiana. Valery Larbaud et Léon-Paul Fargue*, Médiathèque V. Larbaud, Vichy, mai-juin 1996).

197. Ce qui ne l'empêchera pas, on le verra plus loin, de publier en août 1907 sept « Poèmes » dans la revue *Antée*.

198. Coll. Th. Haour, avec copie des réponses de P. Haour.

199. Précisions tirées de la lettre de Royer à P. Haour du 11 juin 1907 (inéd.). Ce devis ne couvrait pas les frais d'impression des exemplaires sur japon, qui s'élevaient à 38 F pour 25 ex., et à 50 F pour 50 ex.

200. Lettres inédites (coll. Th. Haour).

201. S'agit-il bien des *Poèmes*, ou bien d'un autre ouvrage, jamais mené à bien? À moins que Fargue n'eût sondé Vallette pour une édition de *Tancrède*? Nous l'ignorons.

202. Lettre inédite d'A. Vallette à P. Haour, 5 juin 1907 (coll. Th. Haour).

203. Lettres inédites de Royer à Haour (2 juin et 16 juin 1907) ; lettre inédite de P. Haour à Royer (9 juin 1907) (*id.*)

204. Notes manuscrites de Fargue sur les premières épreuves (*id.*).

205. Télégramme inédit à Royer (12 août 1907), joint à une lettre inédite du même de même date (*id.*).

206. Lettre inédite à P. Haour, 28 août 1907 (*id.*). Il est étrange que cette lettre de Fargue soit précisément la seule que Haour ait conservée dans ses papiers. On a du mal à admettre que toutes les autres lettres qu'il a dû recevoir du poète se soient perdues.

207. *LRS*, p. 90.

208. Dont certains exemplaires sur japon (cf. plus haut note 193). Parmi les 8 exemplaires recensés plus haut, il n'en est curieusement aucun qui comporte un envoi manuscrit tracé en 1907. On pourrait donc penser que Fargue, s'il en offrit à l'époque à de rares amis (au moins les dédicataires), ne se soucia pas d'y inscrire une dédicace; mais le fait reste à vérifier. Il ne serait pas impossible non plus qu'il ait été confectionné bien plus d'une dizaine d'exemplaires : sinon, pourquoi numéroter 23 le japon signalé plus haut? Le mystère demeure donc.

209. Voir M. Décaudin, « Apollinaire et *L'Art littéraire* », *L'Étoile-Absinthe*, 39e-40e tournées, 1988, p. 30-31.

210. M. Décaudin, *op. cit.*, p. 335.

211. Carte postale de Ch.-L. Philippe à Fargue, Nantes, 10 sept. 1908 (anc. coll. Sickles).

212. Lettre inédite (*DVB*).

213. Cit. dans *VAF*, p. 279.

214. Texte repris dans *PO*, p. 313-314.

215. *CL*, p. 22.

216. G. Jean-Aubry, *Valery Larbaud*, Éd. du Rocher, 1949, p. 137.

217. *PF*, p. 78.

218. Rappelons que Larbaud n'habitait pas alors Paris, que sa mère détestait, mais Vichy; ce n'est qu'en 1916 qu'il s'installera vraiment dans la capitale.

219. Lettre inédite de Larbaud à Fargue (vente Hôtel Drouot, 25-26 oct. 1976, n° 186).

220. Née en 1843, Isabelle Bureau des Étivaux, veuve Larbaud, avait 66 ans lorsque Fargue connut Larbaud; elle mourra en 1930. Sur la situation familiale de Larbaud, voir sa très importante lettre à Fargue du 30 oct. 1912 (*CFL*, p. 132-135).

221. A.P. de Mandiargues, « Dans un certain miroir », *Hommage à V. Larbaud*, *La N.R.F.*, 1er sept. 1957, p. 508-509.

222. Détail fourni par Pierre Moussarie à son fils Jacques, qui le rapporte dans sa thèse cit., p. 168.

223. Il est à cet égard fort significatif que, dans *Mon itinéraire* (éd. des Cendres, 1986), mémorandum écrit en 1926 pour l'éditeur Stols, Larbaud ne cite jamais le nom de Fargue.

224. J. Romains, *Saints de notre calendrier*, Flammarion, 1952, p. 243.

225. Voir P. Michel et J.-F. Nivet, *Octave Mirbeau*, Séguier, 1990, p. 868-871.

226. Fr. Lefèvre, « Une Heure avec Léon-Paul Fargue » (passage non repris en volume), *Les Nouvelles littéraires*, 15 juin 1929. Voir à ce sujet l'Appendice IV de Th. Alajouanine dans son édition de *CFL*, p. 267-271.

227. Voir la mise au point de J.-Ph. Segonds, « Précisions, énigmes et controverses », *Les Cahiers Bourbonnais et du Centre*, n° 59, 3ᵉ trimestre 1971.

228. Lettre s.d. de Larbaud à sa mère, dans *V. Larbaud*, Cahiers de l'Herne, n° 61, 1992, p. 26, n. 16. Voir aussi J.-Ph. Segonds, art. cit., p. 326, n. 6.

229. *Correspondance Gide-Larbaud*, « Cahiers A. Gide 14 », Gallimard, 1989, p. 73.

230. Cat. Libr. Gallimard 32, n° 328. L'exemplaire sur japon de P. Haour (coll. Th. Haour) porte, de la main de Fargue : « (N'en parlez pas) ».

231. *Correspondance Larbaud-Ray*, t. 2, Gallimard, 1980, p. 94. On peut d'ailleurs se demander pourquoi Fargue ne songea pas, tout simplement, à faire sauter sur épreuves les pages en question.

232. Alain-Fournier, *Chroniques et critiques*, Le Cherche-Midi, 1991, p. 269 (communiqué par Jean-Jacques Lefrère).

233. G. de Pawlowski, art. cit.

234. J. Rivière et Alain-Fournier, *Correspondance*, t. IV, Gallimard, 1926, p. 276.

235. Cat. Libr. Gallimard 33, n° 2.

236. Voir G. Jean-Aubry, *op. cit.*, p. 153. Le texte de Larbaud a depuis été édité en plaquette (M. Imbert, 1991, 110 ex.).

237. De longues recherches sur les héritiers Levet nous ont conduit à la conclusion que tout espoir de retrouver les papiers du poète doit malheureusement être abandonné.

238. *CFL*, p. 83.

239. *Correspondance Larbaud-Ray*, cit., t. II, p. 83.

240. *Correspondance Gide-Larbaud*, cit., p. 67 (fév. 1911).

241. *Ibid.*, p. 69 (13 fév. 1911).

242. On ignore tout des rapports Fargue-Louÿs à cette date, et ce que nous savons des relations du premier avec Régnier et Valéry ne se situe que plus tard.

243. Chronologie établie à partir de deux cartes postales de Fargue, l'une à sa mère, l'autre à Larbaud, toutes deux écrites de Bruges le 27 mars 1911 (*DVB*).

244. *CFL*, p. 60-61 (29 mars 1911).

245. Lettre à M. Audoux, 31 mars 1911, *Revue des Belles-Lettres*, Lausanne, cahier 1, 1964 (obligeante communication de M. B.-M. Garreau).

246. *CFL*, p. 37, 51 et 52.

247. *Correspondance Larbaud-Ray*, cit., t. II, p. 100 (9 avr. 1911).

248. L'oncle de Lilita Abreu, le célèbre Dr Joseph Grancher, était cependant originaire de la Creuse, détail auquel Fargue aura pu être sensible. À noter par ailleurs qu'il n'est à aucun moment question de Lilita Abreu dans le *Gaston Gallimard* de Pierre Assouline (Balland, 1984).

249. Voir Saint-John Perse, *Lettres à l'Étrangère*, Gallimard, 1987.

250. Cité dans *CL*, p. 47.

251. *Ibid.*, p. 48.

252. *Ibid.*, p. 26. Fargue avait offert à Lilita un ex. sur hollande de ses *Poèmes*, avec l'envoi suivant : « à Mademoiselle Lilita Abreu/le 29 mars 1912/Léon-Paul Fargue./Écoutez la chanson bien douce/qui ne pleure que vous pour plaire.../Paul Verlaine. » (cat. n° 170 libr. S. Pabian, oct. 1995, n° 293).

253. *Ibid.*, p. 25 (lettre du 7 août 1916).

254. *LRS*, p. 139.

255. Lettre d'Alain-Fournier à Fargue, 2 fév. 1912 (vente Hôtel Drouot, 6 mai 1983, n° 8).

256. Poèmes qui semblent être restés inédits, si l'on en juge par les titres donnés par Fargue dans une lettre à Larbaud (*CFL*, p. 113).

257. *Correspondance Gide-Larbaud*, cit., p. 116. Cependant, une lettre de Gaston Gallimard à Larbaud (15 février 1912 - Médiathèque V. Larbaud, Vichy) semblerait indiquer que ce voyage à Bruges eut lieu début février 1912.

258. Cat. Libr. Gallimard 31, n° 225.

259. Lettre d'Henri de Régnier à Fargue, 21 août 1912 (*DVB*).

260. Lettre de Valéry à Fargue, s.d. (1912) (coll. part.).

261. Lettre d'Alain-Fournier cit. dans J. Loize, *Alain-Fournier*, Hachette, 1968, p. 314; note du même, reprise dans *Chroniques et critiques*, cit., p. 271.

262. Voir à ce sujet « l'inqualifiable compte rendu d'*Alcools* » (André Breton) qu'il publiera dans *Le Mercure de France* du 15 juin 1913.

263. G. de Pawlowski, « La Semaine littéraire », *Comœdia*, 9 juin 1912.

264. Étude reprise dans *De la littérature que c'est la peine*, Fata Morgana, 1991.

265. Lettre inédite à Lucien Descaves, cit. dans cat. Libr. Blaizot 318 [1963], n° 8989.

266. Souvenirs de Suzanne Meyer-Zundl, manuscrit inédit (amicale communication d'Agnès de Noblet).

267. La candidature de Fargue n'est pas mentionnée par Léon Deffoux dans sa très informée *Chronique de l'Académie Goncourt* (Firmin-Didot, 1929).

268. Lettre inédite à Lucie Gallimard, 24 décembre 1912 (coll. part.).

269. *LRS*, p. 139.

270. Coll. part.

271. *CFL*, p. 161.

272. A. Monnier, *Rue de l'Odéon*, A. Michel, 1960, p. 137-138.

273. Voir à ce sujet *LRS*, p. 139.

274. Lettre inédite de Cocteau à Fargue, 1913 (coll. part.).

275. P. Assouline, *op. cit.*, p. 74.

276. R. Martin du Gard, *Notes sur André Gide 1913-1915*, Gallimard, 1951, cit. dans J. Moussarie, *op. cit.*, p. 130.

277. Copie amicalement communiquée par Maurice Imbert. La comparaison entre le texte et la typographie de ces épreuves d'une part, et d'autre part les deux « éditions » successives du recueil, montre que la composition utilisée avait été celle du *Recueil pour Ariane*, revue imprimée par l'Édition Romane. Ou bien Fargue aurait-il primitivement songé à faire publier son livre par cet imprimeur et « Sous l'enseigne du pavillon dans un parc », firme sous laquelle Henri Baguenier Desormeaux publia certains recueils d'Alexandre Gaspard-Michel (*Césarée*, 1911; *Le Lot de Tiburce*, 1912), de composition et typographie en tout point semblable? Simple hypothèse, peut-être gratuite. On prétend souvent que c'est parce qu'il manquait deux vers au poème « Intérieur » que Fargue fit détruire le premier tirage à la N.R.F. C'est un fait que, dans la seconde édition, imprimée elle aussi par Baguenier Desormeaux, le poème a deux vers de plus.

278. Voir *Correspondance Larbaud-Ray*, cit., t. II, p. 223. À noter que dans l'édition de février 1914 de *Pour la Musique*, on lit à la fin la seule date de « 1898 » (même remarque pour la réédition dans *Poëmes* en 1919). Par ailleurs, on a vu plus haut qu'il n'est pas tout à fait exact d'affirmer que ces poèmes sont exempts de l'influence de Jammes.

279. *Mercure de France*, 1er mai 1914.

280. J. Rivière, lettre à Fargue, 15 mars 1914 (*Les Feuilles libres*, n° cit., p.16).

281. Lettres inédites à sa mère, Laon, 4 et 5 août 1914 (*DVB*).

282. Lettre inédite à J. Schlumberger, 14 oct. 1914 (coll. part.).

283. J. Kessel, *Des Hommes*, Gallimard, 1972.

284. Voir lettre d'A. Fontaine à Fargue, 22 août 1915 (*LRS*, p. 137).

285. Lettre inédite à R. Viñès, 1er juin 1915 (cat. Charavay 682, nov. 1950, nº 23601).

286. Saint-John Perse, « Pour Adrienne Monnier », *Le Mercure de France*, nº sp., « Le Souvenir d'Adrienne Monnier », 1er janvier 1956, p. 11 et p. 12. Sur Adrienne Monnier, on consultera aussi : M. Imbert et R. Sorin, *Adrienne Monnier et la Maison des Amis des Livres*, IMEC, 1991.

287. A. Monnier, « Premières rencontres », *Rue de l'Odéon*, A. Michel, 1960, p. 133-141.

288. Lettre à A. Fontaine, 22 août 1916 (coll. part.)

289. V. Larbaud, *Journal 1912-1935*, Gallimard, 1955, p. 100 (4 janv. 1918).

290. Cette citation de lettre de Fargue à Larbaud provient d'un post-scriptum du premier sur une lettre de Berthe Lemarié au second, datant de l'été 1918 (communiqué par le regretté Maurice Saillet).

291. Lettre de Breton à Fargue, 19 avril 1916 (coll. part.).

292. *Id.*, s.d. [février 1918] (coll. part.).

293. Lettre de Satie à Fargue, 16 mai 1916, cit. in *LRS*, p. 80.

294. *Id.*, 2 sept. 1916 (coll. part.).

295. *Id.*, 6 juin 1923 (coll. part.). Sur la brouille avec Satie, voir *LRS*, p. 81, n. 42. On remarquera au passage que cette lettre de Satie prouve que, à cette date, Fargue continuait d'arborer la Légion d'honneur sans y avoir droit (il ne sera décoré qu'en 1925)...

296. R. Martin du Gard, *Journal I*, Gallimard, 1992, p. 698 (22 mai 1916).

297. « Danse » (repris dans *Ludions*), cité d'après un manuscrit des quatre « Nocturnes aromatiques » offert à Marcelle Jeanniot (coll. part.).

298. Lettre inédite à V. Hugo, 6 juin 1916 (coll. T. Bodin).

299. Paru dans *Commerce* (nº XXV, automne 1930), ce texte sera repris dans *D'après Paris*. Signalons que *Bibi-la-Bibiste* a été réédité en 1991 aux Éditions La Violette Noire, avec une préface de l'éditeur et « Une Violette noire » de Fargue.

300. Lettre inédite de Cocteau à Fargue, 17 juin 1918 (coll. part.).

301. J. Porel, *Fils de Réjane*, t. I, Plon, 1951, p. 340.

302. Poème inédit de Régnier à Fargue, 21 sept. 1918 (*DVB*).

303. Carte postale inédite à A. Monnier, Gargilesse, 11 sept. 1918 (Bibl. Doucet).

304. J. Porel, *op. cit.*, t. I, p. 342-343.

305. Lettre d'A. Monnier à Fargue, 12 août 1919, cit. dans V. Larbaud, *Lettres à A. Monnier*, IMEC, 1991, p. 11.

306. M. Saillet, « Larbaud éditeur de Levet », *Cahiers des amis de V. Larbaud*, nº 12, mai 1974, p. 40.

307. Reproduit dans *Valery Larbaud*, Cahiers de l'Herne, cit., p. 147.

308. V. Larbaud, *Lettres à A. Monnier*, cit., p. 63 (12 sept. 1921).

309. Lettre de G. Gallimard à Fargue, 29 fév. 1921, cit. dans L. Rypko Schub, « Fargue-Larbaud : nouvelles lumières (grâce à des lettres inédites) sur une amitié orageuse », dans *V. Larbaud et la littérature de son temps*, Klincksieck, 1978, p. 89-90.

310. J. Joyce, *Trois lettres à L.-P. Fargue*, À l'Écart, 1986, p. 15 (lettre du 7 juillet 1925) [édition détruite par l'éditeur à la demande des héritiers de Joyce].

311. Rapporté par le regretté Pascal Pia.

312. M. Saillet, « V. Larbaud et M. Menard, artiste lyrique », *Cahiers des amis de V. Larbaud*, nº 9, mai 1972, p. 24. En plus de cet important article, faisant état de renseignements de première main, voir V. Larbaud, *Lettres à A. Monnier*, cit., p. 204-206.

313. Lettre de P. André-May à l'auteur, 16 septembre 1995.

314. Lettre de Marie Monnier à Adrienne Monnier, 16 août 1923 (communiquée par M. Imbert).

315. Lettre inédite de Fargue à A. Monnier, Blonville-sur-mer, 10 septembre 1923 (Bibl. Doucet).

316. M. de Cossart, *Une Américaine à Paris*, Plon, 1979, p. 212-213. L'existence de ce « manussecri de la Croixière » [*sic*] est attestée par une lettre de 1924 [?] de Larbaud à Fargue, demandant le manuscrit, en signalant que Gaston Gallimard et Gide voudraient bien pouvoir lire ce texte. On ignore tout à fait ce qu'il devint, et Louise Rypko Schub, qui ne paraît pas l'avoir retrouvé dans les papiers de Fargue, n'y fait aucune allusion dans son livre.

317. Lettre de M. Monnier à A. Monnier, 12 août 1923, cit. dans V. Larbaud, *Lettres à A. Monnier*, cit., p. 134, n. 2.

318. A. Gide, *Journal. 1889-1939*, « La Pléiade », Gallimard, 1982, p. 726 (1er janvier 1922).

319. Saint-John Perse, lettre inédite à un peintre, 9 juin 1923 (Liste Marc Loliée hors série n° 7, avr.-mai 1953, n° 74).

320. J.-É. Blanche, lettre inédite à Fargue, 22 fév. 1923 (*DVB*).

321. L. Aragon, lettre inédite à Fargue, 3 avr. 1923 (*id.*).

322. M. Ray, lettre de fév. 1923, dans *Corr. Larbaud-Ray*, cit., t. III, p. 60.

323. M. Caetani, dans cat. *Hommage à* Commerce, Rome, Palazzo Primoli, déc. 1957-janv. 1958, p. 11 (amicalement communiqué par Éric Walbecq). Il n'est pas sans intérêt de savoir que Saint-John Perse avait insisté auprès de la princesse de Bassiano et du comité de rédaction pour que fussent écartés de la revue les trois écrivains qui étaient alors, d'une certaine manière, la coqueluche de l'époque : Cocteau, Morand et Giraudoux — triple exclusion à laquelle Fargue n'avait sans doute rien à objecter.

324. Lettre d'A. Monnier à H. Hoppenot, 12 nov. 1924, cit. dans V. Larbaud, *Lettres à A. Monnier*, cit., p. 205.

325. M. Saillet, dans *ibid.*, p. 200, n. 4.

326. V. Larbaud, lettre à M. Ray, 13 sept. 1924.

327. *LRS*, p. 167 (lettre du 5 déc. 1924, non reprise dans la *Correspondance Fargue-Larbaud*).

328. J. Moussarie, *op. cit.*, p. 167.

329. Larbaud, lettre à R. et A. Güiraldes, 26 oct. 1924, dans *Valery Larbaud*, Cahiers de l'Herne, n° 61, 1992, p. 284-285.

330. *Id.*, lettre à M. Ray, août 1928.

331. *COM*, p. 157.

332. P. Léautaud, *op. cit.*, t. XI, Mercure de France, 1980, p. 167 (3 mars 1936).

333. N. Frank, *op. cit.*, cit., p. 102.

334. Lettre inédite de N. C. Barney à A. Monnier, 5 juin 1923 (notes autographes de M. Saillet — amicale communication de M. Imbert).

335. *Id.*, 8 mai 1923 (*id.*).

336. *Id.*, 16 juin 1923 (*id.*).

337. Voir *LRS*, p. 153.

338. A. Gide, *Carnets d'Égypte* (3 mars 1939), dans *Journal 1939-1949. Souvenirs*, « La Pléiade », Gallimard, 1984, p. 1066.

339. Lettre inédite à M. Raval (printemps 1924), cat. vente Hôtel Drouot, 4 oct. 1979, n° 87.

340. *LAB*, p. 17, 22 et 20.

341. Lettres de 1926 et 1927, cit. dans *LRS*, p. 165. À propos de mécènes, on peut s'étonner que Fargue n'ait point également « mis au pillage » le célèbre couturier-bibliophile Jacques Doucet, qui pensionnait nombre d'écrivains; il est vrai que celui-ci mourra en 1929.

342. Lettre inédite (cat. Libr. Gallimard 28, n° 150).

343. Télégramme inédit à sa mère, Marseille, 7 août 1926 (*DVB*).

344. Brouillon de lettre à Gide, s.d. [1926], cit. dans L. Rypko Schub, art. cit., p. 90-91.

345. Précisions tirées de notes autographes inédites de Maurice Saillet (amicale communication de Maurice Imbert).

346. J. Moussarie, *op. cit.*, p. 180.

347. Voir catalogue *Marie Monnier ou le Fil à broder nos rêves*, Musée départemental de l'Oise, Beauvais, oct. 1992-janv. 1993.

348. *LRS*, p. 170, d'après un témoignage de Marie Monnier. Il faut toutefois observer que c'est en 1923, soit quatre ans auparavant, que le prix des Peintres avait été attribué à Valéry. On a d'ailleurs vu plus haut que Saint-John Perse avait, à cette occasion, soutenu la candidature de Fargue.

349. *LAB*, p. 25.

350. A. Breton, lettre inédite à Fargue, 16 sept. 1927 (coll. part.).

351. Lettre inédite à M. Iehl, 4 avr. 1928 (communication de M. Dominique Iehl).

352. Coll. Maurice Imbert.

353. Fr. Mauriac, lettre inédite à Fargue [1929] (coll. part.).

354. « Visites — M. Léon-Paul Fargue », coupure non datée du *Figaro* [1928], communiquée par Dominique Charnay.

355. P. Valéry, lettre à Fargue, début 1929 (coll. part.).

356. R. Daumal, « Vulturne », *Cahiers du Sud*, avr. 1929, repris dans *L'Évidence absurde I*, Gallimard, 1972, p. 186-187 (communiqué par Claudine Brécourt-Villars).

357. Fr. Jammes, lettre inédite à Fargue, 18 mai 1928 (vente Bibl. Alajouanine, 3e part., Hôtel Drouot, 24-25 nov. 1981, n° 183).

358. Cat. Libr. M. Loliée 94, n° 106.

359. A. Malraux, lettres inédites à Fargue, 16, 22 et 28 nov. 1928 (coll. part.).

360. Voir M. Imbert, « Catalogue des ouvrages édités par Jacques Fourcade », *Bulletin du Bibliophile*, 1988-2, p. 199-206.

361. Cat. Libr. Charavay 683, fév. 1951, n° 23837. Ce contrat n'empêchera nullement, en 1931, Fargue de soutirer de Bernard Grasset une avance « assez importante » sur une édition de *D'après Paris* (lettre inédite à R. Gallimard, 11 déc. 1931, archives Éd. Gallimard). Manœuvre qui provoqua une lettre recommandée de Gaston Gallimard, faisant opposition et rappelant à l'amnésique Fargue : « En vertu du contrat que tu as signé le 11 avril 1919, la N.R.F. a une option formelle sur cet ouvrage » (lettre inédite, 14 déc. 1931, copie, archives Éd. Gallimard). Précisons également que, le 27 août 1931, Fargue avait signé un contrat par lequel il cédait à Gallimard « les éditions courantes et populaires de tous les ouvrages qu'il écrira pendant une période de dix ans à dater de ce jour » (*id.*). Autant dire qu'il ne pouvait traiter avec d'autres éditeurs que pour des éditions de luxe.

362. Lettre inédite à J. Fourcade, 24 [janvier ?] 1929 (archives Éd. Fourcade - amicale communication de Maurice Imbert).

363. Lettre inédite de J. Fourcade aux Éd. Denoël et Steele, 31 oct. 1931 (copie dactyl., *id.* -*id.*) Une lettre de Robert Denoël aux Éd. Gallimard (15 nov. 1943 - Arch. Éd. Gallimard) indique qu'en 1931 Fargue avait reçu du premier éditeur une avance de 5 000 F pour une « préface inédite » qu'il devait écrire pour la réédition de *Tancrède* suivi de *Ludions*. Relancé par Denoël jusqu'en 1942, Fargue ne cessa de promettre, mais n'écrivit jamais cette préface...

364. *DVB*.

365. *LAB*, p. 31.

366. P. Assouline, *op. cit.*, p. 29.

367. *VAF*, p. 238-239.

368. Cartes postales inédites à S. Beach et A. Monnier, 23 sept. et 2 oct. 1929 (communiquées par M. Imbert).

369. À en croire Jean Paulhan, Fargue aurait, sous le pseudonyme de « Un Parisien », fait passer dans *Comœdia* (24 avril 1932) une note déclarant : « La fameuse revue *Commerce*, ce mystérieux et distant asile des meilleures choses et des pires, de la littérature pure et du snobisme prétentieux, va, dit-on, disparaître. C'est un nouveau signe de la fin d'une époque d'inflation et peut-être d'un retour à un rapport normal entre les écrivains et le public » (lettre à V. Larbaud, 9 mai 1932,

dans J. Paulhan, *Choix de lettres*, t. I. *La Littérature est une fête*, Gallimard, 1986, p. 243 et n. 5, p. 471). On ne saurait cependant assurer — ni démentir — que Fargue est bien l'auteur de la note en question.

370. Lettre inédite de Giono à Fargue, 10 déc. 1929 (cat. J. Loize 16, n° 63 A).

371. Saint-John Perse, lettre à une amie [A. Monnier?], cit. dans M. Fombeure, « Les Ludions », *La N.R.F.*, mars 1931, p. 453.

372. M. Fombeure, *ibid.*, p. 455.

373. Lettre inédite de Régnier à Fargue, 20 août 1930 (*DVB*).

374. Cité dans *LRS*, p. 175.

375. *Correspondance Larbaud-Ray*, cit., t. III, p. 158 (23 juin 1930).

376. Lettre à A. Chaumeix [1936] (coll. D. Charnay). Sur Paul Masson, dit Lemice-Terrieux (1849-1896), et qui fut le plus célèbre mystificateur de la Belle Époque, on consultera François Caradec, *La Farce et le sacré*, Casterman, 1977, p. 49-105.

377. Brouillon de lettre inédite à un ami [1936] (Archives Association André Beucler).

378. Lettre à sa mère, s. d. (*DVB*).

379. Lettre inédite à R. Gallimard, 24 août 1931 (coll. part.).

380. A. Carpentier, *Chroniques*, Gallimard, 1984, p. 350-351.

381. P. Léautaud, *Journal littéraire*, t. X, Mercure de France, 1961, p. 77 (28 déc. 1932).

382. P. Assouline, *op. cit.*, p. 246.

383. *PF*, p. 183.

384. A. Gide, lettre à Fargue, 5 juin 1932 (*LRS*, p. 174).

385. R. de Renéville, « D'après Paris », *La N.R.F.*, sept. 1932, p. 294.

386. *LAB*, p. 33.

387. J. Guérin [J. Paulhan], *La N.R.F.*, janv. 1934, p. 146.

388. Voir *La N.R.F.*, mai 1934, p. 885.

389. J. Porel, *op. cit.*, t. I, Plon, 1951, p. 34.

390. Cit. dans S. Ratel, « Enquête sur l'Académie des Ombres », *Les Nouvelles littéraires*, 1929 [référence à préciser].

391. « Préface à un livre posthume », *La N.R.F.*, 1er août 1933, p. 162 et p. 164 (communiquée par Cl. Brécourt-Villars).

392. « L'Alchimiste », *id.*, 1er avril 1934, p. 616-617 (allocution prononcée aux « Amis de 1914 » pour la réception de James Joyce).

393. *VAF*, p. 203.

394. Lettre inédite à A. Beucler, 1935 (coll. part.).

395. « Éclipses », *Revue des Vivants*, janv. 1935, p. 5-6.

396. Respectivement lettre inédite à A. Beucler, 1935 (coll. part.), et *LAB*, p. 38.

397. Brouillon inédit de lettre à un ami, 1938 (coll. part.).

398. Carte inédite de Pétain à Fargue, 26 juin 1935 (*DVB*).

399. Lettre d'H. de Régnier à Fargue, 27 juill. 1935 (*DVB*).

400. B. Delvaille, « Léon-Paul Fargue, paysages d'une enfance », *Magazine littéraire*, n° 332, mai 1995, p. 5.

401. *PP*, p. 19.

402. *LAB*, p. 42.

403. Audiberti, *Cent jours*, Gallimard, 1950, cit. dans J. Moussarie, *op. cit.*, p. 215.

404. « Pigeondre », *Minotaure*, n° 6, hiver 1935, p. 29.

405. P. Léautaud, *op. cit.*, t. XI, Mercure de France, 1980, p. 187 et p. 196-197 (20 avril et 1er mai 1936).

406. J. Green, *Journal*, dans *O. C.*, t. IV, « La Pléiade », Gallimard, 1988, p. 242-243 (9 juin 1933).

407. Préface à S. Duvernon [Sidonie Baba], *Missel profane*, La Typographie [Bernouard], 1937.
408. *PF*, p. 24.
409. Lettre inédite à Beucler, 1938 (coll. part.).
410. *ME*, p. 60.
411. Chériane Fargue, enregistrement au magnétophone (aimable communication de Dominique Charnay).
412. Lettre à J. Texcier, 1945, cit. dans G. Hugnet, *Pleins et déliés*, Guy Authier, 1972, p. 353-354.
413. M. Martin du Gard, *La Chronique de Vichy 1940-1944*, Flammarion, 1975, p. 154.
414. *VAF*, p. 218.
415. Lettre inédite de Pétain à Fargue, Vichy, 4 sept. 1941 (*DVB*).
416. Coll. P. Beauvais.
417. Lettre inédite de Drieu La Rochelle à Fargue, s.d. [1942] (*DVB*).
418. Voir à ce sujet J. Paulhan, *Choix de lettres*, t. II, cit., p. 268, 273 et 277.
419. Lettre inédite de Max Jacob à Fargue, 10 déc. 1941 (coll. part.). Voir aussi à ce sujet *LRS*, p. 188-189.
420. T. Bouchard, « Sept portraits assez vagues du fantôme L.-P. Fargue, tirés de quelques livres », *Théodore Balmoral*, n° 6-7, aut.-hiver 1989, p. 11.
421. Témoignage de Mme Andrée Jacob, que nous remercions ici.
422. Cit. dans P. Assouline, *op. cit.*, p. 317.
423. Lettre de Mauriac à Fargue, 5 oct. 1942 (*LRS*, p. 190).
424. Préface à A. Weil-Curiel, *Règles de savoir-vivre à l'usage d'un jeune Juif de mes amis*, Éd. du Myrte, 1945, p. 5 (à noter que ce passage ne figurait pas dans la première publication de ce texte, dans *Marianne* du 11 janv. 1939, où il était intitulé « De l'antisémitisme »).
425. Lettre à A. Beucler, 27 oct. 1942.
426. Lettre datée du 28 mars 1943, reproduite dans cat. exposition *La Planète affolée* (Éd. Musées de Marseille-Flammarion, 1986, p. 73).
427. « Témoignage de Katherine Dudley », notes autographes inédites de M. Saillet (communiquées par M. Imbert). On trouvera la version donnée par Fargue lui-même, dans *LRS*, p. 194-195 (il y insiste sur le fait qu'il ne perdit « pas un instant » connaissance, ce qui semble inexact). Autre témoignage, celui de Georges Hugnet, qui ne mentionne point la présence de K. Dudley et donne une version fort différente (*Pleins et déliés*, Éd. G. Authier, 1972, p. 346-356).
428. J. Galtier-Boissière, *Mon Journal depuis la Libération*, La Jeune Parque, 1945, p. 115.
429. P. Valéry et L. Fabre, lettre à Fargue, 16 août 1943 (*DVB*).
430. Dédicace à W. Michel sur un ex. de *Composite*, Ocia, 1944 (coll. part.).
431. P. Léautaud, *op. cit.*, t. XV, Mercure de France, 1963, p. 204-205 (3 nov. 1943).
432. Lettre inédite à Beucler, fév. 1944 (coll. part.).
433. Lettre au même, 4 juin 1944 (*VAF*, p. 233).
434. Lettre inédite à R. Gallimard [1944?] (coll. D. Charnay).
435. Cit. dans cat. Bibl. d'un Amateur, vente Hôtel Drouot, 15 juin 1993, n° 88 (M. Imbert exp.).
436. J. Moussarie, *op. cit.*, p. 231.
437. *LM*, p. 56-57.
438. Certains projets de livres illustrés n'aboutirent jamais, tel ce *Vivre ensemble* qui devait être publié par les éditions des Quatre Vents avec des lithographies de Fargue lui-même, et pour lequel, en 1945, celui-ci toucha une avance. Voir aussi plus bas, note 464.
439. *ME*, p. 209-222.
440. Fargue avait cependant, en 1939, promis à Gaston Gallimard de lui

donner *Les Mémoires de Léon-Paul Fargue*, comme l'atteste un double de lettre de l'éditeur au poète, déclarant qu'il inscrit ce livre (ou article ?) à son « *programme de 1940* » (lettre inédite, 2 juin 1939, archives Éd. Gallimard).

441. P. Léautaud, *op. cit.*, t. XVI, Mercure de France, 1964, p. 165 (20 déc. 1944).

442. Voir J. Paulhan, *Choix de lettres*, t. I, 1937-1945. *Traité des jours sombres*, Gallimard, 1992, p. 306 (communiqué par M. Georges Liébert).

443. Cit. dans *LRS*, p. 188.

444. Nous citons d'après le manuscrit (coll. D. Charnay).

445. *Rue de Villejust*, J. Haumont, 1946, p. 25-26.

446. Sur cet épisode, voir *LRS*, p. 191-192.

447. J. et J. Tharaud, « Ma dernière visite à L.-P. Fargue », *Le Figaro*, 24 nov. 1948.

448. J. Green, *Journal*, éd. cit., p. 910 (28 avr. 1946).

449. Th. Alajouanine, in *CFL*, p. 363, n. 3.

450. Voir *ibid.*, p. 244-247, et p. 364, n. 4.

451. P. Guth, « L.-P. Fargue », *La Gazette des Lettres*, 11 mai 1946.

452. *ME*, p. 59.

453. *Poisons*, Éd. Le Temps qu'il fait, 1992, p. 55-56.

454. Peut-être Fargue se sera-t-il souvenu ici du *Miroir d'Astrologie* de Conrad Moricand (Au Sans Pareil, 1928), avec lequel son livre présente certaines analogies.

455. Envoi et lettre inédite ont figuré à la vente Colette à l'Hôtel Drouot du 27 fév. 1986 (n° 78 et n° 173, Legueltel exp. — communiqué par J.-L. Debauve).

456. *LAB*, p. 50 (18 août 1947).

457. P. Mazars, « La dernière soirée avec L.-P. Fargue », *Le Figaro littéraire*, 29 nov. 1947.

458. A. Salmon, « Léon-Paul Fargue », *France-Asie*, 15 fév. 1948, p. 301.

459. Lettre inédite à Marie Laurencin, 25 août 1947 (communiqué par Th. Bodin).

460. Lettre inédite de M. Jouhandeau, 24 avril 1947 (*DVB*).

461. Nous donnons tous ces détails d'après un récit d'André Billy, qui les tenait directement de Chériane Fargue (« Propos du samedi », *Le Figaro littéraire*, 27 nov. 1967 — communiqué par D. Charnay).

462. Rapporté par Armand Guibert à l'auteur. Voir P. Léautaud, *op. cit.*, t. XVII, Mercure de France, 1964, p. 205-206 (26 nov. 1947).

463. P. Claudel, « Léon-Paul Fargue », *Le Figaro littéraire*, 29 nov. 1947.

464. « Il [Wols] a beaucoup à faire pour mettre sur pied deux éditions de luxe — dont une avec un texte de Léon-Paul Fargue qui est très épris de l'œuvre de Wols — et qui écrit spécialement une série de *Rêves* [...] » (lettre de Gréty Wols à P. Lévy, 26 juill. 1946, cit. dans P. Lévy, *Des artistes et un collectionneur*, Flammarion, 1976, p. 208 — communiquée par M. Imbert). En 1945, une exposition à la Galerie Drouin avait révélé en France l'œuvre de Wols ; il est cependant douteux que Fargue, alors paralysé, ait pu la visiter.

465. Rappelons que cette édition collective comprend, outre *Poëmes*, *Tancrède*, *Ludions*, *Pour la Musique*, *Espaces* [*Épaisseurs* et *Vulturne*] et *Sous la lampe* [*Suite familière* et *Banalité*].

466. Cet ouvrage est d'autant plus précieux que l'auteur y cite quantité de textes et documents inédits qu'elle avait pu consulter dans les archives de Chériane Fargue, archives qui, depuis, ont été détruites à la mort de celle-ci, comme a bien voulu nous le préciser son neveu, M. Laurent de Freitas. Précisons par ailleurs que Louise Rypko Schub est morte tragiquement en 1990 dans un accident et que nous n'avons pu, malgré nos recherches, savoir ce qu'étaient devenus ensuite les « trois gros cartons de notes » qu'elle nous disait en 1984 avoir prises dans les papiers de Chériane Fargue.

BIBLIOGRAPHIE

ŒUVRES DE FARGUE

Poèmes. Premier Cahier, s.e., s.d. [1905].
Tancrède, s.e., Paris, 1911.
Poèmes, N.R.F., 1912.
Pour la Musique, N.R.F., 1914.
Banalité, Gallimard, 1928.
Vulturne, Gallimard, 1928.
Épaisseurs, Gallimard, 1928.
Suite familière, Émile-Paul, 1928.
Espaces (regroupe *Épaisseurs* et *Vulturne*), Gallimard, 1929.
Sous la lampe (regroupe *Suite familière* et *Banalité*), Gallimard, 1930.
Ludions, J. O. Fourcade, 1930.
D'après Paris, Les Amis de l'Amour de l'Art, 1931 ; puis Gallimard, 1932.
Le Piéton de Paris, Gallimard, 1939.
Haute Solitude, Émile-Paul, 1941.
Fantôme de Rilke, Émile-Paul, 1942.
Trois Poèmes, Textes Prétextes, 1942.
Déjeuners de soleil, Gallimard, 1942.
Refuges, Émile-Paul, 1942.
Bagatelle sur la Beauté, A. A. M. Stols, La Haye, 1943.
Lanterne magique, Robert Laffont, Marseille, 1944.
Composite (en collaboration avec A. Beucler), Ocia, 1944.
Présentation de 1900, Éd. Nationales, 1944.
Charme de Paris, Denoël, 1945.
De la Mode, Éd. littéraires de France, 1945.
Une Saison en astrologie, L'Astrolabe, 1945.
Souvenir de Saint-Exupéry, Brimborions n° 4, Éd. Dynamo, Liège, 1945.
Rue de Villejust, Jacques Haumont, 1946.
Méandres, Milieu du Monde, Genève, 1946.
Poisons, s.e. [imprimerie Daragnès], 1946.
Velasquez, « Les Demi-Dieux », Au Divan, 1946.
Les Quat' Saisons, L'Astrolabe, 1947.
Portraits de famille, J.-B. Janin, 1947.
Cirque [chez Gabriel Zendel], 1947.
Les Grandes heures du Louvre, Les Deux Sirènes, 1948.

La Flânerie à Paris, Commissariat général au tourisme, 1948.
Hernando de Bengoechea ou l'âme d'un poète, Amiot-Dumont, 1948.
Music-Hall, Les Bibliophiles du Palais, 1948.
Maurice Ravel, Domat, 1949.
Côtes rôties, Textes Prétextes, 1949.
Etc., Milieu du Monde, Genève, 1949.
Les XX arrondissements de Paris, Vineta, Lausanne, 1951.
Dîners de lune, Gallimard, 1952.
France toujours attendue, Garnier, 1953.
Rencontres, s.e. [imprimerie Daragnès], 1954.
Petit Diagnostic de Paris, Jacques Haumont, 1955.
Pour la Peinture, Gallimard, 1955.
Louise Labé, Brimborions n° 43, Éd. Dynamo, Liège, 1956.
Au temps de Paris, Tartas, 1964.
Lettre inédite à Marguerite Audoux, tirage à part à 50 exemplaires de la *Revue de Belles-Lettres*, Lausanne, 1964.
Correspondance 1910-1946 [avec Valery Larbaud], Gallimard, 1971.
Lettre sur Debussy, À l'Écart, 1985.
Chère Lilita [lettres à Lilita Abreu], *Lettrines*, Balbec 3, 1988 (tiré à 85 exemplaires).
Du Beau livre, Maurice Imbert, 1990.
Trente Lettres aux Bécat, Éd. Complément, Dolhain (Belgique), 1994.
Théâtres (Chronique), Éd. du Fourneau, 1994.

LIVRES CONSULTÉS

Alain-Fournier, *Chroniques et critiques*, Le Cherche-Midi, 1991.
Arnaud (Noël), *Alfred Jarry*, La Table Ronde, 1974.
Assouline (Pierre), *Gaston Gallimard*, Balland, 1984.
Besnier (Patrick), *Alfred Jarry*, Plon, 1990.
Beucler (André), *Vingt ans avec Léon-Paul Fargue*, Éd. Milieu du Monde, Genève, 1952.
— *Dimanche avec Léon-Paul Fargue*, Éd. du Point du Jour, 1949.
— *De Saint-Pétersbourg à Saint-Germain-des-Prés*, Gallimard, 1980.
— *Plaisirs de mémoire*, Gallimard, 1982.
Bouhélier (Saint-Georges de), *Le Printemps d'une génération*, Nagel, 1946.
Bounoure (Gabriel), *Marelles sur le parvis*, Plon, 1958.
Caradec (François), *Feu Willy*, Pauvert-Carrère, 1984.
Carpentier (Alejo), *Chroniques*, Gallimard, 1984.
Chonez (Claudine), *Léon-Paul Fargue*, Seghers, 1966.
Cossart (Michael de), *Une Américaine à Paris*, Plon, 1979.
David (Sylvain-Christian), *Isidore Lautréamont*, Seghers, 1992.
Frank (Nino), *Le Bruit parmi le vent*, Calmann-Lévy, 1968.
Gide (André) - Larbaud (Valery), « Correspondance », *Cahiers André Gide* n° 13, Gallimard, 1989.
Green (Julien), *Journal*, dans *Œuvres complètes*, t. IV, « La Pléiade », Gallimard, 1988.
Hugnet (Georges), *Pleins et déliés*, Guy Authier, 1972.
Imbert (Maurice) et Sorin (Raphaël), *Adrienne Monnier et la Maison des Amis des Livres*, IMEC, 1991.
Jarry (Alfred), *Œuvres complètes*, t. I, « La Pléiade », Gallimard, 1972.
Jean-Aubry (G.), *Valery Larbaud*, Éd. du Rocher, 1949.
Jourdain (Francis), *Né en 76*, Éd. du Pavillon, 1951.
— *Sans remords ni rancune*, Corrêa, 1953.
— *Jours d'alarme*, Corrêa, 1954.
— *Toulouse-Lautrec*, Braun, s.d.

Larbaud (Valery), *Journal*, Gallimard, 1955.
— *De la Littérature que c'est la peine*, Fata Morgana, 1991.
Larbaud (Valery) - Ray (Marcel), *Correspondance*, t. II et III, Gallimard, 1980.
— *Lettres à Adrienne Monnier et à Sylvia Beach*, IMEC, 1991.
La Vaissière (Robert de), *Anthologie poétique du xxe siècle*, éd. revue et augmentée, Crès, 1924.
Léautaud (Paul), *Journal littéraire*, 19 vol., Mercure de France, 1954-1982.
Lefèvre (Frédéric), *Une Heure avec...*, 5e série, Gallimard, 1929.
Levet (Henry Jean-Marie), *Poèmes*, Maison des Amis des Livres, 1921.
Lévy (Suzy), *Journal inédit de Ricardo Viñès*, Aux Amateurs de Livres, 1987.
Loize (Jean), *Alain-Fournier, sa vie et* Le Grand Meaulnes, Hachette, 1968.
Marnat (Marcel), *Maurice Ravel*, Fayard, 1986.
Monnier (Adrienne), *Rue de l'Odéon*, Albin Michel, 1960.
Morand (Paul), *Journal d'un attaché d'ambassade, 1916-1917*, Gallimard, 1963.
Paulhan (Jean), *Choix de lettres*, t. I., 1917-1936. *La Littérature est une fête*, Gallimard, 1986.
— *Id.*, t. II., 1937-1945. *Traité des jours sombres*, Gallimard, 1992.
Plumyène (Jean), *Trajets parisiens*, Julliard, 1984.
Porel (Jacques), *Fils de Réjane*, t. I, Plon, 1951.
Reyer (Georges), *Un Cœur pur : Marguerite Audoux*, Grasset, 1942.
Saillet (Maurice), *Sur la route de Narcisse*, Mercure de France, 1958.
Saint-John Perse, *Lettres à l'Étrangère*, Gallimard, 1987.
Salmon (André), *Souvenirs sans fin*, t. III, Gallimard, 1961.
Schub (Louise Rypko), *Léon-Paul Fargue*, Genève, Droz, 1973.
Walter (Jean-Claude), *Léon-Paul Fargue ou l'homme en proie à la ville*, Gallimard, 1973.

CATALOGUES D'EXPOSITION

Expojarrysition, Cahiers du Collège de Pataphysique, n° 10, 13 Clinamen 80 E.P. [1952].
Hommage à Commerce, Rome, Palazzo Primoli, déc. 1957-janvier 1958.
Marie Monnier ou le fil à broder nos rêves, Musée départemental de l'Oise, Beauvais, octobre 1992-janvier 1993.
Farguiana. Valery Larbaud et Léon-Paul Fargue, Médiathèque Valery-Larbaud, Vichy, mai-juin 1996.

PRINCIPAUX ARTICLES

Beucler (André), « Valery Larbaud et Léon-Paul Fargue », *Revue des Deux Mondes*, 15 mai 1959.
Billy (André), « Propos du samedi », *Le Figaro littéraire*, 27 novembre 1967.
Bouchard (Thierry), « Sept propos assez vagues du fantôme Léon-Paul Fargue, tirés de quelques livres », *Théodore Balmoral* (Orléans), n°s 6-7, automne-hiver 1989.
Charpentier (Jean), « L.-P. Fargue - V. Larbaud, *Correspondance* », *Cahiers des Amis de V. Larbaud*, n° 8, mai 1971.
Claudel (Paul), « Léon-Paul Fargue », *Le Figaro littéraire*, 29 novembre 1947.
[Collectif], *Cahiers du Sud*, n° 286, 2e semestre 1947.
[*Id.*], « Hommage à Léon-Paul Fargue », n° spécial, *Les Feuilles libres*, n°s 45-46, juin 1927.
[*Id.*], « Hommage à Valery Larbaud », *La N.R.F.*, 1er septembre 1957.
[*Id.*], « Le Souvenir d'Adrienne Monnier », *Mercure de France*, 1er janvier 956.
[*Id.*], « Valery Larbaud », *Cahiers de l'Herne*, n° 61, 1992.
Goffin (Robert), « Souvenirs à bout portant. Cendrars, Fargue et Eluard », *Bulletin de l'Académie Royale de langue et littérature françaises*, t. LVI, n°s 3-4, 1978.

Gubish (Nina), « Le *Journal inédit* de Ricardo Viñès », *Revue Internationale de Musique Française*, n° 2, juin 1980.
Guth (Paul), « Léon-Paul Fargue », *Gazette des Lettres*, 11 mai 1947.
Jourdain (Francis), « Du côté de la *Revue blanche* », *Europe*, avril-mai et juin-juillet 1955.
Mazars (Pierre), « La Dernière soirée avec Léon-Paul Fargue », *Le Figaro littéraire*, 29 novembre 1947.
Pia (Pascal), « Fargue et Apollinaire », *Carrefour*, 15 juin 1966.
— « Deux paquets de courrier », *id.*, 3 mars 1971.
— « Fargue dans Paris », *id.*, 15 mars 1973.
Robinet (Jean), « Léon-Paul Fargue, Piéton de Paris, piéton de Chaillac (Indre) », *Berry*, n° 15, automne 1990.
Royère (Jean), « Tancrède », *La Phalange*, 20 août 1911.
Saillet (Maurice), « Valery Larbaud et M. Menard, artiste lyrique », *Cahiers des amis de V. Larbaud*, n° 9, mai 1972.
— « Larbaud éditeur de Levet », *id.*, n° 12, mai 1974.
Sainmont (Jean-Hugues), « Jarry et Fargue au lycée Henri-IV », *Cahiers du Collège de Pataphysique*, n°s 26-27, 26 mai 1957.
Salmon (André), « Léon-Paul Fargue », *France-Asie*, 15 février 1948.
Segonds (Jean-Philippe), « Sur la correspondance Fargue-Larbaud : précisions, énigmes et controverses », *Cahiers bourbonnais et du Centre*, n° 59, 3e trim. 1971.
Schub (L. Rypko), « Fargue-Larbaud : nouvelles lumières (grâce à des lettres inédites) sur une amitié orageuse », dans *Valery Larbaud et la littérature de son temps*, Klincksieck, 1978.
Tinan (Jean de), « Chronique du règne de Félix-Faure », *Le Centaure*, vol. II [déc. 1896], repris dans *Œuvres complètes*, t. I, UGE 10-18, 1980.

SOURCES MANUSCRITES

Bibliothèque littéraire Jacques Doucet (Paris) : legs Pivet et fonds Adrienne Monnier.
Bibliothèque Royale Albert-Ier (Bruxelles) : donation du baron Ludo Van Bogaert, Réserve Précieuse.
Fonds Maison des Amis des Livres, IMEC, Paris.
Archives du lycée Janson-de-Sailly (Paris).
Archives et collections privées (coll. Louis Barnier, Paul Beauvais, archives Association André Beucler, Thierry Bodin, Dominique Charnay, Jean-Louis Debauve, archives Éd. Fourcade, archives Éd. Gallimard, Thierry Haour, Jean-Paul Goujon, héritiers Michel Iehl, Maurice Imbert, archives Jean Loize).
Moussarie (Pierre) : *Léon-Paul Fargue, témoin de son temps*, thèse dactylographiée, Université de Toulouse-Le Mirail, 1973.

INDEX

APPENDICES

Composition C.M.B. graphic
et impression Bussière Camedan Imprimeries
à Saint-Amand (Cher), le 31 janvier 1997.
Dépôt légal : janvier 1997.
Numéro d'imprimeur : 1/257.
ISBN 2-07-074592-9./Imprimé en France.

76977